本书由冼为坚学术研究基金资助出版

⊙ 周日安 著

名名组合的句法语义研究

中国社会科学出版社

图书在版编目(CIP)数据

名名组合的句法语义研究 / 周日安著. —北京：
中国社会科学出版社，2010.7
ISBN 978-7-5004-8914-6

Ⅰ.①名… Ⅱ.①周… Ⅲ.①汉语－句法－语义－研
究 Ⅳ.①H146.3

中国版本图书馆 CIP 数据核字(2010)第 137345 号

策划编辑　冯　斌
责任编辑　丁玉灵
责任校对　刘　娟
封面设计　人文在线
技术编辑　戴　宽

出版发行　中国社会科学出版社
社　　址　北京鼓楼西大街甲 158 号　　邮　编　100720
电　　话　010－84029450(邮购)
网　　址　http://www.csspw.cn
经　　销　新华书店
印　　刷　新魏印刷厂　　　　　　　装　订　广增装订厂
版　　次　2010 年 7 月第 1 版　　　印　次　2010 年 7 月第 1 次印刷
开　　本　710×1000　1/16
印　　张　21
字　　数　301 千字
定　　价　39.00 元

总 序

2008 年 6 月，我随原佛山市市长梁绍棠、学校党委书记陈汝民等领导到香港拜访校董冼为坚先生，席间谈及近年内地的文化研究和人文科学的发展，先生兴致勃勃，谈锋甚健。席散之际，又约我们次日下午到位于士丹利街的陆羽茶室饮茶，继续谈文论道。我知道，冼先生身为万雅珠宝有限公司董事长，又是酒店、银行等多家大公司的股东，日理万机，惜时如金，实在不宜多扰。然而，待及握手言欢，促膝而坐，但觉春风习习，不禁流连忘返。先生前席相询，不遗凡庸，谦和热情，令人感佩不已。他向我详细询问了佛山人文社会科学研究的状况，包括文科学者的构成，当前学术的重点，以及面临的困惑。他获悉学校汇集了来自全国各地的文化学者，还有一批青年才俊脱颖而出，在文学研究，特别是地方文化研究方面建树颇多，十分欣慰，当即表示，愿捐出一百万元人民币，资助人文社会科学研究，特别是佛山地方文化研究。

作为一名从事古典文学研究的高校教师，我虽然在一定程度上也算耐得住寂寞，并常以"无用之用，是为大用"自我宽慰，但我知道，"无用之用"的文学无论过去、现在还是将来都难成"大用"。魏文帝《典论·论文》所谓"文章者，经国之大业，不朽之盛事"不过是夸张之语，清代诗人黄景仁感叹的"十有九人堪白眼，百无一用是书生"倒是普遍事实。当今世界，是一个急剧变化、令人眼花缭乱的世界，也是一个高度物质化的社会。置身注重实惠、讲究实用的时代，处在崇尚实际、追求实益的香港，著名实业家冼为坚先生却对人文科学、对文化事业如此重视，如此眷念，这是我没有想到的。后来我才知道，冼先生对人文社科研究的资助由来已久，且一以贯之。他曾多次慷慨解囊，资助香港中文大学、广州中山大学等高校的社科研究。正是鉴于人们对学术研究的支持多以自然科学为重，很少惠及社会科学，他才精心呵护人文领域的。这份热忱深深感动了我，令我倍感温暖。

回到学校，我向邹采荣校长汇报了香港之行的收获和感受，也向文学与艺术学院全体教师传达了冼先生的深情厚谊，闻者无不为之振奋，由衷感动。虽然，学院每年都能争取一些课题，获得一定的经费，但得到来自实业家的学术资助还是第一次！我们自能体悟这一百万元所包含的意义。它承载着先生对学术的敬重、激励和厚望！我们唯有加倍努力，以实绩报答先生。

文学与艺术学院拥有一支高效精干、特别能战斗的教师队伍，汇集了一批英才。中文、英语、艺术设计、工业设计等专业互相协作，高度融合，发展边缘学科，促进地方文化研究，取得了可喜的成绩。以艺术设计系教师为主体的团队承担佛山"数字祖庙"项目，运用数字技术对古建筑加以保护，得到政府拨款 495 万元，这在文科学系中是极为罕见的；工业设计专业开办十余年就获得国家教学成果二等奖，引起同行专家的关注；仅有 24 名教师的中文系 10 年间获得国家社科规划项目 2 项，教育部和广东省社科规划项目 18 项，每年发表论著60 多篇（部），论文覆盖《中国社会科学》、《文学评论》、《外国文学评论》、《文学遗产》、《文艺理论研究》等高档次刊物；大学英语教学部也多次获得教育部和广东省新世纪教育研究课题。由于学院充分发挥了学科交叉的优势，联合攻关，创出了科研的新路子。2009 年还获

广东省社科联批准建立我校第一个省级人文社科研究基地——广东省
广府文化研究基地。

　　入选《佛山学者研究丛书》（第一辑）的著作，或为省级社科规划
项目的结题成果，评级都在优良；或为优秀的博士论文，得到导师的
高度评价和推荐。今后我们将本着宁缺毋滥、严肃认真的态度，继续
编辑出版《佛山学者研究丛书》第二辑、第三辑，奉上本院教师的最
新研究成果。同时，我们也希望得到学界同仁的批评指导。

李克和

2010 年 3 月

序

邵 敬 敏

　　当我听说周日安博士的学位论文《名名组合的句法语义研究》经过精心修改后即将出版,感到莫大的欣慰。

　　这部书稿运用语义语法、降级述谓结构以及认知语言学等理论,对现代汉语名词与名词的组合进行了详尽细腻的句法分析和语义分析,从而概括出某些规律,描写并解释了这一高频组合内部复杂而有趣的语义关系,这对揭示语言组合的双向选择性以及计算机的语言理解规律都具有重要的理论意义和现实意义。

　　该书稿选题角度新颖,属于当前现代汉语语法研究的前沿课题。名词与名词之间复杂的语义关系,目前还是汉语研究的薄弱环节,20世纪90年代初,我曾经指导韩国研究生文贞惠做过一篇硕士论文,就是名名组合分析,她也取得了比较出色的成果,可惜的是后来没能进一步研究。相隔十余年,周君对这一名名组合进行了重新分析,重新认识,全面、深入、准确地进行了描写和解释。不仅语言材料翔实,理论与方法切实可行,创新意识明确,论证也相当严密,分析合情合理，以周小兵教授为主席的答辩委员会一致给予"优秀"的评价，还获得了暨南大学国华教育基金优秀博士论文奖。

近十几年来，特别是我从华东师大调入暨南大学以后，语法研究的重心明显向句法语义倾斜。我觉得语言的研究，语法的研究，目的就是要能够有助于语言的理解与表达。理解的途径是从形式到意义，表达的途径则是从意义到形式。两者相辅相成，多次、反复交错。形式是为意义的理解和表达服务的，是载体，是手段，是途径，从根本上说，语义的表达与理解，才是我们语言交际的最终目的。这就是为什么我们的语法研究特别强调意义的原因。

在这一认识基础上，我提出"语义语法"的理论构想。提倡以语义作为我们语法研究的出发点和重点，一方面寻找在句法形式上的表现及其验证；另一方面则结合语用交际的需要做出必要的选择和调整，最后在认知上给以解释。用一句话来概括，我们语法研究追求的就是"语义的决定性、句法的强制性、语用的选择性以及认知的解释性"。形式语法学、功能语言学都有其合理性，也有其不足之处，严格地说都是不充分的。至于认知语言学更是不自足的，难以独立成为一种语法学理论，它是对其他语法学理论的补充和提升。语义语法自然也是不充分的，所以需要跟各种其他的语法理论实行互补。可以这样说：如果有人鼓吹自己的理论是"万能"的，可以"包打天下"，那不是无知，就是骗人。

我早期在华东师大招收的博士生所撰写的学位论文大多是关于语义范畴研究的，比如周有斌的选择范畴、刘焱的比较范畴、周静的递进范畴、徐默凡的工具范畴、周红的致使范畴、马清华的并列范畴、刘雪春的等同范畴（还有税昌锡的语义指向研究以及朱彦的语义构词研究）等等，到了暨南大学以后，新的博士论文，除了继续对语义范畴以及相关问题进行研究之外（例如吴立红的程度范畴、罗晓英的虚拟范畴、王丽彩的方式范畴、李振中的估测范畴、杨海明的生命度研

究、马喆的方所成分非范畴化研究），研究的兴趣有了一些转变，开始
了句法组合的语义类型研究，例如赵春利的形名组合、周日安的名名
组合、胡建刚的动动组合、周芍的名量组合、周娟的动量组合等等。
这些研究都从语义出发，建立语义类型，找出形式标准，同时结合语
言的理解与表达，探求认知上的解释。其中周君的研究是做得相当出
色的。

周君为人谦虚谨慎，思虑缜密周详，对语言事实的观察细腻准确，
能够发现一般人难以发现的问题，能够挖掘出常人所不易觉察的内涵。
周君具有良好的语感，尤其对新兴的语言现象表现出敏锐的观察力。
例如他对"经典中国"、"心灵鸡汤"这些新组合的分析就很有说服力。
周君研究的可贵之处，就在于不仅博采众长，而且能够提出自己具有
原创性的新观点。

我一直认为，博士论文最重要的一点就是要有自己独到的观点和
与众不同的新鲜思路。该书稿一共有七章构成，前三章分别是"导
论"、"综述"以及"句法分析"，写得最精彩的是第四章、第五章以及
第六章，浓彩重墨进行了语义分析。在前人研究的基础上，建立了名
名组合的语义格框架，运用"降级述谓结构"理论分析名名组合之间
的种种语义关系，探究语义结构、隐含谓词跟降级述谓形式的关系，
追寻受事论元域外化的原动力。

作者提出名名组合中的"语义桥"的新概念，不仅指出有"零形
桥"和"语形桥"，而且还研究了语义桥的函变形式，这个"桥"，可
以是实词，可以是虚词，也可以是黏着语素，这就能够比较合理地解
释名名组合中的一些不易解释的类型，例如"佛山（产）陶瓷"、"花
样年华"。作者运用语义双向选择的理论，提出了"语义选择"和"语
义增殖"的新思路。根据陈述与指称的句法原型，提出了"语义折叠"
的新观点，指出陈述和指称可以互变，是语义点线交换的双向运动。
作者还归纳了名名组合的歧义类型与原因，指出汉语缺乏自指的附加

形式，名物化的本质是同形自指，而格式类推与置换是发掘潜义最有效的途径。

应该说，这是迄今为止对名名组合进行语义分析最为透彻的论著。当然该书稿也不是无懈可击，特别是第七章语义结构对句法结构的制约和影响，本应该是重头文章，可惜的是有点草草收兵的感觉。我们一直宣称要特别重视语义分析，但是绝不是只讲语义，而是要把语义分析跟句法制约结合起来，对语义类型要用句法形式来进行必要的验证。强调语义的决定作用，最后还是要落实到句法上来。一句话，离开了句法结构的语义，就不是我们要研究的语法意义。

日安在攻读博士学位时，就已经是副教授了，一边担负着繁重的教学任务，一边还要攻读博士学位课程并进行学术研究，确实不容易。他非常勤奋，笔耕不已，三年来发表了不少论文，并产生了一定的影响。

日安教女有方，在毕业答辩那一年，他的爱女以他为榜样，以非常优异的成绩考取了中国人民大学，就读于法学专业，可以说是父女俩双喜临门、比翼齐飞。

日安是个谦谦君子，谦虚好学，乐于助人，稳重热心，跟师兄弟们相处融洽，也许是有点年纪了，所以处处呈现出"师兄"的风度。

由于种种原因，日安报考博士生的时间，比起许多应届生来，可能是晚了些年，但是他没有气馁，也没有降低对自己的要求，踏踏实实、勤勤恳恳、认认真真地完成了全部学业。每次当我提出一些修改意见时，他从来也没有显得不耐烦过，每一次都是仔仔细细地进行修改。我对他的评价就是：认真、踏实、细致。做人与做学问，都是如此。

破冰之旅已经启程，我期待着捷报频传……

2009 年 8 月 11 日

于暨南大学明湖苑

目 录

| 第一章 |

导 论

第一节 组合及其相关术语

研究名名组合，先得说说组合的来源与含义，思考"XY组合"的命名优势。

一 关于组合

（一）句段关系与联想关系

索绪尔（Ferdinand de Saussure）一直被人们尊称为现代语言学之父。他认为言语活动分为"语言"和"言语"两部分，研究语言首先要探究其系统；语言是由"能指"和"所指"组成的符号系统，语言符号具有任意性；语言单位都是一定系统里的成员，本身意义需由与其他要素的关系来决定；横向句段关系与纵向联想关系，是语言中最重要的两种关系，纵横双轴组成语言系统的坐标。索绪尔的语言理论与思想，为现代语言学的构建奠定了坚实的基础。他既是现代语言学的奠基者，也是符号学和结构主义的创始人。

（二）组合与聚合

句段关系是语流中符号之间前后相继的关系；联想关系是记忆中同类成员之间的潜存关系。后来，人们用组合关系替代了句段关系，丹麦语言学家叶尔姆斯列夫（L. Hjelmslev）则将联想关系改称为聚合关系，从此人们普遍采用"组合"与"聚合"这组术语。据哈特曼（R. R. K. Hartmann）和斯托克（F. C. Stork）（1981）的《语言与语言学词典》：句中词和词之间水平关系或线性关系，为横组合的（Syntagmatic）关系；结构中占据某个相同位置的形式之间的垂直关系，为纵聚合的（Paradigmatic）关系。就是说，话语中，各个语言符号连接在一起，在时间上展开，排成言语链，其中符号前后的连续关系叫组合关系；话语外，各个有共同点的语言符号在人们的记忆里联合起来，构成具有各种关系的聚合，其中要素之间的关系就是聚合关系。

组合关系与聚合关系相互依存，存在于语言的各个层级。例如，汉语划分词类，以语法功能为主要标准，包括词充当句子成分的能力、实词与实词的组合能力、实词与虚词的组合能力等等，句子成分、词与词的组合、重叠、黏附等都是在组合轴上展开的；词语所以能聚而为类，是因为它们在横向组合中有相同的功能与分布。这说明，组合关系决定着聚合关系，聚合的标准只能存在于组合中。组合重在研究语言单位的内部结构，聚合重在研究语言单位的外部功能。

语言单位 A 和 B 组成为 AB，术语"组合"至少包含三层意思：（1）过程——指由 A 和 B 到 AB 的生成过程，用做动词，如"羊毛"和"背心"组合成"羊毛背心"。（2）关系——指 AB 中 A 和 B 之间的关系类别，用做名词，如"羊毛背心"中"羊毛"和"背心"是组合关系。（3）实体——指 AB 结构体本身，用做名词，如"羊毛背心"是个名名组合。

我国较早使用"组合"术语的是朱德熙与张志公。朱德熙（1962）认为："由小片段合成大片段就叫'组合'，是语法形式的一种。"张志公（1982）认为："组合，是采用一定的方式，依靠一定的手段，把两个或两个以上较小的语言单位组织起来，构成一个较大的语言单位。"语素组成词，词组成短语，词和短语组成句子，分句组成复句，句子组成句群，组合强调由小到大的动态过程。

二 仂语、词组、短语、关系、结构、组构

"能够在语言里出现的一串词不一定都能组成一个单位"（朱德熙，1962），有时它们只是间接成分的相连，可称为"非组合"。物理语序上的词串，除了间接成分外，两个或两个以上的词构成的语言单位，汉语还有仂语、词组、短语、关系、结构、组构等称呼。

"仂语"最早出现在严复的《英文汉诂》（1902）中，王力（1944）从意义出发对它进行阐释，认为"凡两个以上的实词相联结，构成一个复合的意义单位者，叫做仂语"。《现代汉语词典》用词组来解释仂语。仂语这个术语并未用开，没被人们普遍接受。

词组是词和词按照一定的语法规则组成的比词大的造句单位。在"暂拟汉语教学语法系统"（1956）里，词组专指实词与实词的组合；实词、虚词各为一方的组合称为结构，如"新的"叫"的"字结构，"在北京"叫介词结构。暂拟体系对我国汉语教学产生了长久而深远的影响。人们逐渐习惯了使用词组这个术语，如张中行（1959）的《词组和句子》。

黎锦熙是提出"短语"概念的第一人，他认为，两个以上的词组合起来，还没有成句的，叫做短语（1992〈1924〉：15）。随着暂拟体系越来越不适应教学需求，其缺陷日益暴露，1981年哈尔滨"全国语法和教学语法讨论会"上提出了对暂拟体系进行修改的原则，1984年起草了《中学教学语法体统提要（试用）》。"提要"对暂拟体系做了较大修改，例如，把"词组"改称"短语"。于是，短语这个术语逐渐占据主导地位。

吕叔湘（1942）将实词间的配合关系分为联合关系、结合关系（指主谓）与组合关系，将联合关系分列出来，很有见地。不过，联合、结合与组合三者的区分标准并不明确，并且，"关系"在两个或两个以上的语言单位之间产生，不宜直接用做结构体的名称。

"结构"在语言学里主要有两层含义：其一，泛指语言单位与语言单位的组合，包括语素、词、分句、句子等各个层级，也可既指组合所表现的各种关系，又指组合所形成的实体。其二，与词组相对，专指实词与虚词各为一方的组合。大多情况下，"结构"与"组合"所指基本相同，可以通用，但两者仍有差异：尽管现在人们对"语义结构"已非常熟悉，但单独使用"结构"，人们普遍倾向于把它理解为形式，而有意无意地排除形式背后所包含的语义关系；组合指整个生成过程，包含形式上的组合和语义上的组合，比较适合"语义语法"流派的构建与发展。

也有学者糅合"组合"与"结构"，从中各取一字，叫做"组构"。例如，刘街生（2004）《现代汉语同位组构研究》，用组构一名。他解释说："'组构'，指的是词和词组合生成结构（又叫做词组、短语）。"刘氏的"组构"与"词组"、"短语"同指，但流露出作者强调组合生成过程的意图。

三　对组合命名的思考

（一）三类实词组合的可能性

名词、动词、形容词是语言中最主要的三类实词，构成词汇的主体。据尹庸斌（1986）《汉语词类的定量研究》，在4万多个现代汉语通用词中，三类实词占92％。据张彦昌、张而立（1996）对《现代汉语频率词典》的统计，在频率最高的100、300与2000词级中，三类实词所占的比重分别为38％、59％、78％。可见，研究三类词可能发生的各种组合规律，在语法中占据着十分重要地位。事实上，计算语言学和语料库语言学早已开始了这类研究。以数学的排列论，三类词共有九种组合的可能性（见图1—1）：

图 1—1 三类实词组合的可能性

其中，动名组合，大部分为动宾短语，属配价组合；小部分为偏正短语，属非价组合；更小部分是二者的交集，属歧义组合。这些都是汉语法学家们非常重视、研究得十分深入的领域，特别是动宾结构，其形式和语义都一直是人们关注的热点和焦点。相对而言，名名组合数量更大，出现的频率更高，此外，形名组合和动动组合也是汉语的高频结构，但研究明显滞后。

（二）组合与结构的叉合性

通常情况下，人们偏重于将结构理解为形式关系，如联合结构、偏正结构、主谓结构、动宾结构、中补结构。即便使用短语或词组名称，也总是以结构关系来分类，强调直接成分内部的结构类型，例如，"汽车广告"是偏正短语，"物理化学"是联合短语，"首都北京"是同位短语，"今天国庆"是主谓短语。

组合更强调从小单位到大单位的动态过程以及小单位（组项）的类别。上面四条短语，不管结构的差异，从过程与成分看，都是在一个名词后面跟上另一个名词组合而成的，叫名词与名词的组合，简称"名名组合"，有时直接用 $N_1 + N_2$ 代称。又如，"哭着说"、"看下棋"、"跑进来"、"研究讨论"、"出门上街"、"请吃饭"，内部关系都不同，分属不同的结构类，但同为"动动组合"。组合内部两个直接成分的语法性质可以相同（横线），如名名组合、动动组合；也可以不同（斜线），如形名组合、动名组合。组合可以兼跨几个结构类，如名名组合包含了偏正、联合、同位和主谓四种，动动组合包括偏正、动宾、动补、联合、连谓、兼语六种；也可限定在同一结构类中，如形名组合，基本不突破偏正的范围。

反过来，"汽车广告"是名名组合，"精美的广告"是形名组合，"流动的广告"是动名组合，"两则广告"是数名组合，组合类型不同，但都是用前一个词语修饰后一个词，结构上同为偏正短语。这样，组合与结构，因观察问题的出发点和侧重面不同，可形成交叉的对应关系——互为分叉和会合，表现为叉合性（见图1—2）：

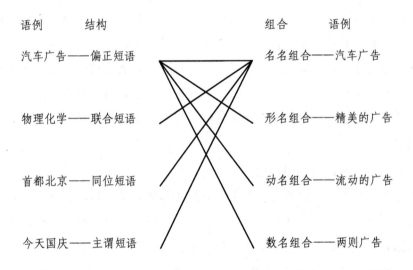

图1—2　组合与结构的交叉对应关系

探讨组合与结构的叉合性，便于我们多角度、多侧面地观察语言单位，比较其异同，从而容易发现以往被忽略的问题。

（三）词法与句法的交融性

语法是词、短语、句子等语法单位的结构规律，分词法与句法两部分。词法研究词的结构、词形变化和词类，句法研究短语、句子的结构规律与类型。语法是词的构成和变化的规则以及组词成句的规则的总和。

以往的语法研究，词法与句法分多合少，比较强调词法与句法的区分，甚至有的现代汉语教材（如黄伯荣、廖序东），为了编排的简洁或教学的方便，干脆将词法的部分内容（构词）从语法里游离出来，放进词汇一章。在词法和句法之间，缺乏沟通与融合。"XY 组合"命名，理论上说，X 与 Y 是两个组项，包括由小到大的各级语言单位，因而，广义的"XY 组合"所涵盖的范围非常宽泛，比短语、词组的外延要大得多。现阶段，人们研究"XY 组合"，主要还是集中在短语范围内，即 X 与 Y 都是词，一头连接着词法；"XY 组合"绝大部分是短语，一头又连接着句法：术语"XY 组合"自身，集词法和句法的内涵于一体。研究具体的某种"XY 组合"，不难发现一些词法与句法内在性联系非常强的问题。例如，在名名组合中，名词、动词、形容词以及缀式的语义桥常常与 N_1 融合，修饰 N_2，表属性，形成区别词，这样，就比较容易从来源上理解区别词的性质与功能。

词和词的组合，是词组，又叫短语，人们已习惯"词组"、"短语"做结构体名称，看重的是其结构类型与功能类型。例如，"羊毛背心"结构上是偏正词组，功能上是名词性词组，而很少称呼它为"名名词组"。"XY 组合"将直接成分的词性带入术语，术语本身并不突出内部结构关系，而凸显"由小到大、由成分到结构体"的动态生成过程，包括形式生成和语义生成，强调动态性与生成性。

（四）形式和意义的双向性

每一个语法结构体都是语法形式与语法意义的统一体，语法形式与语法意义互相依存，形成错综复杂的对应关系。邵敬敏（1988）十分重视句法语义的双向研究，他认为："既可以从语法形式入手，去寻找所表达的语法意义，也可以从语法意义入手，去寻求语法形式的表现手法。这不是两条不同的途径，而是一条途径的两种走法，不过是互为起点和终点罢了。"只有从形式到意义、再由意义到形式，多次、反复地进行双向双通道研究，才能将一种复杂的语法现象解释清楚。"'同义结构'并不是真正同义，'同义结构'也是有层次的……确切地说，一种语法形式只有一种语法意义相对应……我们现在追求的则是高层次的形式与高层次的意义对应关系。"

以往的语法研究，对结构、短语或词组等语法体的形式十分重视，判定结构关系、确定功能类型、划分结构层次、比较语法手段……均属形式分析，而对语法意义的阐释，却有意无意地回避，只在分析歧义结构时，才较多涉及。组合研究，一方面要研究形式的组合与匹配，另一方面又要研究意义的组合与匹配，还要特别关注形式与意义交叉、错位的匹配关系，做到形式和意义并重。

语法形式和语法意义都是多层次的、异常复杂的。形态，语序、虚词，分布、组合、变换，重音、轻声、停顿、语调等等，都可看成是汉语不同类型的语法形式。名名组合，显性的语法形式也是语序与虚词。"少年问题"不同于"问题少年"，"建筑垃圾"不同于"垃圾建筑"，"中国数字"不同于"数字中国"、"多哈印象"不同与"印象多哈"，是通过语序表达不同意义的。"父亲母亲"不同于"父亲的母亲"，"日本朋友"不同于"日本的朋友"、"金属陶"不同于"金属与陶"、"咖啡可乐"不同于"咖啡和可乐"，则是通过虚词表达不同意义的。此外，语法形式还可是零形式——即部分句法形式被隐含。名名组合的表层形式是 $N_1 + N_2$，似乎没什么差异，但不同语义关系，隐含着不同的降级谓词，对应着不同的降级述谓结构（其实，亦可看做特殊的变换式），即在不同的层次上，对应着不同的语法形式。

索绪尔强调，词语本身的意义需由与其他要素的关系来决定，"一个要素在句段中只是由于它跟前一个或后一个或前后两个要素相对立才取得它的价值"。这种关于语言的系统性思想，与物理学的场论是完全相通的。语言中单独一个词，无法决定其自身的价值，相当一部分的语法意义是潜在的，例如"狼"和"羊"两个词，是没法判定施事、受事的，只有处在"狼咬死了羊"的关系中，才能确定"狼"是施事、"羊"是受事，可见，语义角色的分配只能在关系中进行，而不能越出语法的范围。名名组合中，同样存在语义角色分配的问题，只是名名组合常充当句子成分，在表层线性化过程中，谓词（动核）常常隐含。比较：

（1）鲁迅写小说。

（2）鲁迅写的小说 → 鲁迅小说

　　例（1）是主谓句，对动核"写"而言，"鲁迅"是施事，"小说"是结果，"写"强制性联系着两个动元，属二价动词。句法形式"主—谓—宾"，对应着语义结构"施—动—结"。例（2）中插入"的"，将陈述变成指称，句法结构也由主谓变成偏正，与偏正对应的语法意义是"领事＋属事"。但表层"的"的插入，并未改变深层语义角色的分配，"鲁迅"依然是施事，"小说"依然是结果。谓词隐含后形成名名组合"鲁迅小说"，表层语法意义是"领事＋属事"，深层语法意义是"施事＋结果"。同样，从语义角色分配看，"钢铁工人"是"结果＋施事"，"羊毛背心"是"材料＋结果"，"羊毛剪子"是"受事＋工具"，"铁板牛肉"是"工具＋受事"……可以预测：$N_1＋VP＋N_2$ 中，N_1 与 N_2 能有多少种语义角色的组配关系，$N_1＋N_2$ 也就可能出现多少种组配关系，或者说，名名组合中名词语义格，与动词谓语句中名词语义格几乎一样多。

　　总之，组合研究，有利于进一步加强对结构体内部的语义分析。组合过程，一方面是通过语序或虚词，将两个直接成分组织在一起的显性过程，如名词"汽车"和"广告"，可以单凭语序组成"汽车广告"，也可添加虚词组成"汽车与广告"或"汽车的广告"等等；另一方面，也是两个直接成分的词义血肉在语法意义的骨架上进行融合的隐性过程。语法意义由两层构成：表层语义关系（对应 $N_1＋N_2$）和深层语义关系（指角色分配，对应降级述谓语结构）。例如，"汽车广告"中，"汽车"修饰、限制"广告"，"汽车"表属性，"广告"是主体，"属性＋主体"是与偏正结构相对应的表层语法意义之一。从深层语义角色分配看，"汽车广告"中还蕴涵着两种不同的语义关系，A 式为"在汽车上做广告"，提取"处所"和"受事"进入透视域；B 式为"为汽车做广告"，提取"与事"和"受事"进入透视域。这样，"汽车广告"完整的组合过程可以细分如下（见

图 1—3）：

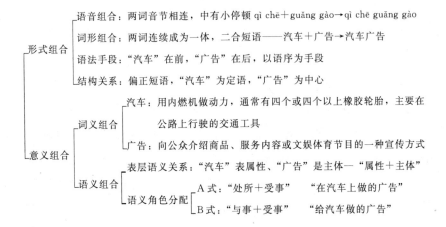

图 1—3　"汽车广告"的组合过程

第二节　句法语义与语义语法

一　句法语义的内涵

（一）句法语义的结构歧义

《名名组合的句法语义研究》中，术语"句法语义"是歧义结构。其一，为联合，指句法和语义；其二，为偏正，指跟句法结构对应的语义结构。正如"语法修辞"既指语法和修辞，又指通过语法变异而进行的修辞一样。

句法指短语与句子的结构规律，名名组合的实体绝大部分均为短语，因此，研究名名组合的结构规律，依然在句法范围内。

语言研究可分为语法、语义和语用三大平面：语法研究符号与符号的关系，语义研究符号与对象的关系，语用研究人与符号和对象的关系。胡裕树、范晓《论语法研究的三个平面》（1985）正式提出在汉语语法研究中全面、系统地把句法、语义、语用的分析既界限分明地区别开来又互相兼顾地结合起来这一新课题，三平面理论的初步形成。"句法、语义、语用"构成语法研究的小三平面，并由此确定句型、句模和句类——构成完整的句样。三大平面与小三平面的关系，可图示如下（见图1—4）：

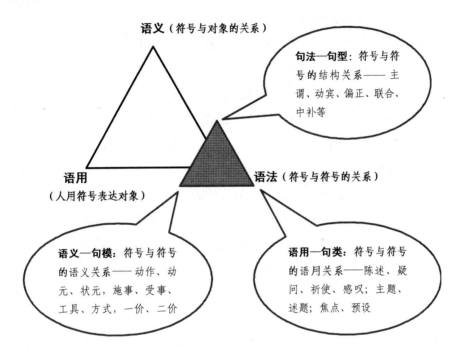

图1—4　三大平面与小三平面的关系

句型、句模和句类都是在考虑符号和符号的关系问题，一个语言单位（如"狼咬死了羊"中的"狼"）是主语、是施事、是话题，要据该词在横向组合中的位置和分布来确定，即三者都在语法框架内——句模是从深层语义平面说的，句型是从表层句法结构说的，句类是从语用角度考察的。可见，三个平面的语法里，"句法"在跟"语义"和"语用"的对立中，特指"句法结构"，即暂时剥离了语义和语用的纯形式；同时，三平面理论，是以句子研究为对象建立起来的。

"句法"和"语义"在研究中获得了相对的独立性，两者能互相并立，因此能组成联合短语；"语义"是复杂的、多层次的，"句法"修饰"语义"，能给语义分类，赋予其一定的属性值，因此能组成偏正短语：形成歧义。

（二）句法语义的内涵

偏正型的"句法语义"究竟指哪种语义，其内涵是什么，外延有多大？这是个不容易回答的问题。

以我们的理解，句法语义是跟句法形式互相依存互相印证、由句法形式所表达的语法意义。以结构主义的语法观点看，除了插入、称呼、感叹、拟声等独立语是失偶成分外，其他句子成分（直接成分）都是互为存在前提的配对成分，即两两组合表现为一种双向的关系。那么，跟形式特征相对应，句法语义最核心的内涵，是相互影响、相互制约、相互依存的双向配对语义关系，它最集中的表现就是动词的价与名词的格之间的配价。关于句法语义的外延，首先，应排除词语的绝大部分词汇意义，只有在双向选择关系中足以影响结构成立与否的少数语义特征，才能纳入句法语义的范畴。语义特征又叫语义成分，马庆株（1998）认为，语法中的语义学只研究与语法范畴有关的范畴下义素，纯范畴下义素是词汇学的研究对象。陆俭明（1993）认为，"NP［L］＋V＋着＋NP"可分化出 A、B 两种格式：A 式动词坐、站、睡、躺、蹲等，具有［＋附着］义素；B 式动词演、看、敲、放［风筝］、上［课］等动词则为［－附着］。其中，语义特征［±附着］影响格式，才属句法语义。其次，应排除大三平面的语用意义，如语境义、修辞义、省略、倒装等等。再次，应排除部分的语法意义。句法语义的范围小于语法意义，词法形式表达的语法意义就不属于句法意义；组合决定聚合，聚合所形成的外部功能义，如"名词经常充当句子的主语与宾语"之类，也不包括在典型、狭义句法意义之内。

二、语义语法的提出

（一）句法语义研究的趋势

20 世纪 80 年代汉语语法研究取得了前所未有的成就，其中最突出的一点就是对句法结构中表现出来的语法意义进行了比较深入的研究：提出了三个平面的思想，语义、句法、语用并重，打破了以往语法研究中偏重形式、忽视语义的格局；提出了形式和意义"相互验证"的规则，意味着语法研究既可从形式入手，也可从意义入手，关键是双方的沟通与互相印证；明确提出要区分"语法结构"和"语义结构"，加强了语义结构、语义特征、语义指向、语义范畴等方面的分析，语义研究逐步走上了科学的道路。"汉语语法学家对句法结构中的语义关系的重视程度是越来越加强，而且表现出一种趋势，即语义研究开始压倒形式研究，语义关系的研究开始优先于形式关系的研究。"（邵敬敏 1997）

（二）"语义语法"的提出

邵敬敏一方面极力主张从意义入手研究语法，然后寻找形式标志，对语法意义进行验证，走吕叔湘倡导的从语义到形式的路子；另一方面，为了避免语法研究滑入唯意义论的泥潭，他又极力反对从意义到意义、缺乏形式验证与制约的所谓语义研究。

在《形式与意义四论》（1988）中，他对语法结构体的形式和意义进行了深入的探讨：认为形式和意义可以互为语法研究的起点与终点，揭示了语法形式和语法意义各自的内涵和特点，分析了语法形式和语法意义之间简单而复杂的对应关系，描写了语法形式和语法意义的内部层次以及在高层次上的匹配关系。《量词的语义分析及其与名词的双向选择》（1994）与《动量词的语义分析及其与动词的选择关系》（1996）两篇论文，集中展示了从语义入手研究语法以及在双向选择原则指导下研究语法所取得的实绩，显示了语义研究与双向选择非常强的解释力。《论汉语语法的语义双向选择性原则》（1997）一文，对句法语义研究的新趋势进行概括与总结，提出了语义决定、制约与影响句法形式的四条原则：句法语义的双向选择性原则、语义的一致性原则、语义的自足性原则以及语义决定性原则。希望在今后的研究中，"逐渐形成一个新的汉语语法解释理论框架："语义双向选择性语法'"。以上四篇论文，两个关键词是——语义、双向选择，因此邵先生将它们收入代表作《汉语语法的立体研究》时，辑为第一章，取名为《句法语义的双向研究》。

在第一届中国语言文字国际学术研讨会（香港 2002）上，邵敬敏提交《关于新世纪汉语语法研究的几点思考》一文，认为汉语语法研究可分为三大流派——形式语法、功能语法和语义语法，正式提出"语义语法"这个术语（马庆株 1998 年多次运用"语义语法范畴"这个术语，是为构建"语义功能语法"体系提出的）。一年后，该文发表在《语言科学》上。邵先生在三平面语法的基础上，增添了第四平面——"认知平面"，认为语法研究的最终目的应该是揭示"语义的决定性、句法的强制性、语用的选择性以及认知的解释性"。进一步明确了"语法研究的双向性原则"的范围，它指形式跟意义、描写跟解释、共时跟历时、动态跟静态、微观跟宏观、事实跟理论、共性跟个性、本体跟应用等诸多方面的双向研究。并提出了重建语义范畴、梳理语义关系、建立语义结构、分配语义角色、揭示语义特征、确定语义指向等语义研究的六大课题。2004 年，邵敬敏发表《"语义语法"说略》，比较全面、系统地提出了一个以"语义"为研究本体、以"双向"为研究方法的具有中国特色的语法研究理论框架——语义语法。再次阐明了语法研究的目的，认为"语义的决定性"是汉语语法研究的出发点和重点，句法的约束条件、语用的选择机制以及解释策略都必须在承认"语义的决定性"这个前提下发挥作用，将"语义"确立为语法研究的本体。探讨和梳理了几个核心术语之间的关系：语义特征的类别聚合决定了语义特征范畴；语义特征的选择组合决定了语义关系范畴；语义特征范畴包括了词义特征范畴和句义特征范畴；语义关系范畴包括了语义论元范畴、语义角色范畴和语义关联范畴。

语义语法的提出以及体系的构建，切合了信息时代的特征，对当代汉语的语法研究，将起到十分重要的推动作用。

（三）句子的语义研究与短语的语义研究

如果将重建语义范畴、梳理语义关系、建立语义结构、分配语义角色、揭示语义特征、确定语义指向等内容，确定为语义研究的"经"；那么，四级语法单位语素、词、短语和句子就能确定为"纬"。句法是短语与句子的结构规律——研究短语和句子中与结构形式相互依存的语义范畴、语义关系、语义结构、语义角色、语义特征、语义指向等问题，构成语义语法的主体。

以往的句法语义研究，不管是格理论还是配价语法，也不管是语义结构的构建、语义角色的分配，还是语义特征的归纳、语义指向的确定，大多以句子为研究对象，或以句中特定的成分为目标，可以概括为句子的语义研究。从 20 世纪 80 年代至今，句子的语义研究已经陆续地铺开，有些领域还取得了非常可喜的成就。

而短语的语义研究，相对而言就比较薄弱与滞后，时常遭受到传统语法的束缚。汉语中，语义研究得最多、最深入的，应该是动宾短语，但这是句子语义研究的自然延伸，或说是句子语义研究的副产品。定中短语虽然一直也都是研究的热点，但研究者总是将注意力过于集中在定语上，分析定语这样那样的意义类型，而其配对成分——中心语被严重忽视，似乎成了被定语挟持得毫无个性的傀儡。这有悖于结构主义的句法配对原则，也不符合语义语法的双向选择原则。依我们的理解，既然定语和中心在句法形式上是配对成分，那么，在语义角色的分配上，也应该是双向选择的、互相依存与匹配的。用双向选择原则为指导，对短语的语义组合进行专题研究，成功的典范还是邵敬敏先生有关"名量组合"和"动量组合"的姊妹篇。汉语中，除了名量组合和动量组合比较有特色外，名名组合、形名组合、动动组合甚至形动组合，都是高频组合，深入研究它们的语义关系和语义结构，摸清它们的组配规律，对语义语法体系的构建，无疑具有十分重要的意义与价值。

第三节　名名组合句法语义研究的意义、理论、方法

一　名名组合句法语义研究

（一）名名组合

名名组合，指一个名词与另一名词经过双向选择后在横向上前后相连、互相结合的过程、关系以及所形成的结构体。名词是汉语的第一大类词，属"词汇王国里的'大哥大'"（王珏 2001：1），名名组合是语言中的第一高频组合，数量巨大。结构上，名名组合对应偏正、联合、主谓、同位四种语法关系，没有形名组合那样单纯；语义上，两个名词之间的关系更是繁杂多变、层次纷呈，给人"斩不断、理还乱"的敬畏感。限于篇幅、精力与能力，在研究过程中，我们不得不有所取舍：以偏正组合为主要对象，尽量兼顾到其他三种类型。

（二）"句法语义"的切题性

"句法语义"有两层含义，定名时我们并不忌用这个歧义术语，因为它切合本书的内容。其一，本书第三章探讨名名组合的句法形式，第七章讨论语义与句法的关系，均涉及句法研究，联合义"句法和语义"与内容十分吻合。其二，偏正义"跟句法相对应的语义"是优选的，本书第四、五、六章都是论述语义的，语义是探讨的重点与主体，所以，优选的偏正义也十分贴合本书的内容。

二　研究的意义

第一，汉语中，"V＋N"与"N＋V"的研究发展迅猛，特别是动词价与名词格之间的组合研究，已经取得长足进步，比较全面、细致、系

统；而数量最大的名名组合之间的语义探讨却明显滞后、薄弱，需要进行深入细致的专题研究。同时，不少语言学家意识到，研究网络时代的语言特征（并不只指狭义网语）十分重要，甚至提出了建立"当代汉语"设想。在网络与信息时代里，一方面，不再只有少数精英掌握着话语资源与话语传播权，普通民众开始拥有自我的话语传播渠道与空间，民间创造异常广博。在国家、民族和平崛起的时代里，表达新思想、命名新事物、反映新现象的 $N_1 + N_2$ 层出不穷，如"鼠标手、拇指经济、手机报纸、数字森林"等等。另一方面，随着科技的突飞猛进，五大媒体的综合发展，语言、文字的传播范围与速度远远超过以前，名词、名名组合在整个语言中的比例以及所肩负的交际任务，将越来越繁重。名名组合研究，将对汉语新词、新语研究起推动作用，也将为网络时代的语言特征的探讨、描写与确定提供有力的支撑。

第二，名名组合表面看似乎过于简单，也许这正是许多语法学家不愿或不屑下力的原因。其实，名名组合的内部构造所涉及的内容也是异常复杂的。例如，可从降级述谓结构理论出发，认为名名间隐含了动词；包含动词的非典型组合，如果动词是动核，构成框内组合（如"期刊阅览室"），不是动核，构成框外组合（如"空调阅览室"）；框内组合的语义结构跟一般动名组合一样复杂，只是凸显对象少，表层形式更紧密；语义折叠造成了形式折叠，"语文教师"似乎是个典型组合，其实，动核"教"跟施事"师"作为语素合成了一个名词而已，这只是形式的折叠，它不改变语义关系与角色分配；大多情况下，"的"只改变句法结构，一般不改变语义角色的分配；名名组合的内部语义关系，影响和制约句法结构。总之，名名组合涉及的语言现象同样是非常丰富的，值得研究。

第三，传统的名名研究，注重主谓、偏正、联合、同位之类的形式分析与描写，较少进行内部语义分析，要为准确解码提供依据，必须揭示名名结构背后复杂的语义关系。例如"狗美容师"这个组合，有人认为它有两种含义：

A.　狗｜美容师（骂人话，＝狗强盗、狗男女）

B.　狗美容｜师（职业，＝城市美容师）

内部切分层次不同，造就了意义的不同。我们同意对该短语的两种意义的理解，但不同意其原因分析。句法上它们一样，不存在"狗美容｜师"之类的切分。造成多义的原因，是句法背后隐藏着不同的语义关系，以"狗医生"为例：

A.　狗｜医生←狗一样的医生←医生像狗一样

B.　狗｜医生←为狗医病的人←人为狗医病

C.　狗｜医师←狗（充当）的医生←狗是医生

A式是"喻事＋像事"，运用比喻，将人喻狗，带贬义色彩，成为詈词。B式是"与事＋施事"，如今成了一种体面的职业，施事里含有动核，这种组合在汉语中十分常见。C式是"主事＋系事"，是近年来涌现出来的新用法，指到养老院、孤儿院充当"心理医生"的狗。

再如，不研究深层语义关系，说不清"今天国庆"与"首都北京"之间结构差异的内在原因。"语义具有决定性"，运用"语义的双向选择性原则"，探讨名词内部语义关系，才可能揭示表层平行的主谓、同位结构的差异源。探讨名名组合的歧义，是汉语歧义研究的重要组成部分，对汉语歧义研究起补充、丰富的作用。

第四，据中国社会科学院语言研究所计算机语言信息处理课题组成员尹世超（2005，金华）介绍，该课题现正面临诸多挑战，名名组合频率极高，其语义分析与计算机自动识别是个突出而重要的问题。名名组合的语义研究，无疑能满足计算机语言信息处理的需要，满足语料库语法中词库标注建设的需要。为计算机智能化过程中的名名组合识别模型、结构模型的建立，以及为心理语言学关于概念组合的实验控制、理论模型的建立，提供语言事实的支撑和语义解释的依据。

第五，从句法语义切入，研究名名组合的语义关系、角色分配、涌现特征、义素脱落、配位关系、解码模式，将句子语义研究成果应用到组合研究中，为"语义语法"体系的构建特别是"短语语义系统"的形成，提供具体内容与成果。

三　研究理论与方法

综合运用各种理论与方法，展开名名组合的句法语义研究。

（一）研究理论

（1）语义语法理论："语义的决定性、句法的强制性、语用的选择性、认知的解释性"；"语义的自足性原则"，"语义的双向选择性原则"；语义范畴、语义关系、语义结构、语义角色、语义特征、语义指向、语义关联。

（2）降级述谓结构理论：简单述谓结构、复杂述谓结构、从属述谓结构、降级述谓结构。

（3）配价语法与格语法理论：语义格、格关系、配对、联结与映射。

（4）认知语法理论：语义框架、语义槽、认知原型、图形与背景、凸显与隐含、透视域。

（二）研究的方法

（1）归纳法：以显性、经验的语言现象为研究对象，收集大量语例，进行分类、分析和综合，最后上升为一般规律。即从一系列具体的语言事实中概括出一般原理 ——这种方法叫归纳法。归纳法以显性语言现象为对象，即以民族语言已有的规范和已然的契约为对象。显性名词组合的语义分析，名词组合的显义分析，都可采用归纳法。

（2）演绎法：从有限的经验事实出发，运用理论思维提出假设，建立一些模式，或排出类似元素周期表那样的表格来，然后用显性、经验的事实去验证它，在理论上作出合乎逻辑的解释——由一般原理或假设推出关于特殊情况下的结论，叫演绎法。演绎法则更多地指向潜语言现象，总是与潜语言现象——潜词、潜句、潜义、潜形式、潜在语法关系等——联系在一起的。名词语义组合的可能性研究，名词组合的潜在歧义研究，均需采用演绎方法。

（3）比较法：比较相似或相近的两种语法现象，分析其异同。包括比较同一现象在不同语言里的异同，如"灭火器"（VO 序）对应英语的 fire－extinguisher（OV 序）之类。

（4）描写法：采用当前语言研究中通用的符号，对某一语言现象或格式进行形式描写与语义描写。包含对某些影响句法结构的语义特征的描写。

（5）变换法：深层语义角色不变，表层几个不同语法形式同义，几个同义的语法形式之间具有变换（依存）关系。变式分析是分化歧义的方法，也是形式标志的一种类型。

（6）层次法：对名名组合的语法结构与语义结构进行层次切分，通过两者对比，考察名词组合的层次与方向，对其配位方式进行研究。例如对"爱好文学者"跟"语文教师"的切分，看句法和语义的交错配位关系。

（7）图表法：采用一些插图或表格，将抽象内容进行直观或简便的表达。

（三）技术问题及解决办法

（1）是否所有的 $N_1 + N_2$ 都能用降级述谓结构加以分析，从而归纳语义格的组配模式？这是个有争议的问题。处理方法有两种：一是扩大谓词范围，将部分连词和助词归入广义谓词中去（朱彦 2004）；其二是用 Du bois 的框架理论，分客体框架（整体与部分、社会关系、亲属关系、领属关系）和事件框架（参与者：施事、受事、对象；环境：工具、结果、时间、处所）两大类。我们采用扩大谓词的方法，认为体词充当的定语，都可做谓语或历史上原本就是谓词，所有名名组合，语义上都可以对应一个述谓结构或降级述谓结构。

（2）跟 V＋N 组合一样，$N_1 + N_2$ 组合究竟设多少种语义格才是最佳方案，才能对无穷尽的语义关系实施有效控制？语义格是句法形式意义和短语具体所指意义的中间站，连续体的分割并无可验证的唯一性，数目可左可右，本身是开放的，而不是绝对的。关键是能否将原型或高频组合的语义关系描写清楚，构成一个有机的语义整体。

（3）如何处理历时层面意义演变与共时层面意义活动之间的关系？本书一个重要的依据是：语义结构关系存在于词法和句法不同层面上，语义研究有相对独立性，分析语义关系可以暂时不考虑词法、句法的区分。例如，"时装设计师"之类的"N_1＋V＋师"是高频格式，"师"虽是黏着语素，但在语义结构中担任施事角色。

（4）重点和难点是解决偏正型名名组合的语义关系，用降级述谓结构分析出来的格关系如"鲁迅小说（施事＋结果）"、"羊毛背心（质料＋结果）"、"口袋图书（处所＋主事）"，为什么给人怪怪的感觉？定语修饰、限制中心语是偏正短语最高层次、最基本的语法意义，名名组合的功能是表指称，如果将定语划分出很多类（"属性"），而将中心语统称为"主体"，不合双向选择原则——似乎是半语义半句法的奇怪组合型研究。语义研究有相对独立性，研究语义，可以暂时从句法中走出来，撇开"描写/限定＋指称"的干扰。纷繁复杂的隐含动核的降级述谓结构，经过语义折叠以后，最后才在线性化过程中因为句法强制性而被抽象、升级，统统纳入"描写/限定＋指称"这个句法意义中。所以，我们的名词格关系研究，在句法意义的下位，而在短语具体所指意义的上位。例如，"他的小说读不完"（吕、朱例）表达三种意义："他（有）的小说"、"他（写）的小说"和"他（读）的小说"，前两种意义是短语本身具有的，后一种意义是在句子中获得的（"读"要在句中同现），它们都穿上同一件外衣——定中，不分析隐含的语义，对句子解码就没有多大帮助。避开形式化完成以后的句法层面的意义干扰，将名名组合语义看成"轨层"（陆丙甫，1998），我们或许不再觉得名名组合的格关系难以接受。

第四节　文本结构与符号说明

一　文本结构

前后共七章。一、二章是导论与综述，后五章是主体。

第一章，导论。解题，回溯术语"组合"的源流，思考"XY组合"命名的优势。指出"句法语义"的歧义，勾勒语义研究越来越受重视的过程，说明该研究是在"语义语法"的学术背景下产生的，希望能为语义语法的构建提供具体成果。

第二章，名名组合研究综述。从本质、分类、功能、语义特点等方面，概述前人对名词的研究。从句法结构、语法手段、语义分析、组合歧义、计算研究、认知研究与心理研究等方面，概述国内名名组合研究的情况。从语义类型、认知研究与心理研究、歧义分析、计算分析等方面，概述国外名名组合研究的情况。总结名名组合研究的发展趋势：沟通、交融与整合。

第三章，名名组合的句法分析。概述名名组合的偏正、联合、主谓和同位四种句法关系，对其特征或比较特别的问题进行具体探讨。研究 $N_1 + N_2$ 的功能与递归，分析四种关系混用而形成的超长组合。多层次、多角度地探讨 $N_1 + N_2$ 的语法手段，以新式组合"XY中国"为实例，论述语序影响名词次范畴的语义选择。

第四章，定中型名名组合的语义分析。描写名名组合的格关系，排出语义关系的演绎表。将名名组合分为原型组合、含动组合和过渡组合三类，剖析含动组合的语义结构与角色分配。探讨受事论元域外化的原因与功能，论及黏着语素的辖域问题。讨论名名组合的语义选择、增殖与损耗等内容。

　　第五章，名名组合的语义桥。解释什么是语义桥，说明设置这一概念，目的是要换一个角度，于动态变化中来探讨名名组合的语义关系。分节探讨语义桥的实词、虚词、语缀、零形四种函变形式，提出一系列有价值的观点。从语义桥看西方理论中关系连接和特征映射，认为方位桥、比况桥分别是关系解释和属性解释的典型标记。

　　第六章，名名组合的歧义。简述汉语的歧义研究，从句法结构和语义结构入手，就名词组合的歧义类型、原因、形式标记等进行分析与归纳。区分名名组合的显义与潜义，指出发掘潜义最简洁最有效的路径是格式的类推与置换。

　　第七章，名名组合的语义结构对句法的影响与制约。探讨定语的有无对名词谓语句、同位短语的语义自足性的影响与制约，结合语义场理论，分析造成语义不自足的原因。多角度比较领事定语与属性定语的语义差异，从句法显现形式、语法手段、中心隐含等方面，揭示两种不同语义关系对表层句法结构的影响与制约。量词是事物空间性的外在标志，名名组合的语义关系制约着其对量词选择。

二　符号说明

　　N，名词；V，动词；A，形容词；NP，名词短语；VP，动词短语；AP，形容词短语；SPP，主谓短语。X，语义桥；XY，特指某结构或两个直接成分；Φ，空符号或隐含成分。→，变式、推导或演变；←逆向变式、推导或演变；↔，双向变式、推导或演变。＝，同义或同一；∈，属于或归类；≠，不同义或不能推导；≈，近似；∩，交集。＊，不合格单位；?，是否合格难定。

第 二 章

名名组合研究综述

第一节　汉语名词研究

一　什么是名词

（一）依据意义定名词

早期语法著作大多根据类义来定名词。马建忠的《马氏文通》（1898）认为实词离开句子便无法定类："字无定义，故无定类。"他给名词下的定义，"凡实字以名一切事物者，曰名字"，所本乃词义。黎锦熙的《新著国语文法》（1924）继承了马氏观点，提出"依句辨品，离句无品"与"名物化"论点，认为"名词是事物的名称，用来表示观念中的实体"。从意义出发划分词类，比较容易把握；但缺乏形式鉴定的标志，容易见仁见智。经过几十年的词类讨论后，语法学界形成了主流观念：意义不能充当划分词类的依据。

（二）依据形态划分名词

高名凯（1953）继承西方汉学家马伯乐、高本汉的观点，提出了著名的三段论：划分词类的标准是狭义形态；汉语没有狭义形态；所以，汉语不能划分词类。为了证明汉语不是低级语言，人们不是去否定带有殖民色彩的大前提，而是尽力在汉语中寻找狭义形态，甚至有人认为汉语可以根据狭义形态给词分类。如陆宗达、俞敏（1954）倾向认为，"子、头、儿、者、家、学、主义、性、度"等是名词的标志，可以通过它们来划分或定义名词。显然，这走向了另一极端，汉语具有部分构词形态，能帮助人们辨认名词，但普遍性差，无法充当判定名词的主要标准。

（三）依据功能划分名词

形态只是众多语法手段中重要的一种，方光焘（1939）认为，即便是印欧语言也并不全由形态来划分词类，如 a、the、up、on、about 等词，没有词形变化，定为冠词或介词，是根据它们与后续成分的关系来确定的。从词与词的组合与关系上也可认清词的性质，"词与词的相互关系，词与词的结合，也不外是一种广义的形态"，由此创立了广义形态说。胡附、文炼（1954）认为，"广义的形态，除了单词的形态变化外，还包括词与词相互关系，词与词的结合，语词的先后次序等等"。

词充当句子成分的能力，词与词的组合、黏附能力等等，叫语法功能，是划分词类的主要依据。名词的主要功能为：经常充当句子的主语、宾语或定语，大多能接受数量短语的修饰，一般不接受副词修饰。事实上，词所以能聚为一类，是因为在横向组合里有相同的功能与分布，组合关系决定着聚合关系。因此，依据功能划分词类以结构主义理论为基础。

（四）依据原型划分名词

词类划分一直是纷繁复杂的老大难问题，以功能为标准并不能解决所有问题。汉语词具有多功能性，名词、动词、形容词尤为突出：很难找到一个对内具有普遍性，对外具有排他性的内涵特征。例如，名词不受副词修饰，而当代汉语中副名组合日趋普遍，成为研究的热点——这条"一般规律"以外的"有条件的特殊规律"，其条件变得越来越宽泛；名词能接受数量短语的修饰，而人们（王惠，1998）又发现了为数不少、难以特殊处理的"无量名词"。

认知语言学家认为，"在语言和客观世界之间存在一个中间层次"（Svorou，1994），语言不是直接地反映客观世界，而是有人对客观世界的认知介于其间。人们给事物分类常常按照原型（prototype）或自然范畴进行，原型是范畴中"最好的例子"，是范畴化认知的参照点，如麻雀是鸟类范畴的原型，隶属度低的企鹅只处于这个范畴的边缘。以袁毓林（1995）为代表的一些语法学家，认为汉语词类是依据分布上的家族象似性而聚集的范畴，只能从原型出发给出带有概率性的定义。名词宽泛的定义是"经常作主语和宾语、经常受数量词等形式的定语修饰的一类词"；严格定义是"以能受数量词修饰、但不受副词修饰的一批词为典型成员的一类词"。在原型理论的背景下，依据句法功能定名词，既反映了词类的本质属性，也能相对较好地解释名词内外边界模糊的现象。

二、名词分类

（一）意义标准

早期语法著作，如《马氏文通》、《新著国语文法》，基本上按照意义来划分次类。虽然黎锦熙在确定抽象名词时，用了"无数可数"特征，涉及名量组合的问题，但整个小类框架以意义做标准，功能观念尚处于萌芽状态。

（二）功能标准

随着结构主义影响的扩大，语法学家意识到，句法功能才是划分词类的标准。丁声树（1961）明确提出"性质和用法"做标准。赵元任（1968）据名词与量词的搭配，将名词分为四类。朱德熙（1982）接受赵元任的观点，稍加调整，按名量的组配能力，把名词分为可数名词、不可数名词、集合名词、抽象名词、专有名词五类。

20世纪90年代以后，对名词进行分类的学者有王惠、王珏、刘顺等。王惠等（1998）在开发《现代汉语语法信息词典》时，据名量的搭配关系，确定名词子类的六个层次，提出无量名词与过程名词的概念。王珏（2001）拿形态、配价、量词、副词、方位词作为标准，给名词分类，思路开阔细密，分类详细周全，建立了一个多角度多层次的名词小类系统，颇有建树。刘顺（2003a）认为：根据是否受副词修饰，分"副饰名词"和"非副饰名词"；根据能否做谓语，分为"能谓名词"和"非谓名词"；根据能否计量以及计量方式进行分类，便于描写和解释小类的语法特点，有较大的普遍性，因而最为重要。刘顺也采用二分形式，建立了一个名词小类的层级系统。

三　名词的语义特点

语法界对动词语义特点的研究比较关注，取得了显著成就。对名词语义特点的考察相对薄弱，成果不多。随着语法探索的深入与发展，学者们已经意识到名词语义对组合能力有明显影响，开始了相关的研究。

（一）名词的空间性

陈平（1988）指出："就最典型的事物而言，它们一般都占据一定的空间，随具体事物类型的不同而表现出大小、高低、厚薄、聚散、离合等等特征。"张伯江（1994）、李宇明（1996）也提到过名词空间性问题。

刘顺（2003）认为：（1）名词的空间性是语言对事物范畴化的产物，通过语法形式表现出来，聚集为名词的语法特征。印欧语言通过性、数、格等形态表示出来，汉语以高度发达的量词系统为表现形式，量词是名词空间性的外在标志。（2）名词空间性的认知基础是事物的离散性——具有明确边界因而可分离的性质。（3）根据名词与量词的组配能力，可以建立空间性强弱的等级序列（见图2—1）：

强弱的等级序列：

量词种类：	个体量词	临时量词|度量量词	类别量词	零量词
名词空间性：	强	较强	较弱	极弱

等级序列：个体名词\|专有名词\|群量名词 ＞ 物质名词 ＞ 事件名词\|抽象名词 ＞ 无量名词

图 2—1　刘顺的名词空间性强弱的等级序列

（二）名词的配价

术语"配价"（valence）源自化学，语言学借以描写动词和论元间的配置关系，动词的价取决于它支配动元的数目，分为零价、一价、二价、三价。语法领域研究配价，很长一段时间内都是从动词述项出发，探讨动词对名词的支配能力。其实，配价是一种双向互动关系，一些学者注意到了这个问题，提出了转换角度的思路。吕叔湘（1979）指出，对名词的"价"也需要发掘。史有为（1997）认为，也可从名词出发去讨论"价"的问题。

在名词配价领域取得实绩的学者是袁毓林（1992）。他指出："名词的配价表现为支配性名词（governing noun）要求在语义上受其支配的从属名词（dependent noun）与之共现。"他描写了二价名词的语义结构，揭示了二价名词对其从属名词具有支配关系的语义基础，讨论了与二价名词有关的句式及歧义问题。随后（1994），他对一价名词的认知基础进行了研究，将一价名词分为亲属称谓、事物属性、整体中部件等小类；描写了一价名词的句法语义特点，并从认知方面进行解释；探讨了某些句子中一价名词的缺省及其语义激活的微观机制。范晓（2001）从三个平面的理论出发，建立了名核、名核结构、名元、定元等平行概念；从类型、层次、与名词价的关系、在句子生成中的作用等角度，对名核结构进行了比较全面的探讨。王珏（2001：204－205）总结了前人的研究成果，把名词细分三类。（1）零价名词：不要求与另外的名词在语义上构成从属关系。如"宇宙、世界"等独一无二、无所归属的事物名词；（2）单价名词：只要求与一个名词在语义上构成从属关系。包括"哥哥、妈妈"等亲属称谓，"质量、脾气"等属性名词，"脚、锅盖"等部件名词。（3）双价名词：要求与两个名词在语义上构成从属关系。包括"爱情、仇恨、兴趣、态度"等情感、态度名词，"看法、见解、意见、印象"等见解、论点名词，"作用、效果、意义、责任"等作用、效果名词，"方针、政策、法律、标准"等方针、政策名词。

（三）名词的生命度

20 世纪 20 年代，西方开始了对语言生命范畴的探讨，80 年代，Comrie Bernard 从普通语言学角度出发，对语言生命范畴进行了卓有成效的研究。他认为，"生命度跟结构的任意性联系，在各种语言里极其广泛地存在"；生命度（animacy hierarchy）首先是语言外（extra linguistic）概念，指自然生命范畴，具有高低不同的等级系统；狭义生命度对语言产生普遍影响，以各种各样的表现形式影射在语言中，形成语言的生命范畴。

在国内语法研究中，李临定（1986）提到"意志句"与"非意志句"的对立，马庆株（1988）对自主动词与非自主动词展开全面而深入的研究，开始涉及生命范畴的内涵。提出"有灵范畴"、"无灵范畴"术语，自觉地对生命范畴进行专门研究，始于外语界的同志。张今、陈云清（1981）的《英汉比较语法纲要》，喻家楼、胡开宝（1997）《析汉、英中的有灵、无灵和动态、静态句》，对汉语生命范畴的展开了具体的研究。

王珏是汉语界较早开始研究生命范畴的学者，他（1988）给植物名词分类，就以［±生命］这个语义特征为主要标准。2001 年，他从语义特征、类别、语法特点等方面，对"生命义名词"进行了详细考察；在讨论附加式名词时，建立了"表人形态"与"非表人形态"概念。2003 年王珏发表《生命范畴概说》，2004 年出版《汉语生命范畴初论》，认为生命范畴是语言的共性之一，语言生命范畴是自然生命范畴在人类语言中的投射；生命范畴在名词中的表现最为突出，详细讨论了有生名词的语缀、结构、语义范畴、语法范畴以及有生名词与无生名词的语法分布对立、有生名词与有生句、有生名词做谓语等诸多问题。王珏研究生命范畴，全面而深入，成绩斐然。

（四）名词的界性

西方认知语言学认为，有界与无界的对立是人类最基本的认知概念，是一般认知机制的一部分。人类最初从自身认识到了有界事物，又依有界与无界的对立来认知外界的事物。

国内对"界性"问题探讨得比较深入的是沈家煊。他（1995）从分析数量短语制约句法结构的原因入手，探究有界与无界在语法结构中的具体表现。认为事物在空间上、动作在时间上、性状在程度上，均表现出有界与无界的对立。他以"桌子"和"水"为例，用 Langacker（1987）的理论将有界事物与无界事物的区分得非常清楚。Langacker 的区别特征有：（1）无界事物的内部是同质的（homogeneous），有界事物内部是异质的（heterogeneous）；（2）无界事物同质，具有伸缩性，有界事物异质，没有伸缩性；（3）有界事物具有可重复性（replicability），无界事物没有可重复性。人类语言中的有界与无界概念，只是物理世界自然物的有界与无界的投射物，两者并不完全一致，中间介入了人类的认知模式。例如，常说"一个坑"，"坑"开口处并无边界，但人在格式塔（Gestalt）心理支配下，将它"完形"成四周都有边界的个体。又如，可以说"一个墙角"，虽然无法确定墙角的边界，但仍能将其视为有界事物，其界限隐藏在人类的心理层面。再如，说"一个主意"，抽象事物"主意"类化成为有边界的个体，在民族的共同心理中，取得了边界特征。

名词的有界与无界，在语法上表现为可数与不可数的对立。"数"范畴直接对应着名词是否具有可重复性。

（五）名词的时间性与程度性

名词（物体）具有空间性，动词（动作）具有时间性，形容词（性状）具有程度性，这是语言的共性。名词的种种语法意义，一般与三维空间有关；但也有少数名词，具有一定的时间性或程度性，在语义和句法上，显示出与典型名词不同的特点。

王惠（1998）把能受动量或时量修饰的名词，定为"过程名词"。意义上，过程名词主要指自然现象，如"雷阵雨、旱灾、风暴"，以及人类的某些活动、行为，如"初赛、阅兵式、夜餐"。过程名词蕴涵着事件从开始到终结的过程，接方位词"前、后、中"可表时间。据王惠统计，过程名词占名词总量的 1.53％。

邵敬敏、刘焱（2001）认为，空间性与时间性只是名词和动词区别的语法特征之一，部分名词也具有动态性，属动态名词。动态名词分为三个小类，都能进行形式验证：（1）动量动态名词，能接受动量词修饰。例如：雨、风、雪、饭、点心、皮鞭、球赛、战争、京剧、宴会、灾难、机会。（2）时间动态名词，可跟时间方位词"前、后"组合的动量动态名词。例如：雨、饭、会、球赛、战争、假期、事变、火灾、宴会。（3）进行动态名词，指能进入"N 正在进行之中"这个框架的时间动态名词。例如：球赛、战争、会议、手术。三个小类之间具有依次包含的关系：动量动态名词＞时间动态名词＞进行动态名词。邵敬敏、刘焱对名词时间性的研究，主要在它们与其他词语的组合中进行。

刘顺（2003：65—69）则结合句法结构与功能，对普通名词的时间性成因、时间性特征的分类、名词时间性在时间系统中的表现等诸多问题，进行了深入的研讨。例如，将过程名词或动态名词叫内在时间性名词，将"顺序义名词"（马庆株 1991）叫外在时间性名词。时间性名词表现出跟空间性名词不同的语法性质与功能。

刘顺（2003）还在人们对副名组合这个热点问题研究的基础上，探讨了程度性名词的语法特征，包括语义分析、显现形式、名词显现程度特征的语用功能。邵敬敏、吴立红（2005）据语义双向选择性原则，分析"形态名词"的特点，提出了一种新的语义指向——语义特指——包括语义斜指、内指、偏指、深指和外指等，对副名组合现象重新进行解释。

上述学者对名词空间性与程度性的研究，比较清晰地揭示出名词语义多样性与句法多功能性之间的内在联系。

第二节　国内名名组合研究

一　名名组合的句法结构

名名组合对应定中、联合、主谓、同位四种句法结构。

（一）定中型组合

语法学家们常将定中结构甚至是偏正结构视为整体加以研究，探讨重点集中在语法手段（虚词和语序）上。至于将名名组合单独析出，虽也探讨其虚词、语序问题，但人们更关注组合间的语义构造，这在后面章节中有详细介绍。

对定中型名名（含代名）组合的句法关系进行探讨，相对集中在"张三的原告"、"他的篮球（打得好）"、"（我来帮）你的忙"这些类型上。朱德熙（1982：145—148）认为这些定语不表领属，实质是潜主语与潜宾语，叫准定语。值得注意的是，朱德熙的准定语并不单指 N_1，而是指"N_1 的"。黄国营（1982）也对这三种句子做了分析，认为"N_1 的"是伪定语，"的"是伪定语标记。张伯江、方梅（1996）持反对意见，认为这类"N_1 的 N_2"属"广义的领有关系"。徐阳春（2006：147—158）认为这类结构的表层句法特征是：充当主语与宾语；有修饰与被修饰关系；有形式标记"的"或能在扩展中带"的"。三条特征都与典型偏正结构吻合，但它们又有自身的其他特征，属于偏正结构的边缘范畴，叫"准偏正结构"。以我们（周日安，2005）的理解，施事、受事或兼施受角色的名词映射（mapping）在定语位置的现象，比比皆是；"他的篮球（打得好）"中，"他的篮球"（"他"为施事）是不能单说的，隐含的动词（Vb）不能被删除，只能移位，即"打"必须跟"N_1 的 N_2"共现。没有必要设立"准偏正结构"这个术语。

（二）联合型组合

联合短语由两个或两个以上的部分组成，各部分间有并列、顺承、递进或选择关系，结构上不分主次，短语功能与组项功能常常相同。由名词性词语构造的，叫名词性联合短语。

黎锦熙、刘世儒（1958）的《联合短语和联合复句》，对联合短语的定义、构造、组项性质、联结方式以及短语的功能，进行了比较详尽的描写与探讨。

关于联合短语的类别，朱德熙（1982：157）分为体词性和谓词性两类，名名组合属于体词性联合结构。程书秋（2005）认为，还存在既不同于体词性，也不同于谓词性，而具有附加性特征的"附加性联合短语"。季永兴、熊文华（1993）将短语划分为聚合、组合和黏附三类，着重探讨了语句重合而成的聚合短语的性质及其区别性特征，从而确定联合短语不是组合的，而是聚合的。

关于名词性联合短语的内部组项语序，廖秋忠（1992）在《现代汉语并列名词类成分的顺序》中，提出了重要性、时间先后、熟悉程度、显著性、积极态度、立足点、单一方向、同类、对应、礼貌等多项原则。廖氏的研究，视野开阔，风格翔实细致，为名词并列的语序研究奠定了坚实基础。祝克懿（1999）认为，联合短语的组项在句法与功能上平等，有的语义无主次之分，语序灵活，可换位；有的在表达上有语义轻重、强弱、范围大小、事理先后的区别，语序表现为前主后次。幸江涛（2001）着重探讨了语音结构对排序的影响，认为如果组项的音节长短不一，一般按少前多后的增序排列，也可按减序排列，但音节数相同的项必须放一起。

程书秋（2005）提出，体词性联合短语与体词一样都可以接受数量词语的修饰，但由于体词性联合短语本身就已经包含了量的因素，因此它在与数量词语组合时，一般不与描写确定的量的词语相组合，而往往与具有一定模糊性的量相组合。

邓云华（2004）对人类语言中的联合结构的普遍共性进行了探讨。认为联合短语属聚合型短语，联合短语形成和存在，可归纳出两方面的原因：认知上，语言结构是经验结构或概念组织的模型，形式与意义的联系是"象似的"；语用上，遵照语言的经济原则，相同部分的几次表述往往简化为一次，避免重复。邓云华、储泽祥（2005）归纳出人类语言关于联合短语的共性：（1）联合短语的标记等级为：合成词＞同类联合短语＞异类联合短语，左边的标记程度小于右边的标记程度。（2）任何语言中的联合短语都有象似性，顺序象似源于语言结构与经验结构的象似，并列成分形式的简单和复杂对应于经验结构的简单和复杂。（3）任何语言的联合短语都包括意义异类的非典型联合短语，源于具体语境的需要和临时的变异运用。（4）各语言联合短语的连接方法和位置都有居中型连接，跨语言间同时存在一个相关的等级共性：居中型连接＞前置型连接＞后置型连接。邓云华和储泽祥的研究，深入透彻，对人类语言具有普遍的意义。

（三）主谓型组合

最早指出汉语有"名词作谓语"现象的学者是吕叔湘（1942），后来，赵元任（1952）、龙果夫（1958）提出了"体词谓语"、"名词谓语"等概念，丁声树等（1961）则对"体词谓语句"进行了初步的描写。新时期后，赵元任（1980）、陈建民（1986）、刘月华（1983）、房玉清（1992）、王珏（2001）、刘顺（2003）、李大勤（2003）等在其语法专著都谈到了体词谓语句。

"拿体词做谓语的句子，叫做体词谓语句"，这是语法小组（1952）第一次给"体词谓语句"下的定义，刘月华等在此基础上进行了补充："名词谓语句是体词性词语即名词、名词短语、代词、数词、数量词短语和'的'字短语作谓语的句子。"对体词谓语句的结构分析，主要集中在谓语的构成上，如朱德熙、刘月华、叶长荫等，很少有人考察主语的情况。给体谓句分类，可概括为三类：（1）着眼于NP$_2$构造的结构分类，如朱德熙、刘月华、房玉清、叶长荫等，将体词谓语细分为名词、名词短语、代词、数词、数量短语和'的'字短语等。（2）着眼于全句语用表达的功能分类，如赵元任，分为判断、陈述、说明、描写等类型。（3）着眼于主谓语义关系或谓语语义差异，前者如周日安（1994），将主谓间的逻辑关系概括为同一、相属、空间、时间、比分、量化六种关系，后者如丁雪欢（1994），将NP$_2$的语义类型分为八种。体谓句是不是独立的句型？关于这个问题，高名凯、龙果夫、叶长荫、马庆株、丁雪欢、周日安、杜瑞银等肯定派，承认体词在一定条件下具备述谓性，体谓句是一种独立的句型，而不是动谓句的省略。黎锦熙、刘世儒、冯凭等否定派，持完全相反的看法，认为体词结构不能充当谓语，体谓句只是动谓句的省略。

新千年伊始，体谓句的研究在认知、语用层面往纵深发展。代表性成果有，项开喜（2001）排出了体谓句的语义等级：变化意义＞状态意义＞

性质意义＞领有意义＞存在意义＞判断意义＞比例意义；列举了若干体词成分在指称功能上的等级关系：定指成分＞非定指成分、周遍义成分＞非周遍性成分、相对时间词＞绝对时间词、属概念＞种概念、整体范畴＞部分范畴、实体义＞抽象义、比喻义、象征义，体词的指称功能与陈述功能成反比，因此，这些等级可以解释体谓句的语序限制。邓思颖（2002）指出，汉语名词谓语受制于指示限制，具有指示作用的时间词不能作谓语；进一步抽象概括后，得到一条规律：有定成分不能作谓语。刘顺（2003）借用有界、无界理论和名词配价理论，认为名词的有界或无界影响句子的自足与否：当有界名词在名谓句中充当主语时，要求充当谓语的名词性成分也是有界名词；有界成分不能与无界成分匹配。

（四）同位型组合

同位短语，高更生、谭德姿、王立廷主编的《现代汉语知识大词典》解释为：由两个或更多的部分组成，各部分从不同的角度同指一个事物，做同一个句子成分，各部分之间有互相说明、互相注释的关系。例如，首都北京、我自己、咱们几位。

《马氏文通》的"同次"，说的是与"前次"所指同一的成分，几乎是个纯语义概念，包括了现在所说的"同位"现象，但其涵盖的范围比同位要宽泛得多。第一次明确提出"同位"概念的，是《新著国语文法》。黎锦熙的定义为："两个或更多的名词同在一个位置，而又同指一事物的，叫做同位。"（1924〈1992〉：56）他将同位分为相加同位、总分同位和重指同位三类。黎氏的同位，包含本位与外位并不是直接成分的松散关系，可见，其同位概念也是以词语意义为基础的，范围比较宽泛。

吕叔湘、朱德熙（1961）把同位短语叫"同位成分"，由"本位语"和"同位语"两项构成，有"本位＋同位"和"同位＋本位"两种语序。他们将"本位＋……＋外位"这类黎氏的同位形式，从同位中剔除，使同位概念更加明确。但"同位成分"这个术语使用得不准确，现在多用"成分"来指代组合中的一方，而不是组合本身。朱德熙（1982）在《语法讲义》里，取消同位，归入偏正。

"暂拟体系"和张志公的《汉语》教材,使用"复指成分",这个术语更强调了前后两个词语的意义与语用所指的相同。张志公将同位分为同位复指、称代复指和总分复指三类,跟黎锦熙的分类基本一致。不过,张氏的同位复指强调了意义上的相同与位置上的相接,这跟现在的同位概念倒是十分接近。

20世纪70年代后,随着结构主义语法学占据主导地位,人们越来越重视结构形式,对同位的讨论也日益重视其形式的要求:(1)前后两部分构成直接成分,且必须处于同一功能位置;(2)语言单位必须是短语。例如,张寿康(1978)《说"结构"》称同位短语为"复指结构",胡裕树(1979)主编的《现代汉语》称"同位词组",黄伯荣、廖序东主编的《现代汉语》原本也称"同位词组",后修订为"同位短语",《中学教学语法系统提要》和张志公主编的《现代汉语》都用"复指短语",北大主编的《现代汉语》称"同位性偏正短语",邵敬敏等主编的《现代汉语通论》则统指时用"同位短语",与结构对称时用"同位词组"。

以同位结构作为博士论文选题,对同位进行深入、细致探讨的是刘街生,刘氏的研究成果将在第三章里进行介绍。

二 名名组合的语法手段

(一)虚词

1. 结构助词"的"

虚词"的"是汉语第一高频词,有结构助词(我的太阳)、时间助词(昨天搬的家)和语气词(他去了的)三类用法,主要功能是用在定语和中心语之间,作为定中结构的标志。"的"字与如此多的语法现象纠结在一块,一直以来都是语法学家研究最集中的热点,这方面的文献非常多,我们尽量就一些跟名名组合联系更紧密的著述,进行述评。

关于"的"的功能,主要有三类观点。其一是定语标记,如黎锦熙(1924),丁声树(1961)。其二是名词化标记,如陆宗达、俞敏(1954),

朱德熙（1956、1961），陆志韦（1957）。朱德熙（1961）的《说"的"》，用结构主义分布理论，全面讨论了"的"的分布，析出三个不同的"的"——"的$_1$"（副词后缀）、"的$_2$"（状态词后缀）、"的$_3$"（名词化标记）。《说"的"》不但是研究"的"字功能的重要论文，也是用结构主义理论分析语法现象的经典文献，具有方法论的意义。其三是饰词标记。郭锐（2000）认为，定语标记说遇到的难题是，不得不用"省略"来解释充当主宾语的"X 的"，而有些根本无法补出中心语。名词化标记说遇到的难题是，"X 的"都能做定语，而并不都能充当主宾语；且"X 的"与名词相反，做定语的比例远高于做主宾语。郭文对"的"字的功能提出了第三种解释："'的'的作用问题实际上与表述功能的转化和句法层面的词性转化有关，'的'是饰词标记，它可以把一个谓词性成分或体词性成分转化为饰词性成分，单独做主宾语的'X 的'是饰词性成分的零标记转指，即句法层面的名词化。"

徐阳春（2003）试图从三方面概括其制约因素：板块原则、凸显原则和韵律原则。徐文将不出现"的"的偏正结构叫"板块"（狐狸尾巴），出现"的"的叫"非板块"（狐狸的尾巴），板块分为固定板块（苏州园林）、可拆板块（木头桌子）、临时板块（李平儿子），用形象的术语来解释"的"字的隐现情况；是否凸显偏项的修饰性，正是制约"的"字隐现的因素；"的"字的隐现要服从韵律和谐的需要。徐阳春、钱书新（2004）认为，从句法分布看，"的"字形成偏正结构和非偏正结构两个层面的对立，可以分成"的$_a$"和"的$_b$"两类。从语用看，两者具有同一性，都是逆向凸显前面的某个成分："的$_a$"凸显前面的偏项，"的$_b$"凸显其前面的施事、条件、动作、状态等成分。徐、钱的一个主要目的是，希望将结构助词、时间助词和语气词三类"的"，分层整合起来。

关于"的"字的多少问题，吕叔湘（1980：135）认为：并列定语（Ad＋Bd）＋N，非常自由；两层定语 Ad＋（Bd＋N），"在语音节律上不够协调，语义层次上也不够明确，最好尽量避免"；多层定语如 Ad＋[Bd＋（Cd＋N）]，"几乎决不允许"。例如，"新盖的大楼的地下室的空气调节很好",三个不同层次的"的"字,将句子弄得很不顺口,变换成"新盖大楼的地下室,空气调节很好"就简洁多了。

王希杰(1993)提出"的"字的前置现象,但未引起语法学界的重视。"的"字依附定语,如"红的花",语音停顿是"红的│花",读成"红│的花"显然别扭,语义上也是"红的"修饰"花":"的"要附在定语后。多个并列定语修饰同一中心语,不违背"的"字依附定语的原则,如"(伟大的、光荣的、正确的)党"。反之,同一定语修饰多个并列的中心语,为了避免重复,"的"字被迫前置(放在中心语前面)。例如,"他也有隐忍退让的时候,的事情,的限度","的"字领着中心走,书面语很清楚,读起来总还是拗口,听起来也别扭。它是为了避免字面重复而不得已的选择,是为了满足语用需求而裂割句法结构的例子。

2. 结构助词"之"

定语与中心语除了用零形式(语序)和助词"的"连接外,有时还用"之"连接,例如"春之声"、"北国之春"、"军港之夜"。

吕叔湘(1980:599)指出,"'之$_2$'是古汉语遗留下来的结构助词,用法大致与现代'的'字相当。但有些场合只能用'之',有些场合虽然也常用'的',但习惯上也往往用'之',用'之'的词语如果改用'的',往往要调整音节,把'之'后面的单音节改为双音节。"朱德熙(1983)比较了名词化标记成分"的、者、之、所"在语法功能和语义功能方面的异同,提出自指、转指、句法成分的提取等观念,在理论与方法上进行着不倦的探索。徐阳春(2002)描写了只能用"之"和只能用"的"的语用条件后,认为"之"和"的"不存在换用问题,两者在语用上互补:带文言色彩的偏正短语用"之",反之用"的"。既能用"之"又能用"的"的短语进入语篇后,语体能做出明确的选择,如标题的"军港之夜"和唱词的"军港的夜"。徐文着重从色彩意义与语用分布的关系,强调"之"、"的"的互补性。

(二)语序

名名组合的语序问题涉及两方面:其一是 $N_1 + N_2$(主要是定语与中

心语）的语序；其二是在更大组合中，多层定语的排序。两个问题语法界都有不少研究成果。

1. 定中语序

定语和中心换位，有时改变结构关系，如"友好气氛"（偏正）变成"气氛友好"（主谓），"深圳特区"（偏正）变成"特区深圳"（同位），语序具有调节句法关系的功能，是语法语序。有时语序改变，不改变结构关系，也不改变"偏＋正"模式，如"牛奶"变成"奶牛"，"玻璃窗户"变成"窗户玻璃"，语序只表现为功能相同词的替换，是语义语序。有时语序改变，不改变结构关系，但要变成"正＋偏"模式，如"许多很好看的石子儿，红的，黄的，粉的"，语序仅表现为满足语用的需要，是语用语序，人们习惯叫定语后置。

定语后置是语法界争论不休的难题之一，丁免哉（1957）、陆俭明（1980）、潘晓东（1981）、李芳杰（1983）、胡附与文炼（1984）、符达维（1984）等学者都对此进行过研究。语法学界大多对定语后置划定了比较宽泛的范围，邵敬敏（1987）用"语言功能排他性"重新审视这类语言现象，得出结论："真正的后置定语很少，只能由'的₃'构成的一部分具有'排谓性'语法特点的典型体词性结构充当。"给定语后置划定了非常严格的范围。另一个颇具争议的问题是，汉语是否存在中心语加定语的"正偏"结构，主流观点认为汉语没有"正偏"式，也有学者如周荐（1991）、黄青（2004）等，从古汉语与方言入手，认为汉语有"正偏"式，只是出现的频率比较小。

2. 定语排序

多项定语的排序，有时造成歧义，也是语法研究的热点。流行的观点是按照定语与中心语逻辑关系的紧密度排序：跟中心语关系越密切的定语就越靠近中心语，建立了"领属—数量—性质—形状—质料"之类的序列。这类序列只能描写出多层定语排序大致情况，作为语法规律显得刚性不足柔性有余。最具创意的是袁毓林（1999）从信息量和认知处理策略的角度对多项定语排序所作的解释。他认为，对立项少的定语＞对立项多的定语；信息量小的定语＞信息量大的定语；容易加工的成分＞不容易加工的成分。袁文偏重理论性的探讨，对多层定语排序的实践难以产生指导作用。

三　名名组合的语义分析

定中式组合在整个名名组合中所占比例最大，语义关系也最复杂，语法学家给予了较大关注。吕叔湘（1976）分三类：领属性（中国人民的志气），描写性（竹壳的暖水瓶），同位性（人民战士的光荣称号）。分类简明，但内部缺乏层级性。朱德熙（1982）归纳的类型有：领属（公社的牲口），质料（木头房子），时间（昨天的报纸），处所（北京的天气）等等。他是从修饰语和中心语的意义联系这个整体范围来谈的，概括起来，修饰语的意义在于限制和描写中心语。李宇明（1996）将 N_1 与 N_2 的组合分为属性关系与非属性关系两类：属性关系有类型（学院风格）、样式（儿童服装）、质料（木头茶几）；非属性关系有领属（诗人的语言）、方所（房子的外面）、衡量（电杆的高度）等。分类既有概括性，又有层级性，但比较粗略，未能较全面地反映出偏正型名名组合复杂多样的语义关系；分类依据也不一致，例如，"样式（儿童服装）、质料（木头茶几）"是从 N_1 判断的，而"方所（房子的外面）、衡量（电杆的高度）"是从 N_2 判断的。袁毓林（1995）将名词性定语分为领属定语和属性定语两大类，对汉语名词定语的研究起到很大的推动作用。

沈阳（1995）认为，给领属范畴下定义非常困难，领属下面可以包括多种不同的语义关系。例如范围领属（墙上的画）、领有领属（图书馆的书）、亲属或称谓领属（他的父亲｜经理的秘书）、附属领属（工厂的围墙）、整体部分领属（衣服领子）、数量领属（三个学生中的两个）、结果领属（萝卜丝）、本体属性领属（树叶的颜色）、本体特征领属（运动员的个儿）、处所领属（学校的操场上）。可见，沈阳的领属概念，范围宽广。他又根据句法功能的差异，将这些 NP 分为狭义领属 NP 与广义领属 NP；

再根据领与属关系是否具有唯一关系，例如，"衣服的价格真贵＝衣服真贵"，"自行车（的）链条断了≠自行车断了"，将狭义领属 NP 分成两个次类。领属无疑是语法学最重要的范畴之一，然而，不同的语法学家对领属范围的界定存在很大的差异。沈文更主要的成就在于描写了不同语义关系的领属 NP，其"领"和"属"在句法中的隐现情况，揭示了它们对句法结构的制约作用——造成句法结构的性质变化、复杂变化和例外变化。

文贞惠（1999〈硕士论文，1995〉）《"N_1 的 N_2"偏正结构中 N_1 与 N_2 之间的语义关系鉴定》一文，也将名词定语分为领属定语、属性定语两类，并对"N_1 的 N_2"之间复杂的语义关系做了总结。她以 N_1 与 N_2 间的语义关系为依据，把名词定语描写为一个有层级的语义类别关系网络——领有范畴（领属、处属、时属、从属、隶属、含属、分属）和属性范畴（数量、质料、来源、种属、相关、比喻、类属、分数），并为每一种类别找到了变换、扩充、推导等语法形式验证标志。

刘永耕（1999）从指称角度，探讨了名词定语的指称特点和分类。他认同袁毓林（1995）的观点，将名词定语分为领属定语和属性定语两大类，细致地比较了两者的根本区别：（1）领属定语是有指成分，属性定语是无指成分；（2）领属定语从事物之间的关系对所指进行限定，属性定语从内涵对所指进行限制；（3）领属定语可以转换为关系命题，属性定语只能转换为性质命题。"同一性"定语（苏林教授）和隐喻定语（散文这枝花）都是属性定语。

施春红（2002）从泛义分析的角度，将名词语义中析出关涉性（involved）语义成分和描述性（descriptive）语义成分两个类别。关涉性语义成分起介绍、指别、涉及等作用，包括类属（领属）、构造、工具、材料、对象、时间、空间、数量、性别、颜色等，可看成是广义的指称内容；描述性语义成分起描写、修饰、陈述等作用，包括属性、特征、关系、功能、动程、特定表现等，可看成是广义的述谓内容。名词做定语，也有关涉性定语和描述性定语两类。施文的两类定语，跟人们常说的描写性定语、限定性定语并没有本质的区别，不同的是，他从切分名词的语义构成入手，比较了两类语义成分在语用关系、句法语义上的差异，来考察两类定语的不同，变换了切入角度。

周国光、张林林（2003：237—250）从不同句法结构"买书"与"买的书"具有相同的语义关系（动作—受事）出发，认为定中结构的语义关系不但在性质上不同于以动词为核心而确立的格关系，而且在句子的语义结构中也有相对的独立性，格语法、语义格对定语的语义分析没有多大帮助，需要从"表达—理解"角度，建立新的适合于定中结构的语义分析系统。定语是表示中心语的属性的，定语所表示的语义系统统称为"语义属性系统"——定中结构的语义应当运用语义属性系统进行分析。他们将中心语分为人类、物类、事类、处所类、时间类五类；再根据何质、何形、何态、何量、何能、何属、何来、何去、何域、何在、何时、何干，将定语的语义分为质料、形态、数量、功能、领属、来源、去向、范围、方所、时间、关系等十一类属性。一些属性之间具有相容性，于是，在实际语言中有单纯属性和复合属性的区分。他们建立"属性系统"，试图探索出一条研究定中复杂语义的新路径。显然，他们的"属性"跟一般人使用的"属性"概念，所指不同。"格语法和语义格系统对于定中结构的语义分析却并不适用"的断言，似乎还是可以商榷的。

蔺璜（2005）对文贞惠的分类系统进行了增删与变通，将定语位置上名词的语义分为领属和属性两大类，下设 14 小类。蔺文的主要目的是要讨论两种定语在句法表现和语义特征上的明显对立：领属定语，句法上能受名量词、区别词、名词的修饰，语义上显现出空间义、有指义、外延义；属性定语，不受名量词、区别词、名词的修饰，显现出性质义、无指义、内涵义。这种将形式和意义结合起来，探讨名词定语的分类问题，是非常有价值的。

四　名名组合的歧义

在半个世纪的歧义研究中，存在着一种明显的倾向：研究对象高度集中在包含动词与形容词的谓词性结构上，名词组合的歧义，虽也常常被人们关注，如朱德熙（1981）讨论过"大地主的父亲"的歧义，吴竞存、侯学超（1982）讨论过"中东石油价格"的歧义，但始终处于附属地位，成为薄弱环节。研究名词歧义格式的专题论文只有寥寥几篇，如肖国萍（1996）的《"名₁（＋的）＋名₂"格式歧义组合初探》，指出"名₁（＋的）＋名₂"格式的歧义组合，与名词的语义场变化有关，不同语义的名词产生歧义组合的类型有所不同。徐阳春、钱书新（2004）的《"N_1＋的＋N_2"结构歧义考察》，认为"N_1＋的＋N_2"是一个谓词隐含结构，如果隐含的是同一意义的谓词，没有歧义，如果隐含的是不同意义的谓词，则有歧义；能激活什么样的谓词取决于 N_1 与 N_2 的语义特征。至于研究 N_1＋N_2 歧义的专著，现在还难看到。

五　计算语言学对名名组合的研究

董振东、董强的知网（HowNet，1999）是以汉、英词语对应的概念为描述对象，以揭示概念与概念及其属性之间的关系为基本内容的知识库，目的是展示知识的系统结构。知网通过复杂的标注，把知识网络体系传给计算机，使知识系统在计算机上具有可操作性，并期待将来可能成为计算机的智能构件：计算机化是知网的一个重要特点。

一切事物都在特定时空内不停地运动和变化，如属性值的改变，从一种状态变化到另一种状态。部件和属性是知网的两个重要概念：每一事物都既可能是另一事物的部件，又可能是另一事物的整体；事物包含多种属性，事物的异同由其属性决定，没有属性就没有事物。知网着力反映概念之间、属性之间的各种关系：上下位、同义、反义、对义、相关、部件与整体、属性与宿主、材料与成品、施事与事件、受事与事件、工具与事件、场所与事件、时间与事件、值与属性、实体与值、事件与角色。知网建立了某一类事件发生时全部角色都将参与的关系框架，它不受自然语言中角色隐现的影响。例如"买"这一事件，必要角色有：谁（施事）买，买什么（受事），从哪（来源）买，付多少钱（代价），为谁（受益者）买。自然语言中，包含全部角色的句子并不多见，但那只是不表达，而并不等于它不存在。任何事件都发生在特定时空中，因此时间和空间是未列入框架中去的不言而喻的必要角色。

知网以概念进入到各种关系中形成的知识为研究对象，与流派纷呈的语言理论之间存在着非常密切的关系，为语言研究提供了一个更为广阔的新视角，它所描写的概念之间的各种关系，对名名组合的语义研究具有重要的参考价值。

北京语言大学戴胜海、杨波、颜伟的《现代汉语"名＋名"组合的统计分析》一文，采用北京大学计算语言学研究所的《人民日报》标注语料为统计依据，根据北大分词系统的标准，在排除方位词和时间词后，将名词分为普通名词（n），地名（ns），人名（nr），机构团体名（nt）和其他专名（nz）五类，统计了不带修饰成分的纯名词组合的出现频率，并对"名＋名"结构的组合能力以及合法性进行了初步分析。对五类名词排列的25种"名＋名"组合进行统计，结果显示为：（1）虽然所有组合都能找到用例，但并不意味着都合法，合法组合中也不是所有用例都合格；其中，nr＋nz、nt＋ns、nz＋ns、nr＋ns、nz＋nr就是明显的非法组合。名名组合的频差很大：n＋n有34万多个，占70％强，nz＋nt只有2个，仅占0.0004％；n＋n、nr＋nr、ns＋n、n＋nr、nr＋n、ns＋ns、nz＋n等六个小类占97.35％，其余19类不到3％。（3）名名组合有联合、主谓、同位、定中等四种类型，ns＋nz、nt＋nz、nz＋nt、ns＋nt、nr＋nt、nt＋nr、ns＋nr、nz＋n、nt＋n只能构成定中短语，n＋nr组合只能构成同位短语，nz＋nz、nt＋nt、ns＋ns能形成定中或联合，n＋nz、n＋nt、n＋ns、nr＋n能形成定中或同位，n＋n和ns＋n则可以形成三种以上关系；从小类看，定中结构18类，同位结构7类，联合结构4类，主谓结构2类。这类统计研究非常有价值，意味着从字频测定，到词频工程，再到组合频率的研究，终于跨出了重要而艰难的第三步。对名名组合的结构关系、生成能力、语义关系的理论研究，提供实证与支撑。

六　认知语言学与心理语言学对名名组合的研究

最简洁的 N＋N 组合，在英语和汉语中产量极高，内部隐含着极其复杂的意义构建过程，成为了西方语言学研究的热点问题。描写学派试图对两个名词的语义关系做穷尽性描述，生成学派试图从句法角度把两个名词深层的语义关系概括成规则形式。认知语法兴起后，语言学家们从概念组合的角度，给名名组合的语义理解提供了多种理论模式。

关于定中 $N_1＋N_2$ 的认知解释，考察得比较深入的是刘宁生。他（1994，1995）认为名名定中组合中，定语是"参照物"，中心是"目的物"，定中语序是从已知的参照物到未知的目的物这种认知过程在语言中的投射；"参照物"和"目的物"首先源自人们对物体空间关系的认知，然后再引申、拷贝到形状、性质等各种非空间关系上。结合认知规律来探讨定中语序模式，刘宁生的研究开阔了人们的视野，给人非常深刻的启示。

国内外语界和心理学界的刘正光、刘润清、刘烨、傅小兰、胡爱萍等，对国外丰富多彩的理论模式进行了详细评介，并在此基础上展开一些相关研究。

刘正光、刘润清（2004）《N＋N 概念合成名词的认知发生机制》一文，先考察了 N＋N 组合的四种语义关系：（1）联合型 组合名词既是 N_1 又是 N_2，如 a pet bird（a bird that is also a pet）。（2）关系型 N_1 和 N_2 围绕某个主题（theme）构成关系，如 an apartment dog（a small dog that lives in city apartments）、石凳（用石头做成的凳子）。（3）特征映射型 将 N_1 的特征映射到 N_2 上，如 elephant fish（big fish）、铁娘子（撒切尔夫人）。（4）混合型 合成概念是组合成分的混合体，如 zebra horse（an animal that is a cross between a zebra and a horse）。其中，关系型与特征映射型是主要类型，分别占抽样的 53％ 与 41％；同时，两者表义存在很大差异，如 robin hawk，关系型意指 a hawk that preys on robins，N_1 和 N_2

充当受事、施事角色；特征映射意义指 a hawk with a red breast，N_1 抽取知更鸟的某种特征（红色）来描写 N_2（胸部的颜色）。在此基础上，刘正光、刘润清提出了第五种类型——（5）合成型：组合概念在母概念表征中都不存在，而是临时生成的。如石佛（非常冷静、镇定的人）、心腹（亲信的人）、党棍（政党中依仗权势作恶的人）。

西方学者认为，construal 是 N＋N 概念合成中的认知发生机制，沈家煊译为"视解"，指一种心理想象过程，它是一种普遍的认知过程，包括细节化、背景化、视点、范围和显性度等认知特征。Wisniewsky（1996）提及表征视解和特征映射视解，刘正光、刘润清在此基础上提出了第三种视解机制：隐喻视解——指以某一情形作为背景构想出另一个情形，即以源域作为背景来结构和理解存在着不对称关系的靶域。例如，在理想认知模式中（ICMs），作为背景知识，石头有坚硬、冷等特征，佛有心无杂念、不为外界所动等特征，在思维和想象空间中推演出靶域"石佛"（指邓肯）的意义："冷静、镇定得出奇的人。"

刘正光、刘润清认为，"浪花、人海、火舌、雨丝"等中心在左边的反例，否定了 Wisniewsky，Gagnè，Costello & Keane 等人只有 N_2 为中心并指称对象的论断。当 N_1 为中心时，N_1 与 N_2 不再是限定修饰关系，而是描绘说明的关系，N_2 具有"补充说明"的意义。整个组合也不再承担命名功能，只分别说明中心在某一时刻所处的状态。但我们（周日安 2007）认为，把"浪花"等借喻组合归入正偏式，是站不住脚的。

刘烨、傅小兰（2005，2004）认为，以往认知心理学家主要考察单个概念的表征，如"时装"、"杂志"，而单个概念常常被组合成新概念，如"时装杂志"。"将两个（或多个）概念组合成一个新概念的过程被称为概念组合（conceptual combination），生成的新概念被称为组合概念（combined concept）。研究者主要关注形容词—名词和名词—名词这两类组合概念，尤其是后者中的修饰词—主名词（modifier－head noun）组合概念。"西方对组合概念的研究已非常深入，例如，"山脉杂志"是"关于山脉的杂志"，子概念间有主题关系（thematic relation）；"公寓狗"不只用"公寓"来填充"狗"的居住地槽道，而且根据常识增添了"安静、温顺"的意义；"老虎麻雀"，被大多数人解释为"具有条纹的麻雀"，将修饰词的某一特征或属性映射到主名词上。刘烨、傅小兰非常重视概念组合的涌现特征（emergent feature），涌现特征指组合概念拥有的某些特征并不属于原来任何一个子概念。如，"北极自行车"所指为"轮胎上装有钉子的自行车"，［＋有钉子］并不是"北极"和"自行车"的内涵特征，而是"北极"与"自行车"在组合过程中涌现出来的特征。

胡爱萍、吴静的《英汉语中 N＋N 复合名词的图式解读》（2006），以 Langacker 的图式修改理论为基础，指出 Ryder 的实体图式、事件图式和特征图式，可分别解释复合名词的指物、指事和指义的三种语用功能。$N_1＋N_2$ 究竟指物、指事还是指义，有时并不确定，可通过 $N_1＋N_2$ 的对应物是实指还是虚指，以及两个名词间的图式是否匹配来判断。具体探讨了四种情况后，认为组合与成分的指称对象呈现出越来越强的不对应趋势，直至最终完全脱离，造成理解上的脱节。可见，图式只是为理解提供参考的背景信息，而不是规定字面意义。

第三节　国外名名组合研究

一　名名组合的语义关系类型

Warren（1978）从形态结构（morphological structure）、句法结构（syntactic structure）、语音结构（phonological structure）、信息结构（information structure）和语义结构（semantic structure）五个方面，对名名组合的结构进行了详细的剖析；然后探讨组成和相似、领属、处所、目的和活动、专名等五类语义关系（见表2—1）：

表 2—1　　　　　　　　　　Warren 的名名组合语义类型

语义大类	语义类型	主要组类	次要组类
组成 constitute	来源—结果	材料—成品（clay bird）	
		物质—形状（raindrop）	
		部分—整体（student group）	
		非材料物质—整体	"网球比赛"类（tennis match）
			客观事物—整体（detective story）
	隐含系词的组合	表示属性	动物中心词（girl friend）
			非动物中心词（house boat）
		表示归类	动物中心词（bossman）
			非动物中心词（cypress trees）
		形容词似的修饰（key issue）	
领属 belonging to	整体—部分	整体—部分	客体—部分（spoon handle）
			组织—成员（Peace Crops girl）
			客体—几何形状（hillside）
			其他情况（telephone number）
		整体—特征	客体—量（room temperature）
			客体—延伸的附加部分（particle size）
			客体—抽象形势（crime trend）
		领事——属事	法律领有—所属（family estate）
			领事—居所（police station）
			行政机构—下属实体（county school）
领属 belonging to	部分—整体	客体—地点（flower garden）	
		客体—时间（golf season）	
		部分—客体	分立的部分—整体（armchair）
			特征—整体（color slide）
			属事—领事（gunman）
	大小—整体	物理尺寸—整体（22—inch board）	
		时间—整体（3—day affair）	
		价钱—整体（＄200 watch）	
		功率—整体（80 hp motor）	
		型号—整体（A—1 condition）	

续 表

语义大类	语义类型	主要组类	次要组类
位置 location	目标—客体	目标—客体 (moon rocket)	
		方向—客体 (downhill trend)	
	地点—客体		具体地点—非动物实体 (ghetto street)
			具体地点—动物实体 (seahorse)
			具体地点—抽象存在 (water polo)
			抽象地点—具体实体 (school friend)
			抽象地点—抽象存在 (law degree)
	时间—客体		时间—动物实体 (weekend guests)
			时间—非动物实体 (Sunday paper)
			时间—抽象存在 (fall color)
	起源—客体	源点—客体	话题名词表动物 (Harlem boy)
			话题名词表非动物 (hospital bill)
		原因—结果	述题名词表非动物 (hay fever)
			述题名词表动物 (Nobel prize)
目的 Purpose		包含处所的 基本关系	目标客体—相关地点 (water—bucket)
			目标地点—相关客体 (tablecloths)
		包含时间的 基本关系	目标时间—相关客体 (nightdress)
			目标客体—相关时间 (dinnertime)
		包含工具的 基本关系	相关目标—相关客体 (ball bat)
			目标原因—相关客体 (football)
活动—活动者 Activity—Actor			客体—个体 (room clerk)
			客体—群体 (crime syndicate)
			客体—组织 (Finance Department)

Warren 的 Noun—Noun Compounds 包括了由"名十名"组合而成的复合词与短语；其名名组合研究，建立在语料库基础上，属于语料库语言学范围；Warren 的名名之间的语义类别，尽管分析、描写得非常细致，但跟句法没有直接联系，也不是运用格语法中的语义格来描写语义关系的，因而，其语义关系主要还是从词义出发的。

二　认知语言学与心理语言学对名名组合研究

描写语言学派（JesperseN₁909；Hatcher，1960；Machand，1969；Adams，1973；Downing，1977）试图对 N＋N 的所有语义类型进行描写。例如，Downing 的研究非常强调语境和世界知识在理解中的重要作用。生成语言学派（Lees，1963；Bauer，1983；Levi，1978；Selkirk，1982）试图从句法角度，把 N＋N 的深层语义关系以规则形式概括出来。Levi 从生成语言学的角度出发，认为 N＋N 组合是定语从句句法转换的结果，表层结构表示语义关系的谓词被删除了，但在语义理解上可以恢复。但描写语言学派与生成语言学派都无法穷尽所有的类型和规则。认知语言学家与心理语言学家，如 Murphy（1990，2002）、Ryder（1994）、Frank（1995）、Winiewsky（1996，1997）、Winiewsky & Love（1998）、Gagné（2002）、Gagné& Shoben（1997）、Costella & Keane（1997）、Coulson（2001）等，以新异复合结构为语料，从概念组合角度，探讨 N＋N 组合的认知模式，涌现了大量研究成果。概括起来，西方对组合概念（combined concept）的研究集中表现为三类理论模型。

（一）关系取向理论

关系取向的理论关注组合中子概念之间的语义关系。20 世纪 70 年代，语言学家 Downing 和 Levi 认为"名词＋名词"组合概念表征了子概念间的主题关系（thematic relation），例如，"山脉杂志"是"关于山脉的杂志"，主题关系是"关于"；并据语义关系对名名组合进行了分类。

Gàgnè& Shoben（1997，2000）提出关系竞争理论（Competition A-mong Relations in Nominals Theory，CARIN 理论），认为概念组合就是选择一种主题关系，来说明修饰词和主名词的连接途径。组合概念不是被修改了一些档位的主名词图式的复制，而是与修饰词和主名词概念都相关的新创表征。他们列举了 16 种主题关系，如 flu virus，picture book，cooking toy，mountain stream 中，分别包含致使（causes）、拥有（has）、用于

（for）和位于（located）等关系。主题关系下面可设不同层级的次范畴。关系竞争理论认为，修饰词在过去各种组合中的用法对确定关系选择的难易程度影响很大，新异组合的解释难度由所有备选关系的总体频率和目标关系的强度这两个因素决定；所选关系对确定组合概念的意义、识别起重要的作用。由于该理论认为 N＋N 组合只有关系竞争一种形式，自然存在不少问题。首先，关系数量绝不是只有他们所列举的那些种类，而是无法穷尽的。其次，关系竞争理论只能解释部分语言事实，对特征映射型的名名组合，显得无能为力。再次，以特征可及时间作为区分歧义的原则，可操作性与解释力不强。该理论不能解释概念组合中的涌现特征（emergent feature）现象。

（二）图式取向理论

图式取向的理论认为概念组合是对图式的修改、填充和属性映射。Langacker（1987）认为，图式是人们从旧事物中抽象出的经验结构，是以往知识的沉淀和积累，它由一系列相关空位（slot）组成，空位通常会由默认值（defalt value）填充。图式具有层级性，一个空位就是一个子图式，空位间的信息互相影响与制约着，改变原型图式能够得到新的图式。N＋N 组合表现为，一个名词为了容纳另一个名词，而对原型图式所做的细节上的修改（accomodation）。如复合名词 dog house 中的原型图式 house "～住"这一空位上的默认值本来是人，现在填入了 dog，因此原型图式被修改，从而得到新的图式 dog house。

Smith（1988）建立了选择修改模型（Selective Modification Model），假设概念是包含维度与特征的图式结构，组合过程是修饰词修改主名词的维度，使主名词的相应维度和特征的权重增高，从而得到组合概念的原型，如"红"修改"苹果"的颜色维度。该模型只适用于形容词作修饰词这种同一维度上的修改，其解释广度非常有限。

Murphy（1988，1990）根据 Rumekhart（1980）的"图式表征"概念，提出图式修改理论（Schema Modification Theory）。认为主名词表征为由档位和移入词构成的框架，修饰词修改主名词的图式或框架。N＋N

组合就是将修饰词的概念移入主名词某个档位的过程。例如，"象"框架包括"颜色"、"大小"、"位置"等档位，内含"灰色"、"大"、"动物园"等相应值。图式修改理论提出三个假设：(1) 修饰词越容易挑选出主名词图式的相关档位，该组合越容易理解；(2) 修饰词与主名词相互作用很重要，理解过程具有语境敏感性；(3) 如果主名词找不到合适相应的档位，该组合被当作无意义处理。如 apartment dog，将修饰名词 apartment 移入狗图式中的"住"档位，扩展 (elaboration) 过程开始，修饰名词附加的间接特征，将对组合概念进行提炼与修改。

Ryder (1994) 考察了大量的 N＋N 组合，将图式分为实体图式 (entity schema)、事件图式 (event schema) 和特征图式 (feature schema)，从事件图式中可提取功能特征 (functional characteristics)，从特征图式中可以提取描述性特征 (descriptive characteristics)。

Wisniewski (1996，1997，1998) 的双重加工理论 (Dual－Process Theory) 认为，组合概念具有关系解释和属性解释双重性。主名词也表征为档位和移入词 (fillers)，概念组合的运行机制依赖于两个概念的原型表征。例如，zebra truck，一个表征概括 zebra，另一个表征概括 truck。与图式修改理论不同，双重加工理论提出两种不同的处理机制：用于非自然物质名词组合的关系连接处理、用于自然物质名词组合的特征映射处理。关系连接处理是两个概念共同构建场景 (scenarios) 的过程，其方式是将一个概念填入到属于另一个概念的角色档位上，如将 zebra 填入到 truck 的 cargo transported 档位，产生关系连接理解 azebra truck is a truck that transports zebras。属性映射又叫特征映射，指两个子概念高度相似，根据结构对位的 (structural alignment) 相似性理论，人们会把两个子概念共同的维度对位，比较共同维度上特征的差异，再将修饰词的特征映射到主名词上。例如，zebra horse 中，共性特征是相似的体形，关联差异是斑纹，斑纹从 zebra 投射到 horse 上，产生特征映射理解 a zebra horse is a horse wish stripes。又如，tiger pony 中，虎"凶残"的特征映射到 pony 上。只有与共性特征相关的关联差异才可以映射，即关联差异构成了映射的限制条件。双重加工的选择，由母概念之间的相似性决定：母概念相似的多采用比较关联机制（即特征映射理解），相异的多采用场景构建机制（即关系连接理解）。双重加工理论是目前发展得比较完备、研究成果也较多的一种理论。其相似性可以预测涌现特征的数量，但无法说明涌现特征产生的机制。

（三）语用取向理论

语用学取向的理论强调概念组合必须遵循的语用学约束。Costello（1996）和 Costello＆Keane（1997，2000，2001）针对特征映射提出了约束理论（constraint theory），从语用角度指出概念组合要遵循的可能性（plausibility）、诊断性（diagnosticity）和信息性（informativeness）等三条约束（constraint）原则，为言语交流情境下组合概念的使用提供了很好的说明。约束理论认为 N＋N 组合是一个满足诊断性、合理性和信息性三个限制条件的表征构建过程。可能性条件要求理解的对象必须是可能存在的，听话人可以认定，组合概念的正确理解是听话人或多或少已经知道的，否则说话人就不会使用如此简洁的形式。诊断性作为最重要的条件，要求组合概念中包含被合成的两个概念中的诊断性特征（经常出现在某概念中而很少出现在其他概念中的特征，即典型特征）。信息性要求组合中的两个成分对于组合概念而言既是必要的又是充分的，两词都必须包含相关信息和表达新信息。根据三个限制条件，Costello＆Keane（2000）建构了第一个可供计算机使用的几何模型"限制引导概念合成模型"（Constraint－guided Conceptual Combination），简称 C3 模型。限制理论是第一个实现计算模拟的概念组合理论，具有无可比拟的理论意义和实用价值。但其中掺杂了研究者的主观意图，难以客观地描述概念表征的本来面貌；同时，对关系型组合的解释不多。

三　名名组合的歧义分析

Warren（1978）对名名组合的歧义进行了多方面的分析。例如，三名词组合（silver knife handle 银刀柄），因句法层次（左右分支）不同，意义不一样。再如，双名词组合内部语义关系不同，也会造成歧义。例如 woman doctor 表达（a）doctor is a woman 和（b）doctor is for woman 两种意义；bath water 表达（a）water is for bath（b）water is in bath 和（c）water is from bath 三种意义。

Wisniewsky（1996）认为，在名词组合中，关系型与特征映射型之间存在很大差异。如 robin hawk，关系型意义指 a hawk that preys on robins。N_1 指称知更鸟，N_2 指称鹰。其意义说明一种捕食关系，N_1 与 N_2 分别为受事与施事角色。但其特征映射意义却指 a hawk with a red breast。N_1 并不指称知更鸟，而只是提取的某种特征，映射给 N_2（胸部的颜色）。

Gàgnè&Shoben（1997，2000）关系竞争理论认为，概念组合实际就是关系选择的过程，所选的关系对确定合成概念的意义、识别与中心词范畴中的其他成员构成的合成概念的差异起重要的作用。如果概念组合有歧义，则最初可及的特征构成区分被修饰的概念与中心名词范畴中其他成员合成的概念的特征，如 adolecent doctor 被理解为 a doctor who is an adolecent 时，"年轻"的特征被加入到合成概念中。如果理解为 a doctor for adolecent 时，则不同的特征（"专业特长"）被加入到合成概念中。影响特征可及时间的因素有语境及个人的背景知识等。

Costello（1996）和 Costello&Keane（1997，2000，2001）的限制理论认为，N+N 组合是一个满足可能性、诊断性和信息性三个限制条件的表征构建过程。对可能性、诊断性和信息性等条件满足度的差异，决定名词组合表达的多种意义的选择问题，即涉及了歧义的优选问题。组合概念可接受的理解取决于它与人们已有的一致程度。如对 a shovel bird 的理解，第一种理解与人们的已有知识更一致，是更容易被接受的优选项目；第二个理解则需要特定的语境，如动画片。

（1）A shovel bird is a bird with a flat beak it uses to dig for food.

（2）A shovel bird is a bird that uses a shovel to dig for food.

诊断性作为最重要的条件，要求合成概念中包含被合成的两个概念中的诊断性特征（典型特征），诊断性特征能够预测哪一种理解更可取。如 cactus fish 可理解为 prickly fish 和 green fish，但 prickly fish 更可取，因为 prickly 比 green 更典型。

Costello&Keane（2000）概括了 N+N 的语义特征：理解多样性、理解焦点的多样性、组合本身的多义性、语义丰富性、凸显性。这些特征都是 N+N 组合产生歧义的原因。例如，a zebra horse，根据不同的模式来解码，产生不同意义：a horse for herding zebras（关系连接理解）；a striped horse（特征映射理解）；an animal that is a cross between a zebra and a horse（混合型理解）。

四　名名组合的计算分析

名名组合内部语义关系复杂，种类繁多，同一组合可能被归入不同类型，表现出较强的主观性。Preslav Nakov 和 Marti Hearst（2006）用统计法显示典型名名组合内部动词隐含的频率。具体操作是，将 $N_1 + N_2$ 改成从句的缺省形式"N_2 that ＊ N_1"，输入搜索引擎，统计隐含动词的类型与频率。他们从 Barker K.＆ Szpakowicz S.（1998）的 20 种关系中，挑出 8 种进行统计检验。Preslav Nakov 和 Marti Hearst 的方法，实质运用降级述谓结构理论，将名名组合的语义关系还原成包含动词（或介词）的从句形式，然后用语料进行检验，从而尽量使名名组合的语义分类比较客观。这种方法，对隐含不同动词造成的歧义组合，具有分化作用。

Ontology 是共享概念模型的形式化规范说明，包含概念模型（Conceptualization）、明确（Explicit）、形式化（Formal）、共享（Share）等四层含义。目前广泛使用的 Ontology 有 Wordnet、Framenet、GUM 和 SENSUS 等。Wordnet 是基于心理语言规则的英文词典，以特定上下文语境中可互换的同义词集合为单位组织信息。The University of Minnesota

依据 Wordnet 设计的软件 Similarity，能计算词义之间的相似度，通过对比，可以帮助判别名名组合间的语义关系。如 Su Nam Kim 和 Timothy Baldwin 拿已经确定语义关系实验组合为参照，通过计算名词间的相似度，来确定目标组合的语义关系，如图 2—1、表 2—2 所示。

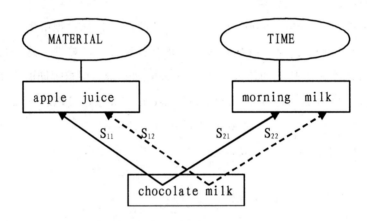

图 2—1　实验组合 chocolate milk 和参照组合
apple juice 、morning milk 之间的相似度

表 2—2　　　　　　　Word Net—based 软件计算的相似度数据

	Training noun	Test noun	S_{ij}
t_1	apple	chocolate	0. 71
t_2	juice	milk	0. 83
t_1	morning	chocolate	0. 27
t_2	milk	milk	1. 00

apple juice 是材料（materia）关系，morning milk 是时间（time）关系，通过计算与对比，目标组合 chocolate milk 更接近 apple juice，而不是 morning milk，说明 chocolate milk 内部也是一种材料关系。

第四节 名名组合研究的整体发展趋势

目前，名词研究正逐步受到人们重视，储泽祥、王珏、刘顺、王惠、宋春阳、唐翠菊等学者都有研究名词的著作或博士论文，取得可喜成就。不过他们的研究，或者以整个名词为对象，或者集中谈方所、时间等，或者谈论单个名词的语义构造，内容都不是集中在"名词＋名词"组合的语义关系上。朱德熙、陆俭明、袁毓林、张敏、周国光、刘宁生、沈阳、施春宏等先生，都讨论过定中结构的语法、语义（例如，"的"字隐现、语序、属性系统）问题，从而涉及名名组合；韩陈其、文贞惠、蔺璜则有专门探讨名名组合的论文，但作为单篇论文，分析始终有些粗略。

从中国期刊网上，我们做过统计（1994年至2005年10月），如表2—3所示。

表 2—3　　　　　　　　中国期刊网名名组合论文统计

篇名所含词	匹配情况	搜索论文数量	名名组合语义分析的论文数
名词、组合	模糊匹配	6	0
名词、语义	模糊匹配	36	5
名词、组合、语义	模糊匹配	3	0
关键词	匹配情况	搜索论文数量	名名组合语义分析的论文数
名词、组合	模糊匹配	11	1
名词、语义	模糊匹配	13	2
名词、组合、语义	模糊匹配	4	1

搜索与筛选后的两组数字都说明，专门就名名组合的语义进行分析的论文还非常少，该课题很值得深入研究。

改革开放后，国内政治稳定，经济发展迅速，综合国力大幅提高，国际地位急速上升，语言研究迎来了最为繁荣与辉煌的黄金时期，成为民族复兴伟业的一部分。随着世界经济的一体化，计算机的普及与网络时代的到来与发展，国内语言研究和国外研究的联系非常的便捷，学术研究在微观与宏观领域都得到了很大的发展。名名组合的研究也不例外，一方面，在微观领域向精细化、精密化的方向发展；另一方面，在宏观领域向概括化、抽象化的方向发展。与时代特色相结合，后者的倾向更加明显，表现出整合的趋势。

这种整合趋势，首先表现为学科与领域的整合，就语言外部而言，语言学、计算机科学、心理学、数学、信息科学、人类学等多学科多领域，对一些重要的理论问题，都在关注，在重要的知识节点上，形成整合趋势。这在国外表现得尤其明显。例如，名名组合研究，并不只局限在语言领域，心理学家们非常关注这个问题，希望结合人类的心理构成和心理能力，对概念组合与理解的过程给出合理解释，并试图建立能在计算机上操作的数学理解模型——这是近年来十分热门的研究方向。它预示着学科的融合与通力合作，社会需要更多的跨学科复合型通才。就语言内部而言，一方面表现为人类不同语言研究的整合，单语、双语、多语研究与普通语言学研究综合在一起。例如邓云华和储泽祥以汉语联合结构为研究主体，通过与英语、高山族语等进行对比，发现跨语言间联合短语中普遍存在的共性特征，证明语言共性特征存在于语言的各个层面。这一研究，从汉语个性语言研究出发，升华到跨语言的共性研究的层面，用汉语的事实丰富了人类的普遍语言理论。

新时代里的名名组合研究，出现了百家争鸣、百花齐放的喜人局面。由比较纯粹的形式构造研究，向多维研究（如语义语法、认知语法、功能语法、计算机语法）发展；由复合词语义构造，逐步发展、过渡到名名组合（短语）的语义分析上来；由比较简单的单向研究，发展为显性与潜性、凸显与隐含、共时与历时、动态与静态等相结合的双向、多层的发散放射型研究。总的来说，研究领域、内容、方法的沟通、交融与整合，成为名名组合研究的显著特点，也成为了名名组合研究的发展趋势与潮流。

| 第三章 |

名名组合的句法结构

第一节　名名组合的结构类型

物理语序上相连的两个名词，可能只是前后语言单位的直接成分在时间流上的紧邻，结构上并不发生关系，不形成组合。据陆俭明、马真（1996）的"词语串"概念，可将两个没有结构关系的相连名词，叫名词串。除此以外，两个名词作为直接成分进入同一结构体，总会形成这样或那样的语法关系，有定中、联合、主谓和同位四种，例如，间谍软件、长江黄河、今天国庆、首都北京，才是名名组合。

一　定中结构

（一）定中型 $N_1 + N_2$

偏正关系包括定中、状中两类。$N_1 + N_2$，用 N_1 修饰 N_2，构成定中短语，所指意义以中心为主。N_1 起修饰、限制作用，叫修饰成分、定语名词；N_2 是被修饰、限制成分，叫中心成分、中心名词或主名词。

体词、谓词与加词是以功能为标准对词进行的概括分类。体词包括名词、区别词、数词、量词、代词（名词性）等，都能修饰名词构成定中短语。例如：

（1）数字电话｜公用电话｜他的电话｜这部电话｜这电话｜哪部电话｜两部电话｜部部电话

定中型 $N_1＋N_2$，是例（1）中各种短语的原型。

方位词是名词的次类，$N_1＋N_方$ 叫方位短语，它们仍是定中结构，如"大江南北、地震之后、教室前边、森林外面、村落西头"。"之"本身是带有文言色彩、标记定中关系的助词，不含"之"的方位短语，可插入主标记"的"。

（二）定中型 $N_1＋N_2$ 的特点

偏正关系属向心结构，短语的功能与中心语相同。定中型名名组合也大抵如此，只有当 $N_1＋N_2$ 充当谓语或者某些同位短语的直接成分时，N_1 对结构成立与否起决定作用，$N_1＋N_2$ 与 N_2 的功能才表现出较大差异。

定中关系属二合短语，具有封闭性，其扩展形式，不延长关系，只增加层次。例如"（玻璃）茶几"，可扩展为"（蓝色）［（玻璃）茶几］"、"［（蓝色）玻璃］的茶几"，始终遵循一分为二的原则。

定中型的名名组合，大部分情况下，用来指称人或事物，是语言里的指称形式，在句子里充当主语、宾语或定语，跟名词的功能相当。只在少数情况下，具备陈述功能，充当谓语。

定中组合的修饰、限制与被修饰、被限制关系，简称为修饰性，结构助词"的"是修饰性的标记。"的"有多重功能：（1）区分联合结构与偏正结构。偏正、联合的歧义组合可用虚词来确定关系，如"生物历史"能分化出"生物的历史"与"生物和历史"。交换虚词能改变原结构关系，"玻璃窗户"等于"玻璃的窗户"，"父亲母亲"等于"父亲和母亲"，交换虚词后，"玻璃和窗户"、"父亲的母亲"的关系均被改变。（2）区分动宾结构与偏正结构。动宾组合插入结构助词"的"，大都能转变为偏正关系，如"写文章"变成"（写的）文章"；但插入时间助词"的"，则不改变关系，只表示动作发生在过去，如"你在哪儿念大学"与"你在哪儿念的大学"。歧义组合插入"的"，能选定偏正关系，如"学习文件"变成"（学习的）文件"。（3）区分同位结构与偏正结构。部分同位关系加"的"后变成偏正关系，如"人家的老李、小杨的师傅、大地主的父亲"。（4）取消主谓结构的成句资格。领属性主谓谓语句，插入"的"后，大主语变定语，整个句子变成一般主谓句，如"沙漠地区空气干燥"跟"沙漠地区的空气干燥"。"的"是提取句法成分、变陈述为指称的重要手段，正是从这个意义出发，郭锐（2000）把"的"看成"饰词标记"。（5）用不用"的"能反映词和词结合的松紧，区分意义。加"的"，修饰关系更加显豁，词和词结合松散，是自由短语、临时组合；不加"的"，结构紧密，是词或固定短语，多有特定含义。"小鞋、牛脾气、男朋友、狐狸尾巴、非洲鲫鱼"等，加"的"后变为自由组合，特定意义消失。词缀、零形、"的"字，处在名名组合松紧度的三个位置上，形成一个完整序列，例如：美国式教育＞美国教育＞美国的教育。总之，"的"的插入，能使偏正关系更加显豁、结构更加松散；或者使其他关系转成偏正关系，变陈述为指称——"的"是修饰性的句法关系和语义关系的标记。

二　联合结构

（一）联合型 $N_1 + N_2$

两个或更多的语言单位平等地连在一起所表现出来的语法关系叫联合关系。联合关系的几个直接成分，语法地位平等。联合关系内部包含并列、选择、顺承、递进等次类，并列型可用语序或虚词两种手段，如"时间地点"、"玫瑰和爱情"。选择、递进要靠虚词表达，如"长江或者黄河、科长乃至处长"，删除虚词均变成并列组合。至于顺承关系，主要存在于谓词性结构里。

联合不同于重叠，重叠是语法意义的表达形式。"考虑考虑、研究研究"是动词重叠，表示动作的短时、轻量或尝试；"考虑研究、考虑并研究"才是联合。"漂漂亮亮、大大方方"是形容词重叠，表程度加深；"漂亮大方、漂亮而大方"才是联合。"花花草草、枝枝叶叶"是名词重叠，表繁多；"花草枝叶、花草和枝叶"才是联合。

联合不同于反复或重复。反复或重复指相同词语的一再出现，是对常规的偏离。其中，反复是表达效果好的正偏离，是修辞；重复是表达效果差的负偏离，是语病。

联合不同于意合。意合是分句组成复句的语法手段，与关联相对。不用关联词语，仅凭语序表示前后分句在语法、语义上的各种关系，这类复句的组织手段叫意合。如：

(2) 腰疼了，‖他狠狠心，∣腿软了，‖他咬咬牙。

例 (2) 是几个主谓结构经过意合，组成复句；非主谓结构同样可以意合。例如：

(3) 蓝天，远树，金黄色的麦浪。　　（黄伯荣、廖序东《现代汉语》）

关于意合，语言学家已有不少论述。邢福义（1995）说："汉语语法重'意'不重'形'。形式上框架简明，没有繁多的标记；表义上灵活多样，隐性语法关系十分丰富。"徐通锵（2001）说："基本结构单位的这种差异决定了两种语言的语法结构的不同走向：印欧语偏重于'形合'，通过'形'的变化实现二轨合一；汉语偏重于'意合'，通过字义有层次的组配造句。"这正是汉语那么多句子难以用西方语法理论来分析的原因。例 (3) 这类意合，古诗文中最是常见。例如：

(4) 鸡声茅店月，人迹板桥霜。（温庭筠《商山早行》）枯藤老树昏鸦，小桥流水人家。（马致远《秋》）江亭远树残霞，淡烟荒草平沙。（吴西逸

《越调·天净沙》）鸳鸯浦，鹦鹉洲，竹叶小渔舟。（张久可《商调·梧叶儿·次韵》）一片花荫，两行柳影，十里莎裀。（徐再思《双调·蟾宫曲·西湖寻春》）

　　韵文中，倚重意境而疏于形式的国画般的诗句，构思精巧的联语，不用动词，音韵铿锵，意象具足，无论如何都不能用主谓宾等语法关系来分析。"鸡声"、"茅店"与"月"，"枯藤"、"老树"与"昏鸦"，外部虽然采用平列形式，内部却不光是简单的并列关系，预留了大量"以无胜有"的空白，表达着复杂纤细的诗情画意。文学作品中一些标题，与其说是联合，倒不如说是意合。例如：

　　(5) 林教头风雪山神庙　陆虞侯火烧草料场　　　（《水浒传》第十回）

　　"林教头"、"风雪"和"山神庙"，点明人物、环境、地点，来自同一事件框架，构成一个完整的场景，属陈述形式。隐含复杂关系、反映事件框架、构成陈述形式的几个名词平列，叫意合，是带有鲜明民族特色与风格的特殊组合。意合有时在动态中使用，形成意识流，提供系列的点状信息，对故事情节、人物思想感情进行模糊、朦胧的概括与提炼。例如：

　　(6) 青春，热情，明月夜，深切的爱，一对青年男女，另一个少年，三角的恋爱，不体谅的父亲，钱，荣誉，事业，牺牲，背约，埃及的商业、热带的长岁月。

　　　　　　　　　　　　　　　　　　　　　　（巴金《Autumn in Spring》）

　　从哲学高度看，意义决定形式，形式表达意义，两者相互依存，不对应任何形式的意义是根本不存在的。汉语的复句可以不用关联词，句子可以不出现动词，达意远不如印欧语那样倚重形式，只有在强调这种差异时，"意合"才有积极作用。如将它理解为超越形式的"意义组合"，或者认为意义可以脱离形式而存在，那就从根本上否定了意义。事实上，意合有着特殊、隐蔽的形式，如语序、骈偶、标题格式、成分结构的相似性等等。为了追求语法体系的简明，可以将意合看成特殊的联合：事件性联合结构。

联合不同于聚合。索绪尔区分了组合与聚合，组合是话语内的横向关系，研究符号与符号内部的结构规律；聚合是话语外的纵向关系，研究在相同组合关系中能互相替代的类的聚合。联合，本质是将聚合要素弹向组合轴，转换为横向的组合体——即"聚合要素的组合化"。正因如此，有人将联合又叫做"聚合短语"（季永兴、熊文华，1993）。联合，既是简单句在聚合轴上的繁化手段，又是句子聚合在组合轴上的简化手段，角度不同而已。

（二）联合型 N_1+N_2 的特点

联合关系属于并列的向心结构，联合短语的功能与其直接成分基本相同。联合型 N_1+N_2，句法功能与名词相当。

联合关系是非封闭的、开放的，可以自由扩展，由三个乃至更多名词结集，组成更大的 NP 结构。联合关系的开放性，显然是由其聚合特征赋予的。句法形式上，联合短语可以二合，也可以三合、四合……属于多合短语。例如：

（7）好话恭维话奉承话赞扬话我听多了，就是你们全胡同的人都累死也说不完——我不希罕。　　　　　　　　　　　　　　　　　　（王朔）

"好话、恭维话、奉承话、赞扬话"，四个直接成分，仅凭语序，在同一层次上联合。

联合型 N_1+N_2，大部分情况下用来指称人或事物的，是指称形式，充当主语、宾语或定语，跟名词的功能相当。只在少数情况下，具备陈述功能，充当谓语，做陈述形式——实质是同一主语下的几个名词谓语的组合。

"和"类连词，包括"和、与、跟、同、及、并、暨、以及、及其"等，是联合关系表示并立性的标记。联合关系的直接成分，来自同一聚合，在结构中有着相同分布，因此，成分的功能相同，语法地位平等，没有主次之分。与偏正关系的修饰性相对，并立性是联合关系的特征。不过，在典型的并立性和修饰性之间，存在多义情形，如"句法语义、语法修辞、农民工人、博士教授"等无标记组合。一般而言，两个名词来自同类集合，语义越接近，越容易产生并立性，形成联合。但即便是非常相近甚至同类的两个名词，也可能因事物的融合而产生修饰关系。例如：

(8) 金属陶　麻雀鹰　苹果梨　咖啡奶茶　可乐雪碧

联合关系还可用标点甚至是空格来表示。顿号、逗号能和虚词混用，形成的联合短语可单用，也可在句子里充当成分；间隔号、分隔线不跟虚词混用，一般只做标题。例如：

(9) 篱笆·女人·狗　语法·修辞·文章　合力·动力·凝聚力（只做标题，不充当成分）

(10) 篱笆、女人和狗　语法、修辞和文章　合力、动力和凝聚力（能做标题，能充当成分）

运用顿号或逗号，能显示联合结构的内部层次，对事物起分组作用，使表达更加精细。例如：

(11) 米、麦、棉花，煤炭、石油，这些都要抓紧生产。

(12) 话题、述题和已知信息、未知信息　　　　　　　　（沈开木）

(13) 理论和实践、政治和经济的关系

例 (11) 用顿号和逗号区分农产品与矿产品。例（12）"和"表示上层联合，顿号表示下层联合。例（13）相反，顿号表示上层联合，"和"表示下层联合。常规情况下，并列各项在语法上是同类的词或结构，语义上是同一领域的事物或现象，具有同义、反义、对义等关系。异类并列则有意识突破这一常规：

(14) 三毛的童年、恋爱和告别人生　　　　　　　（《参考消息》标题）

(15) 都有哪些梆子？有河南梆子、山东梆子、山西梆子、山前梆子、山后梆子……

(16) 台风——12级，大风——8级，和风——4级，轻风——2级，耳边风——0级

(17) 我这个人最喜欢舞蹈。都喜欢什么舞蹈哇？集体舞、交际舞、芭蕾舞、单人舞、双人舞、二百五……　　　　　　　　　　（《冰上舞蹈》）

结构上异类并列，多为 N 与 V 或 A 联合，跟"名物化"有密切关系，如（14）。语义上异类并列，多与仿拟有关，如后面三个相声例子，或是义仿，或是音仿。

三　主谓结构

（一）主谓型 $N_1 + N_2$

名名组合中，当 N_1 为相对熟悉的已知信息，是被说明被陈述的对象，N_2 给 N_1 补充新信息，说明或陈述 N_1，$N_1 + N_2$ 构成主谓关系。

主谓型 $N_1 + N_2$，N_2 需具有陈述能力，能对 N_1 进行说明。具备陈述功能的单个名词，数量有限，包括：（1）生命度高，表示人的性质名词，如英雄、混蛋、流氓、恶棍。（2）生命度高，表示职业的名词，如作家、老板、教师、军人。（3）生命度高，表示职称、职务、学位、官阶、军衔等有序名词，如教授、博士、处长、将军。（4）表示节日、星期、名次、次序等其他顺序义场中的名词，如国庆、春天、冠军、上铺。

主流观点认为，名谓句不是动谓句的省略，而是独立的句型。名谓句中，单个名词直接做谓语的情况有限，更多的"名词谓语"是由定中短语

来担任。两个单独的名词，最常见的组合是偏正，其次是联合，而名谓句的基本格式又是 NP_1+NP_2，因此，结论只能是：名谓句的陈述关系，是由两个单独名词之间的偏正、并列关系，因为修饰语的参与而转化过来的；反之，名谓句主语和谓语的中心，即两个单独的名词间，多是偏正、并列关系。例如：

（18）吉他 六根弦←→（吉他）弦

（19）满架葡萄 一根藤←→（葡萄）藤

（20）这个人 黄头发←→人＋头发、（人）发

（21）格兰仕，中国家电驰名商标←→（格兰仕）商标

（二）主谓型 N_1+N_2 的特点

主谓短语属于离心结构，其功能与主语、谓语的功能都不同。主谓型的名名组合也基本如此，"今天国庆"，功能是谓词性的。

主谓关系具有封闭性，句法形式上，属于二合短语。主谓短语的扩展形式，不延长关系，只增加层次，形成主谓谓语结构或主谓主语结构。

主谓型名名组合，大部分情况下，并不用来指称人或事物的，不是指称形式，在句子里较少充当主语、宾语，担任主语时对谓语有严格限制，因而，跟名词的功能不同。主要用来独立成句，或充当句子的谓语，更接近于陈述形式。

陈述性没有显性标记，只有隐性标记——"是"类、"有"类、"在"类等动词。主谓型名名组合，不是动词谓语的省略形式，但大部分能补入"是"类、"有"类、"在"类等动词，成为动词谓语句。隐含的动词是主谓组合的隐性标记。

（三）主谓型 N_1+N_2 的分类

主谓型 NP_1+NP_2，两个 NP 之间的语义关系、语义制约是句子赖以存在的基础。修饰语的参与，一方面使 NP_1 主题化、具体化；另一方面赋予 NP_2 述谓性，从而打破原来的偏正、并列关系，获得成句条件。因此，

主谓间的语义关系，既是名词谓语句赖以存在的条件，又是名词谓语句分类的本质标准。名谓句主谓间的语义关系，主要有六种：

1. 同一关系

或者 NP_1、NP_2 从不同角度指代同一事物，或者 NP_1 是 NP_2 集合中的一个元素，NP_2 陈述 NP_1，表示判断。周法高（1973）认为，主语与谓语如为相等的关系，即 A＝B，叫判断句，当然，所谓"相等"，是说语法上的相等，并不是逻辑上的相等。例如：

(22) 培根英国人。

(23) 明天中秋节，后天国庆节，中秋月亮国庆圆，十九年一次。

(24) 广东——改革开放的南大门

NP_1 是指人、物、时间、地点的名词性成分，NP_2 也分别应该是指人、物、时间、地点的成分，一一对应的关系，构成判断的基础。至于"广东——南大门"类，属比喻型判断。NP_2 结构简单，音节简短时，直接放在 NP_1 后做谓语；NP_2 结构相对复杂，音节较长时，因没有系词，为了区分主谓，使陈述关系显豁，一般要加上逗号、破折号或冒号，表示提顿，帮助判断。

2. 相属关系

或者 NP_2 是 NP_1 的组成部分，或者 NP_2 为 NP_1 所领有，定语修饰 NP_2 时，也就对 NP_1 进行了描写与说明。例如：

(25) 这张桌子三条腿。

(26) "男仆"十七八岁，娃娃脸，却努力效法成人的深思熟虑的姿态。 （梁信《红色娘子军》）

(27) 他从上衣口袋里掏出一支钢笔，金帽、红杆。 （肖复兴）

相属关系的名谓句，因主语的不同，可分两类：描写型和说明型。当

NP$_1$ 指称个体事物时，已从集合中分离出来，NP$_2$ 描写它与该集合共性所不同的个性特征，逻辑上说，主语是个"个体词"。当 NP$_1$ 指称一类事物时，NP$_2$ 就用来说明该事物的共性特征，逻辑上说，主语是个"谓词"。用独特的个性陈述类概念名词，不合逻辑，不合情理；用类概念的共性陈述个体名词，意义不能自足，两者均不出现在常规语境里。例如：

（28）a. 吉他六根弦。（说明型）

b. 这把吉他三根弦。（描写型）

c. *吉他三根弦。（反逻辑）

d. *这把吉他六根弦。（不自足）

3. 空间关系

表示某人、某物存在于某地、某个物理或虚拟的空间中，即存现关系，可分为两个次类。其一，NP$_1$ 后带方位词，方位词的参与，使 NP$_1$ 与 NP$_2$ 的空间位置关系清晰地反映出来，从而使并列关系转为主谓关系，删除方位词，句子就不成立；NP$_2$ 前面总是有数量短语做修饰成分，偶尔不带数量短语，也要加上表周遍性的副词。其二，在 NP$_1$ 前面加"一、满、浑、遍"等周遍性的修饰词，反映空间关系，"一"虽是数词，语义跟"满"相同，NP$_1$ 后不再出现方位词，加上方位词句子反而不畅，显得重复啰嗦；NP$_2$ 可以是单个名词，也可加定语，但一律不受数量结构修饰。例如：

（29）山下面一个山谷盆地，盆地中一个村庄，村庄的小广场上一片红旗。 （梁信）

（30）淑敏一不留神掉进了窖黑瞎子的陷阱，一身雪，一身蒺藜狗子。

（肖复兴）

第二类存现关系，中间可以插入"的"，转为偏正短语。例如：

（31）老头子一侧脸，满脑门子的疑影。　　　　　　　　（韩少功）

（32）这徐渭正如苏东坡一样，一肚皮的不合时宜，是一个反叛的不得意的角色。　　　　　　　　　　　　　　　　　　　　　（王希杰）

还有一种句子，NP$_1$ 是正反复合方位词，如"上下一条心"、"里外一把手"、"前后一个样"，以及重叠形式如"上上下下一条心"、"里里外外一把手"、"前前后后一个样"，能否归入名谓句，值得研究。

4．时间关系

反映某事物在时间流上延伸、持续的长度，NP$_1$ 一般表示事物，NP$_2$ 是数量短语加时间名词构成的时段结构。如：

（33）新闻 30 分　｜　经济半小时

（34）暑假七周，寒假四周

这类结构或句子，自然语言中并不多见。人活着就是生命在时间流上持续和延伸，描写人物年龄，祈祷人们长寿、事物长久的祝贺语，亦可归入此类。如：

（35）今年中秋节她整整十九岁，可也不小啦。　　　　　　（草明）

（36）中华民族万岁！

动作跟时间的关系更加密切，"离婚已半年"、"甲骨研究三十年"这类 VP＋NP 的名谓句，出现的频率就高得多。

5．比分关系

对比、比值、分配等数值关系的总称。两个名词前有数量结构做修饰成分，数的比例关系，改变了名词间的并列关系，体现着句子的信息，变成主谓关系。例如：

（37）一年三百六十五日。

（38）他又潇潇洒洒地点了一支烟，吸了一口，用拿烟的手点着墙说："唉，这也是没法子的事，一个人一个爱好。" （谌容）

名谓句是独立的句型，不是动词谓语句的省略。为了论述的方便，可以设想它是隐含着动词的 NP_1 ＋（VP）＋NP_2。大多数情况下，隐含的不是某个具体动词，而是以某个动词为中心、意义上受前后名词选择、控制的若干动词的集合。例如，"两个人一间房"，动词可能是"住"，也可能是"有、分、占、用"，出现在不同的语境中，甚至还可能是"收拾、布置、打扫、管理、负责、修葺"。但不管怎样，它们既要受"人"的制约，是人能发出的动作，又要受"房"的制约，是"房"能承受的动作。总的来说，名谓句表达的意义是概括的、模糊的，说明它不是动谓句的省略。两个名词的语义制约越紧密，关系是明确，动词选择性越狭小、单一，出现名谓句的可能性越大；相反，语义制约越松散，关系越遥远，动词选择性就越大，不加入动词，会造成超出模糊以外的歧解，一般不出现名谓句。

6. 量化关系

NP_2 从量上对 NP_1 进行描写与陈述。例如：

（39）去上海的五人，去北京的五人。

还与一种比较特殊的量化关系，NP_2 是量词的重叠形式，表达繁多的语义。例如：

（40）繁星点点 ｜ 困难重重 ｜ 白云朵朵 ｜ 片片枫叶 ｜ 清风缕缕 ｜
秋雨丝丝

（41）这里，螺号阵阵，渔歌声声，近近远远，红旗飘飘，白帆点点

四　同位结构

（一）同位型 $N_1 + N_2$

同位短语由两部分组成，前后成分语法地位相同，从不同角度同指一个事物，有互相说明、互相注释的关系。例如，"首都北京、王一林厂长"。

（二）同位型 $N_1 + N_2$ 的特点

偏正、联合、主谓是汉语的基本语法关系。同位型 $N_1 + N_2$ 是偏正、联合、主谓三种结构的句法、语义关系的融合与混杂，它跟三种基本结构都不相同，却又都有某种相似性。

联合关系属于并列的向心结构，体现了"聚合组合化"特点。在这个方面，同位关系跟联合一样，其组合也是从聚合演化过来的，语法形式具有明显的并立性。

联合短语可以多合，标记是"和"类连词；偏正短语是二合的，标记是助词"的"。同位短语虽然可以有多个组成部分，但它是二合短语，不是多合短语。这可从两个具有共同直接成分的同位短语的组合过程，得到证实。例如：

（42）a. 省长黄华华 ＋ 黄华华先生 → 省长｜黄华华‖先生

　　　b. 大城市北京 ＋ 首都北京 → 大城市｜首都‖北京

　　　c. 作家陈琳 ＋ 妻子陈琳 → 作家‖妻子｜陈琳

　　　d. 爱国民主人士黄炎培 ＋ 教育家黄炎培 →爱国民主人士、
　　　　‖教育家｜黄炎培

从语序和结构看，上面四例都不尽相同：a、b、c 的第二层依然是同位，d 的第二层是联合；a、b 均以一个同位短语做直接成分，c 式却进行了重组，产生了新的同位短语"作家妻子"；a 式共同成分"黄华华"居中，b 式共同成分"北京"居后。

同位组合，大部分情况下，也用来指称人或事物的，是语言里的指称形式，在句子里主要充当主语、宾语或定语，跟名词的功能相当。

同位组合的糅合性，表现为并立性、修饰性和陈述性的交融。刘街生（2004：25—26）认为，同位结构的基本语义关系是并立性与修饰性的对立统一。他指出同位组合的并立性表现为：两个名词之间不能插入从属标记"的"；修饰语总是修饰前项，而不能修饰整个同位结构；两个名词都能扩展，中间能用顿号隔开；一定条件下，前后项可以换位；同位结构的套叠式只能是两项套叠，表现为并立性限制。同时，"通名＋专名"的同位结构，间接存在着"属性＋实体"关系，因此具有一定的修饰性；这种修饰性可从指称理论、认知角度、生成角度等多方面进行解释。刘街生的观点很有见地，推动了同位研究的向前发展，但这种看法还不完备。他也看到了，同位中两个名词的逻辑关系跟一般联合不同，常常具有上下位关系，带有修饰性。其实，上下位同样也是主谓结构常见的语义关系，我们认为同位结构里同样融合着陈述性，有四个方面原因。其一，主谓组合"鲁迅浙江人"、"庄之蝶作家"、"彪儿好汉子"，N_1 与 N_2 具有上下位关系，属同一关系中的归类——把特定个体划入类的聚合中。逆序后，"浙江人鲁迅"、"作家庄之蝶"、"好汉子彪儿"即为同位短语，可见，同位和主谓的基本语义关系是同源的。其二，主谓组合的隐性标记是隐含着的动词，刘街生的名名式同位结构的各类例子，插入判断词"是"，均能转成主谓结构，说明同位和主谓的语义同类。其三，指别式同位结构"N_1 这 N_2"（你这流氓）、判断结构"N_1 是 N_2"（你是流氓）与名谓结构"N_1（，）N_2"（你，流氓），基本意义相近，构成同义句式。其四，"鲁迅浙江人"、"庄之蝶作家"、"彪儿好汉子"等是陈述形式，"浙江人鲁迅"、"作家庄之蝶"、"好汉子彪儿"等是指称形式，能够充当句子的主语或宾语。可见，语义关系相近的同位组合，正好对主谓组合的语法功能，起到补充和扩展的作用。

（三）指别式同位结构

刘街生（2004）根据类标成分的差异，将类标式同位短语分为数量、指别、列举三种，其中，"上位项最前面总是指示代词或指数量成分或指量成分"的，如"小倩这姑娘"，叫指别式同位结构。

汉语的指别式同位结构，有着特别强烈的表现力，其原因是什么？它与判断句、名谓句在功能上究竟有什么差异？我们（周日安 2006）认为，由"是"联系的判断句"N_1 是 DN_2"，属动词谓语句，表示等同或归类。零形式连接的"N_1DN_2"，有时添加语音停顿，是名词谓语句，用 DN_2 描写 N_1。嵌入代词"这"，形成指别式同位句"N_1 这 DN_2"，它是隐含谓词、以无胜有、感叹强烈的名词性非主谓句。

郭沫若接纳演员建议，将《屈原》中台词"你是没有骨气的文人"改为"你这没有骨气的文人"，成就了修改文章的一个典范。他认为"你是什么"只是单纯的叙述；"你这什么"便是坚决的判断，且还必须有附带语省略去了。朱光潜（1980）列举了《水浒》中大量"你这"式骂人话，得出结论："你这什么"不仅是"坚决的判断"，且为带有极端憎恶的惊叹语；"你是什么"是不带情感的判断，纵有情感也不在文字本身中体现出来。

改判断词"是"为代词"这"。加强了语气，实乃有口皆碑的神来之笔。然而，对个中原因的探究虽也众说纷纭、见仁见智，但多为就事论事的感悟，缺乏深入的分析与细致的推论。我们认为，指别式同位句语气特别强烈的原因表现在三个方面：

其一，指别式同位句具有判断义与析出义。判断句将 N_1 归入聚合 DN_2 中，语义运动单向展开，同位句以判断句的归类做蕴涵。指示代词有"指"与"别"双重功能：指，指称，指代；别，区别，分离。例如，"这人"能指特定的个体，是因为跟其他对象有别，能从聚合中分离出来。因此，"将 N_1 从 DN_2 中分离出来的析出义"是同位句的图象信息；判断句的归类义是同位句蕴涵的背景信息——同位句的语义运动是双向展开的。

其二，指别式同位句隐含着谓词。调整语序，同位的指称形式与主谓的陈述形式可以双向互转：N_1 这 DN_2（你这没有骨气的文人）$\rightleftharpoons$ N_1 这

N_2D（你这文人没有骨气）。指称形式"N_1 这 DN_2"传达已知信息，要输出新信息，需另加述语，变成"N_1 这 DN_2＋VP"。例如，补入 VP"无耻"，成为"你这没有骨气的文人 ‖ 无耻"；主谓又能逆向回归同位——"你这没有骨气的无耻文人"。这样，同位句始终处在结构不守衡、语义不自足的动态中，造成"此时无声胜有声"的特别效果，解码人可结合语境自我填补 VP。从逻辑推衍看，特指的"这"将 N_1 从群体 DN_2 中析出，谓词应陈述离析的理由与依据，才能构成合乎逻辑的完整的推理链条。例如，"这人头发"难成句，"这人黄头发"是名词谓语句，特征"黄头发"成为"这人"别于群体的理由。谓词对形成断言是必需的、强制的，同位句的谓词或缺不是一般省略，而是格式赋予的句法与语义空位，叫隐含。代词指别带来的谓词隐含，正是造成同位句语气强烈的主要原因。郭沫若所言"还必须有附带语省略去了"，"附带语"即隐含的谓词，"必须"强调格式给谓词预留了空间。

其三，指别式同位句在语义序列中偏指两端，形成惊叹。代词的指别，强调 N_1 不是一般的 DN_2，而是突出的、特别的、引人注目的 DN_2，因而派生了程度加强的引申意义，带有强烈的感情色彩，成为表达的惊叹式，在语义序列中偏指对立的两极情感。例如：

（43）你这人 你这孩子 你这鬼灵精 你这白痴 你这强盗 你这笨蛋 你这狗崽子 你这丑八怪 你这老流氓 你这无耻之徒 你这老不死的家伙 你这以太阳的名义招摇撞骗的小人……

（44）远隔重洋，你这让人心心念念的黄帝黄种黄金黄道黄历之黄！临风神驰，你这让人痴痴醉醉的黄花黄杨黄土黄山黄海之黄！

（北大语料库）

（45）呵，你这充满灵气的藤哟，我该对你再说些什么？

尽管贬义句的语用频率远远高于褒义句，但指别式同位句也可以表达褒义的感情色彩，如（44）和（45），并不只是"带有极端憎恶"的贬义格式，而是可褒可贬的增量表达式。

除了判断句、名谓句、指别同位句外，N_1 与 DN_2 之间还能插入"（一）个"，形成"N_1 个 DN_2"结构。例如：

(46) 刘麻子 你个娘儿们，无缘无故地跟我捣什么乱呢？ （老舍《茶馆》）

(47) 你个小狼嘴儿！ （张炜《柏慧》）

(48) 你一个娘儿们家，怎么会知道？ （刘震云《故乡三部曲》）

在 N_1 与 N_2 中间，插入"零形式、是、这、个、"等，都能将两者连起，构成同义句式。

从语法化角度看，"'是'字是由指示代词发展为系词的……'是'经常处在主语和谓语的中间，这样就逐渐产生出系词的性质来"（王力，1980）。句式"滕，是小国也"，是由代词向系词演变的一个过渡阶段，而"你这没有骨气的文人"采用的正是这种格式。"个（箇）"本义是"竹一枝"，后泛化成高频量词，同时也衍生了指代用法，如李白诗"白发三千丈，缘愁是箇长"，《聊斋志异·婴宁》中"个儿郎，目灼灼似贼"，以及词语"个般、个里、个中、个样、个侬、个处"。现代汉语中，"是、这、个"功能词类不同、基本意义相差甚远；但位于 N_1 与 N_2 之间的"是、这、个"，语义却非常接近：体现了大差异背后语义相通的一面——语法化带来的变异再大，也始终有些共性、像似性的遗留。

第二节　名名组合的功能与递归

一　名名组合的功能

语法功能指词所占据的语法位置的总和，包括充当句子成分的能力、词与词的组合能力。短语、组合的语法功能，总是以词的功能为原型来比附说明，例如，短语的功能有名词性、动词性、形容词性、谓词性等类型。

汉语词类划分纷争甚多。各家所据的分类标准不一；汉语不以形态为主要语法手段，缺少形态依据；划分词类的依据是功能，汉语主要实词的功能并不单一，词类和句法成分没有——对应关系：主客观两方面的原因，造成问题的复杂难解。汉语名词的主要功能是充当主语、宾语和定语，次要功能是做状语，局部功能是充当谓语。名词大多不受副词修饰，一般能接受数量短语或另一名词修饰；少数名词可以构成独词句。

名名组合的语法功能，跟名词的功能大体一致，属名词性短语，主要充当指称形式。下面，比附名词的语法功能，来列举名名组合的语法功能。

（一）$N_1 + N_2$ 充当句子成分的能力

1. 主语、宾语

充当主语或宾语，是名名组合的主要功能。例如：

（1）9月9日，今天的报纸没有提今天是共和国的缔造者毛泽东的逝世周年纪念日。

（2）在这里，蓝天明月，秃顶的山，单调的黄土，浅濑的水，似乎都是最恰当不过的风景，无可更换。

（3）三个人一组是不是合适？

（4）布莱尔这家伙有点人味。

（5）一滴水珠，也能闪烁太阳的光辉。

（6）我国近年来发布的新职业有形象设计师、锁具修理工、动画绘制员、礼仪主持人、数字视频策划制作师等等。

（7）提醒他明天才星期三呢。

（8）摊子上摆满了苹果啦、梨子啦、香蕉啦、葡萄啦等水果。

不同结构的组合充当主语或宾语，频率也不一样。整体上说，偏正组合的频率最高，联合组合次之；同位组合的频率就低得多，主谓组合的频率最低。句子主语比宾语受到的限制更大，主谓型名名组合做主语，比较少见。

2. 定语、中心语

充当定语或中心语，也是名名组合的主要功能。名名组合充当中心语，跟其做主语、宾语，大部分情况下是重合的。这里，看看它们做定语的情形。例如：

（9）（问题大米的）危害，已经非常严重。

（10）（历史与现实）的反差冲击着我的思绪：在国家关系中国家利益当是首要的，是需要服从的，然而两国民间感情又如何和谐相融呢？

（11）前海和后海海域从此可以更加清澈碧蓝，后海也将出现像前海一样（白帆点点的）景象。

（12）（实力派歌手豹妹李小燕的）专辑，很受大众的喜爱。

3. 谓语

充当谓语，是名名组合的局部功能。例如：

（13）金桥朝鲜人。

（14）她头发散乱，脸上有鞭痕，瘦瘦的面庞、浓眉、长目、深眼窝。

（15）令狐冲眼看岳灵珊以这几招剑法破敌，心下一片迷茫。

（16）屋里就赵刺猬那草包！

名名组合充当谓语，主要是偏正短语和联合短语。主谓短语和同位短语做谓语，比较少见。

（二）N₁＋N₂ 的组合能力

1. 受定语的修饰

名名组合可受多种定语的修饰，动词性成分、形容词性成分、主谓短语、介宾短语、比况短语、方位短语、指量短语等等都可以修饰名名组合。例如"（刚买的）羊毛背心"、"（崭新的）课本和文具"、"（个儿大的）

新疆葡萄"、"（关于双语教学的）理论问题"、"（桌子上的）报纸和杂志"、"（牛毛似的）橘黄色烟丝"、"（那种）思想和情感"，等等。

绝大部分名词能受数量短语的修饰，因而，是否跟数量结构组合，成为甄别名词的一条重要依据。偏正型名名组合，经常能接受数量的限制，构成多层定语，如"三件毛料西装"、"四张玻璃茶几"、"八大世界奇迹"等等。联合短语接受数量修饰，常常受到限制，主要是使用能概括几个并列名词语义的量词，即并列的名词已经形成了一组事物，一个整体，例如"三套碗筷"、"五十套桌子和椅子"。主谓短语是离心结构，同位短语在语义上具有陈述性质，一般不接受数量短语的修饰。

2. 不受副词修饰

名词一般不接受副词修饰，只有具备突出的描写性语义特征，如"英雄、好汉、淑女、绅士、草包、流氓、混蛋、痞子、懦夫、专业、传统"等形态名词，以及处于顺序义场里，如"春天、国庆、科级、列兵"等顺序名词，才能有条件地接受副词修饰。如"很绅士、十分流氓、非常专业、（明天）才国庆、才列兵"。

名名组合，因为音节增加，很难强化名词的描写特征或顺序特征，一般情况下，无法接受副词修饰。"他早已经博士教授了"这类例子，必须带上表示变化推移的句末标记"了"。

3. $N_1 + N_2$ 的成句能力

（1）名词谓语成句

主谓型的名名组合，能直接成句，形成名词谓语句。名词单独做谓语的比例很低，因而名名组合形成的名谓句也不多见，限于"庄之蝶作家"、"胡传魁草包"之类，更常见的是定中短语做谓语。

（2）非主谓句

分不出主语和谓语的单句，叫非主谓句，大都要在一定的语境里才能独立成句。名词可单独充当非主谓句，如"蛇！""票！""小王！"定中短语经常能做非主谓句，咏叹事物的属性（刘顺2003）。例如：

(17) 好香的干菜!

(18) 好一个晴朗朗的沙海之晨!

(19) 恐怖的"鬼沼"! 神秘的"满盖高原"!

至于定中型名名组合充当非主谓句,一般用来说明事件发生的时间、地点,仅出现在剧本、小说中。如:

(20) 1949年春天。上海外滩。

(21) 早晨,列宁的办公室。

(3)并列句

汉语里还有些句子,分不出主谓,无主谓形式,形似杂乱无章,随意点染而成,然而透过形式,就会发现各个 NP 之间的内在逻辑联系,意念贯通之后给人整体感,体现了汉语言简意赅,辞越义丰的特点。这种句子,古代诗文中很常见,现代汉语里也不少。例如:

(22) 黄花庭院,青灯夜雨,白发秋风。

(23) 蓝蓝的天,蓝蓝的梦。

(24) 三五好友,一壶好酒。

既没谓词,也没关联成分,这类意合句,倚重语序、骈偶、成分结构的相似性甚至韵律,可以归入广义的并列句。

二 名名组合的递归性

(一)语言的递归性

1. 语言的递归性

递归论是数理逻辑的分支学科,自然数集对给定值的计算往往回归到已知值而求出，叫递归（recursive）。可用递归手法计算的函数叫递归函数，如汉诺塔。语法结构可以层层套嵌，同一条结构规则可以重复使用而不造成混乱，这就是句法结构规则的递归性。

广义的递归性指语言的生成性。音位、词汇、语法规则是有限的，纷繁复杂的客观物理世界与丰富多彩的主观心里世界是无限的，有限的语言符号所以能表达无限的认识与情感，源于语言的生成性。狭义的递归性，指相同语法关系在紧密相邻的两个层次上重复，即同一语法关系在直接成分中的反复。假设 A、B 是直接成分，其语法关系是确定的，可用具有相同语法关系的（A＋B）来替代 A、B 或 A 和 B，让语言单位在相同的关系中扩展。一个二合单位，具有三种递归模式：（1）（A＋B）＋B ；（2）A＋（A＋B）；（3）（A＋B）＋（A＋B）。

2. 狭义递归的层次

递归还可能出现在第二、第三层次上。例如，"中国最大的一座工业城市"，采用了第二模式递归，语法关系为偏正：

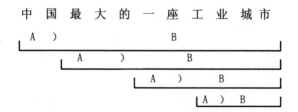

同一语法关系在四个层面上，进行三次递归，即 A｛A［A（AB）］｝，这在多层定语与多层状语中是常见的。不是所有的语法关系都有如此复杂、丰富的递归性。语法关系不同，递归性的强弱有很大区别。汉语五种基本关系中，偏正和联合的递归性最强，主谓居中，动宾、中补的递归性最弱。

理论上说，结构规则的递归几乎可以是无穷的，但在现实语言中，递归层次总是有限的，因为语言交际过程中，受到编码人与解码人的心理承受能力的制约，太多层次的递归，将复杂事件硬性塞入一个句子中，一方面可能会造成歧义，另一方面，超出人类的心理承受能力。例如，鲁迅译法捷耶夫《毁灭》中的句子：

（25）然而他不愿意死。对于生的他的执迷的这分明的盲目，像墓石一样，将大家压着。

这是典型的欧化句，说汉语的人难以接受，递归层次太多，"的"字太多，语义绕来绕去，不明朗了，可简单改造为："他对于生的执迷，这分明的盲目……"吕叔湘（1980）确立了定中递归中"的"字多少的三条规则：非常自由、不太协调、不太允许。说话、写文章，应尽量减少层次，删除一些"的"字。

两个直接成分 A、B 组合的语言单位（A＋B）叫基本式，在语法关系不变的前提下，用（A＋B）替代 A、B，产生狭义递归。狭义递归是语言单位的扩展形式之一。理论上说，随着层次的增加，递归形式呈几何基数递增。

（三）$N_1 + N_2$ 的递归性

1. 定中关系的递归性

定中关系每添加一个狭义扩展项，都必须增加一个层次——采用二进制形式。例如，"（羊毛）背心"，一个层次；"（红色）〔（羊毛）背心〕"，两个层次；"（女儿的）｛（红色）〔（羊毛）背心〕｝"，三个层次。定中型 $N_1 + N_2$ 的三种递归模式，都能造成复杂定语。

其中，中心语前依次递加上去的几个定语，彼此之间没有直接的结构与语义关系，叫多层定语或递加定语。多层定语按位置的先后，分层组合，后一个定语与中心语的组合，充当前一个定语的中心语。例如：

（26）捷特牌橄榄色商务型抽屉式段粒状碎纸机

例（26）是包含语义桥的多层定语，本质上是从聚合关系演变过来的。在"段粒状碎纸机、抽屉式碎纸机、商务型碎纸机、橄榄色碎纸机、捷特牌碎纸机"中，定语的分布完全相同，形成聚合。同样是定语的聚合形式，为什么有的不构成多层定语，而形成联合定语呢？例如：

(27) 北京、上海、广州的立交桥

这要从句法和语义上来分析。句法上，看聚合中的几个定语，结构是否相同。结构相同，容易形成联合短语，一起修饰中心语；结构不同，则定语逐层迭加，容易形成多层定语。如：

(28)（一张）（矮脚）（小）（长）桌子
(29)（中国）（最大的）（一座）（工业）城市

"北京、上海、广州"都是城市名词，连在一起能"成话"，形成联合短语。而多层定语中，定语的结构可能差异很大，连在一起，"一张矮脚小长"、"中国最大的一座工业"都"不成话"，是跨语义段的典型，不能形成联合短语，甚至根本不能组合，只是一些词串。

"段粒状、抽屉式、商务型、橄榄色、捷特牌"均是"名词＋语素"结构，音节也相等，为什么也不能联合？这需从语义上进行解释。联合结构要求各组合项的语义具有明显的并立性，如具有同义、反义、对义等关系，且组项最好分布在同一语义维度上。"段粒状"说明碎纸机碎纸后的状态，"抽屉式"说明形状，"商务型"说明适用范围、"橄榄色"描写颜色，"捷特牌"说明牌子或商标，它们从不同方面和角度，对同一器物加以解说，分布在不同的语义维度上，因而不形成联合。总之，联合定语强调句法结构、语义维度上的同，几个定语能形成组合，构成整体；多层定语凸显结构、语义上的异，几个定语不能组合，不能构成整体，只是物理语序上的词串。

多层定语的排序，受语言诸多要素的影响与控制，是多个变量综合在一起发挥作用的结果。一直以来，关于多层定语的语序问题，都难有定论，根据典型语例总结的一些规则，缺乏很好的普遍性以及解释力。例如，黄伯荣、廖序东主编的《现代汉语》，以及刘月华等主编的《实用现代汉语语法》，对多层定语排序规则的描写大同小异，所据乃逻辑关系——即定语跟中心之间语义关系的密切程度。

在纷繁复杂的定语语序研究中，最有创意的是袁毓林的"认知语序"。他从"先易后难"的信息加工和人类认知的简单规则出发，认为多层定语的排序，跟定语本身对立项的多少密切相关。袁毓林的探索，给多层定语的语序研究开辟了一条新的路径，给后人以启发和思考。不过，多层定语的排序是多种要素综合作用的结果，任何单角度、单视点的切入，也许都只能观察到问题的一两个侧面。

多层定语排序，表面看似乎是同一聚合中几个定语的先后顺序问题，实质却是定语和中心语在结构和语义上的融合问题。几个单层的定中短语，定语共着同一个中心语，在聚合要素的组合化过程，与每个定语进行组配的中心语已经都不相同了。例如：

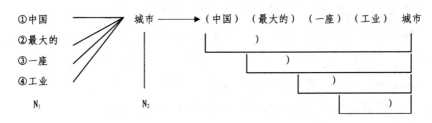

图 3—1　定语的聚合、组合对应关系

图 3—1 中，"工业"的中心是"城市"，"一座"的中心是"工业城市"，余可类推。"一座工业城市"不能说成"工业一座城市"，也不能说成"工业的一座城市"，但可说"主营工业的一座城市"；不说"中国一座工业（最大的城市）"〔至于"中国一座（工业最大的）城市"，意义已变〕，却能说"中国一座工业（大城市）"。再如"一只大白鸡"，不说"一

只白大鸡"，更不说"大白一只鸡"，却可说"一只很白的大鸡"，甚至可说"白雪雪的一只大鸡"。"主营工业的城市"与"工业城市"、"最大的城市"与"大城市"、"很白的鸡"与"白鸡"，意义大致相同，跟中心之间语义关系也相同，然而，在更大组合中，位置却不同，这说明定语的排序，并不只依据定语与中心语的逻辑意义关系，至少不以此为主要依据，而是取决于定语和中心语在组合过程中，因结构（包括音节、虚词、词缀等）差异而导致的不同自由度。结构自由的、松散的靠外，结构不自由的、紧密的靠近中心。多层定语中，紧邻中心的依靠语序为手段的定语，往前移动的条件是，插入虚词"的"，将紧凑的板块组合变成松散的自由组合。

　　自然语言中，多层定语本身的结构差异比较大，增加了定语排序的变数。而结构形式相同的名词性定语，例如（27）中，"段粒状、抽屉式、商务型、橄榄色、捷特牌"这几个定语的排序，就灵活得多。排除语音的、文化的、心理的等诸多因素的控制，光从结构上说，联合定语的排序是最自由的。

　　2. 联合结构的递归

　　联合结构是多合的，开放的，其递归形式跟偏正不同，每增加一个项目，将联合关系在同一个层次上延长一段，不增加层次。联合结构的直接成分来自同一聚合，功能和每个成分等值，即 $N_1 + N_2 + N3 + \cdots Nn = N_1 = N_2 = N3 \cdots = Nn$。另外，每个名词成分单独做定语，可能都要带"的"，组成联合短语后只需要共一个"的"。

　　3. 同位结构的递归性

　　同位结构具有封闭性，是二合短语。同位关系有一定的并立性，但不同于联合：联合的各项，来自同一句法位置的聚合中，形成并列；同位的各项，也来自同一句法位置的聚合，也具有并列性质，可两两间同时还必须具有主谓（判断）关系，才能形成所谓的"同指"或意义相同。同位直接成分之间的陈述性，主要是采用同一关系，包括等同和归类两类。形式验证是，同位直接成分之间，大都能加入判断词"是"，变成主谓；或者插入"这"，变指别式同位结构。正因结构里包含着陈述的语义关系，决定了同位的二合性。例如：

（30）学校党委书记他的妻子作家成琳

这个复杂的同位结构，生成过程可描写为：

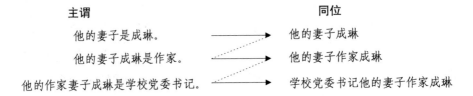

主谓		同位
他的妻子是成琳。	→	他的妻子成琳
他的妻子成琳是作家。	→	他的妻子作家成琳
他的作家妻子成琳是学校党委书记。	→	学校党委书记他的妻子作家成琳

这种递归从纯语言角度说，也是无穷的，但受人的记忆和解码能力的影响，比较复杂的也就三个、四个层次。层次太多，影响交际；也没有必要，因为有其他更简便的方法来表达。

上面的分析，可以看出，同位关系的直接成分，多来自主谓关系的主语和宾语。再看在句子里的情形。例如：

（31）学校党委书记他的妻子作家成琳也参加了会议。

主谓结构充当主语是不自由的、受限制的。如"一家一个孩子好"或"一家生一个孩子好"，谓语是非动作性谓词。"他的妻子是成琳"，就不能说"他的妻子是成琳也参加了会议"，因为句子前后牵连，形成杂糅，而要说"他的妻子成琳也参加了会议"。可见，同位结构恰好是与主谓结构相对应的指称形式。

同位结构最主要的语法手段是语序，偶尔也能用顿号隔开；联合结构的标记是"和"类连词，但也可用顿号、逗号甚至分号隔开。所以同位和联合有时可能重合，造成歧义。例如：

（32）a. 学校党委书记他的妻子作家成琳（同位，同指一人）

b. 学校党委书记、他的妻子作家成琳（同位，同指一人；联合，分指两人）

c. 学校党委书记和他的妻子作家成琳（联合，分指两人）

同位结构的递归性比较复杂，由四个直接成分构造的三层同位短语，书面语中出现的频率相对高一些。下面是刘街生的一组例句（引用后加入了层次切分的竖线）：

(33) 原华中师范大学党委副书记｜老红军‖于江‖同志

(34) 他的老朋友｜战地服务团团长‖朱克靖‖上校

(35) 这支部队的最高首长｜中尉‖方怡‖小姐

(36) 我们村的权威｜生产队长‖刘贺红‖聋舅舅

同位结构的层次切分，实质是比较内部组项的松紧关系。据刘街生的研究，同位短语直接成分的松紧度，由紧而松的序列为：凝结式 ＜ 减省式 ＜ 上位居前式 ＜ 类表式。同位递归在表层的线性排序，一般遵循由松而紧，左松右紧的原则。

4. 主谓结构的递归性

主谓结构也具有封闭性，是二合短语，其三种递归模式是：主谓主语结构，主谓谓语结构，双主谓结构。

主谓短语的功能是谓词性的，充当宾语，比较自由，形成"主谓作宾句"；做主语，形成主谓主语句，不太自由，对谓语有比较严格的限制。例如：

(37) 他研究出土文字已经二十年了。

(38) 一对夫妇生育一个孩子好。

(39) 我们不参加正是他所希望的。

主谓结构做主语，大谓语一般是名词、形容词性词语，或者是没有动作性的动词；至少也需大谓语动词跟小谓语动词不同类，排除小主语和大谓语形成主谓关系的可能性。这样，可以跟连谓句区分开来，又避免了杂糅和牵连。

主谓短语充当谓语的句子就叫主谓谓语句。全句主语与谓语叫大主语与大谓语，谓语中的主语、谓语叫小主语和小谓语。主谓谓语句是汉语里比较特别的句型，最早由陈承泽提出："得以句为说明语"（《学艺》，1921），后被各家采用，打破了原本三足鼎立的句型观。

汉语究竟有无双主谓句，是个颇有争议、悬而未决的问题。"苹果一斤钱三元"这样的句子是不是双主谓句，还值得研究，因为这类句子可以两切。更有这样的句子：

（40）他担任这项工作‖性格最合适。→ 担任这项工作‖他的性格最合适。

（41）他上这个项目 ‖条件不成熟。→ 上这个项目‖他的条件不成熟。

似乎更可以看作是双主谓句。主语中的小主语和谓语中的小主语，在意义上有领属关系，是主谓谓语句的一种变式句。

前面谈的是主谓结构的递归性问题，具体到了主谓型 $N_1 + N_2$，情况又如何呢？主谓型的名词组合，本身是比较特别的情况，因受多方面的制约，递归性非常弱。例如，"三个人‖一人一件大衣料"，以及"他们三个一组"，虽属名词性的主谓谓语句，但并非纯名词组合，而是数名结构的递归。比较接近两层名名主谓组合的例子有：

（42）李处长脸上尽麻子。

（43）病人背上很多疙瘩。

这类句子，是领属性与存在性两种名词谓语句的套嵌，不过句中依然含有非名词性成分"尽"、"很多"等,对句子成立与否,起十分重要的作用。

(四) 混杂式名名组合

名名组合的四种语法结构混合着使用,形成复杂、超长的名词性组合。这可以分成两种语用情况来考察。其一是社会用语,给复杂的事物、事件、单位、法规、条约、地址、公告等命名,组合虽然很长,功能却相当于一个词,能单独使用。例如:

(44) 中华人民共和国国家通用语言文字法

(45) 北京语言大学汉语语言学文萃语法卷

(46) 中华人民共和国国家质量监督检验检疫总局公告 2006 年第 44 号

这类社会用语,主要是采用偏正、联合的混合,几乎不使用主谓和同位。命名的要求是严谨、缜密、紧凑、简练,追求准确、朴实的实用风格。名词谓语,常带口语色彩,跟同位短语一样,具有描写性质,所以少见于这类实用的组合中。

其二是超长组合出现在常规的句子里,充当句子成分。不需要对组合进行特殊的"词化"处理,可以采用一般的句法组合。例如:

(47) 黄万里,著名爱国民主人士、教育家黄炎培之子,清华大学教授,中国著名的水利、水文专家,我国致力于跨学科研究河流水文与水流泥沙的先驱者之一。

（赵诚:《只会讲真话的黄万里》,《读者》2005 年第 1 期）

这个超长的名词谓语句,包含（1）主谓结构"黄万里,‖……"（2）同位结构"著名爱国民主人士、教育家＝黄炎培"。（3）联合结构"……之子,＋教授,＋专家,＋先驱者之一","爱国民主人士、教育家","水利、水文","河流水文与水流泥沙"等。（4）偏正结构"爱国民主人士"，"清华大学教授"，"中国著名的水利、水文专家"等等。

这些组合说明：（1）名词组合能表达十分复杂的语义。（2）超长组合中可以不出现谓词，即使含有谓词，也只出现在定语中。（3）形式语法认为，词语采用左分支结构（左向结构），句子采用右分支结构（右向结构），总体上说，这当然是对的。但词语也有采用右向结构的，英语更多，汉语定语后置与正偏式的讨论，都涉及这个问题。汉语中定语一般前置，但在复杂名词组合中，逐渐出现时间定语、序数定语后置现象，如（46）中的"第44号"。（4）词化组合，结构紧凑、意义凝固，少用"的"字，因为"的"具有使组合松散的作用。

第三节　名名组合的语法手段

语法形式多种多样，不管语法意义，把相同的语法形式概括起来，成为语法手段。如 books 与 keeps，s 表示的意义不同，但都采用了在词语后面添加成分的形式——附加。语法手段有形态、附加、虚词、语序、重叠、重音移位（变调）、内部屈折等等。英语以形态做主要语法手段，汉语主要靠语序和虚词。英语的形态意义，汉语用语序或虚词来表达。

语序与虚词同样也是名名组合最重要的语法手段。

一　名名组合的语法手段——语序

（一）关于语序

1. 不同语言单位的语序

语序指语言单位的排列顺序，包括：（1）语素序——语素构成词的顺序，例如，牛奶｜奶牛。（2）词序——词构成短语或句子的顺序，例如，案例教学｜教学案例。（3）短语序——短语与短语的结合顺序，例如，中国建筑的西式风格｜西式风格的中国建筑。（4）分句序或句序——分句或句子的排列语序，例如，屡战屡败，屡败屡战｜屡败屡战，屡战屡败。

回环是汉语的重要辞格，建立在两种语序互相辉映的基础上。回环涉及到以何种单位为基点的问题。"人怕虎｜虎怕人"，是音节、汉字、语素、词各种语序的重合，可双向互逆，为最完全的逆序形式。"也可以清心｜可以清心也……"，也是音节、汉字、语素、词各种语序的重合，五个字五种语序，但它只是顺时针方向的单向回环，不能逆向阅读。"开车不喝酒｜喝酒不开车"，回环建立在词序上，也不可逆读。以字序为基础可以逆读的回环形式，属完全型回环，比较常见的是文人们带游戏性质的作品。

2. 两种不同性质的语序——物理语序和结构语序

自然语言中，存在着两种不同性质的语序：其一是语言形式的物理顺序。指语言单位在时间维度上的绝对顺序，最大特点是单向性，又叫不可逆性。语言的线条性，决定了语表形式的物理顺序是最小单位的排列——如字序、音序。汉语字形、音节、语素基本是对应的，语素序跟字序、音序大致相近。其二是语言结构的心理语序。指语言生成过程中的非物理性的结构顺序；它是人类语言能力的表现，在编码、解码中，这种语序是在人们心理瞬间完成，叫做语言结构的心理语序，简称结构语序或心理语序，带有社会性甚至民族性，最大特点是具有双向性（左、右分支）。这种语序本质就是结构主义语法学的层次，机器难以识别，成为制约计算机认识自然语言的瓶颈之一。例如：

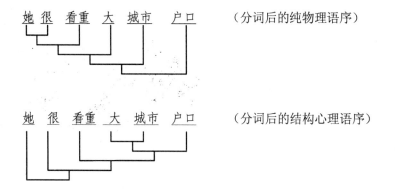

结构语序体现了人类语言生成——亦即由小而大的组合过程：大城市→大城市户口→看重大城市户口→很看重大城市户口→她很看重大城市户口。如果不管语言的组织结构，将组合过程完全按照物理顺序单向排列，就变成：

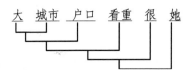

（分词后组合过程的纯物理语序）

语言的构造层次确实是一种时间维度上的语序，它在表层并无形式标记，不是显性的刚性语序，需要通过层次分析才能看出。两种语序具有复杂的关系，一些语言现象只有置于两种语序的关系中，才能解释清楚与透彻。

（1）结构语序与物理语序的吻合与冲突

汉语五种基本结构，联合比较特殊，是聚合要素的组合化手段。主谓、偏正、动宾、补充，结构语序即是其原型的物理语序。但从语法关系角度说，它们的方向并不相同：偏正与动宾的方向，与物理语序同向；主谓与补充，与物理语序逆向。例如图3—2所示：

图3—2 动宾、偏正、主谓、补充的物理语序与结构语序的对应关系

在稍大的言语片段中，结构语序与物理语序不可能总是吻合的。即使不考虑方向，它们在两种时间维度上——将具有相对顺序的结构体排到绝对顺序的线性上，总会产生冲突。如图3—3所示：

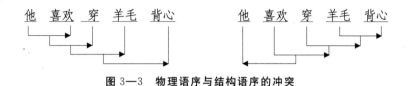

图 3—3　物理语序与结构语序的冲突

这里的冲突，包含顺序冲突和方向冲突。"羊毛背心"，在语言结构中，是最早的组合，却被置于了物理语序的最后。而"他"与"喜欢穿羊毛背心"是最终组合，却放在物理语序的首位。所以，语序的安排是一种戴枷锁的舞蹈，需将本身具有方向性和相对时间顺序的结构体如何艺术地、协调地排列在绝对时间顺序的单向线条上。

（2）结构的妥协与变异

物理语序的单向线条性是强制的，客观的，不可改变的。人类为了表义的准确与细致，能够进行加工改造从而发生妥协与变异的，只有结构语序与结构类型。主语后置、定语后置、宾语前置、受事域外化等等，改变结构的原型语序，表现为结构语序的妥协。又如，主谓⇌偏正、主谓⇌动宾、偏正⇌动宾，结构关系的双向互变，表现为结构类型的妥协。定语后置是个很有争议的问题，邵敬敏（1987）认为，"真正的定语后置很少，只能由'的₃'构成的一部分具有'排谓性'语法特点的典型体词性结构充当"。邵敬敏的"惟定性"和"排谓性"原则，就是要在结构类型保持不变的前提下，才能讨论结构语序的改变（前置或后置），否则容易将结构类型的变异归入结构语序的变异中去。

3．三个平面的语序——语法语序、语义语序、语用语序

胡裕树（1981）率先提出语义的、语用的、语法的三种语序。随后，胡附、文炼（1982）又指出，虚词的作用也有语义的、句法的、语用的区别。胡裕树、范晓（1985）正式提出在汉语语法研究中，把句法、语义、语用的分析既区别开来又结合起来的新课题，探讨三平面研究的主要任务、对象、范围和方法。三平面理论的初步形成，语义、语用、句法的三种语序也得到人们的普遍认可。

（二）名名组合中语序功能的演绎考察

名名组合 $N_1 + N_2$ 能形成联合、主谓、同位、偏正四种句法关系，基于这个大家都认可的观点，可以用演绎法来考察其双向流转的关系，从而考量语序在短语构造中的作用。假设 $N_1 + N_2$ 为 A 序，$N_2 + N_1$ 为 -A 序，它们都能构造四种关系（见图 3—4）：

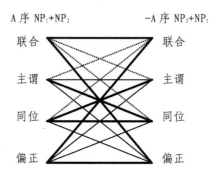

图 3—4　语序在名名组合中的功能演绎

用演绎法可排出 16 种可能性，流转是双向的，16 种可能性实际上只有 10 种不同情况。以是否改变结构关系为标准，分成两类：

1. 不改变结构（4 种），有时区分意义

（1）联合⇌联合：杨树柳树｜柳树杨树、父亲母亲｜母亲父亲、南海顺德｜顺德南海

（2）主谓⇌主谓：一个人一把椅子｜一把椅子一个人

（3）同位⇌同位：祖国母亲｜母亲祖国、胡军校长｜校长胡军、教授邵敬敏｜邵敬敏教授

（4）偏正⇌偏正：玻璃窗户｜窗户玻璃、建筑垃圾｜垃圾建筑、大米问题｜问题大米

2. 改变结构 $[(16-4) \div 2 = 6$ 种$]$，也区分意义

（1）主谓⇌同位：鲁迅浙江人｜浙江人鲁迅、彪儿好汉子｜好汉子彪儿

（2）偏正⇌联合：农民工人｜工人农民、生物历史｜历史生物、学生家

长｜家长学生

　　(3)同位⇌偏正:特区深圳｜深圳特区

　　(4)主谓⇌偏正:经济半小时｜半小时经济、新闻30分｜30分新闻

　　(5)联合⇌同位:Φ,暂未找到

　　(6)联合⇌主谓:Φ,暂未找到

　　从上面的演绎考察中可以看出:不改变结构关系的四种语义语序中,"主谓⇌主谓"比较少见,用细线表示。"一个人一把椅子⇌一把椅子一个人",不是纯名词组合,施受语序也发生了变化,不是好例子。其他三种情况常见,用粗线表示。改变结构关系的六种句法语序中,"主谓⇌同位"与"偏正⇌联合"比较常见,用粗线表示。不过,"农民工人、生物历史、学生家长"等组合,虽产生了偏正关系,却依然蕴涵着联合,属歧义短语。"同位⇌偏正"与"主谓⇌偏正",比较少见,用细线表示。至于"联合⇌同位"与"联合⇌主谓"两种情况,是否存在,不敢轻率断言,但现在尚未找到实例,用虚线表示。

(三)　语序影响名词组合的语义结构

　　"中国经典"与"经典中国"是性质不同的短语。前者用地名限制普通名词,概括为"地名＋名词";后者将普通名词加在专有名词前,概括为"名词＋地名"。比较两种不同的格式,说明语序影响名词次范畴的语义选择,地名置于普通名词后,被格式指派为范围(处所)、对象、主体、本体等多种角色,避开了领属意义。这部分内容安排在第四节。

二　名词组合的语法手段——虚词

(一)　名词组合中虚词功能的演绎考察

　　跟语序一样,虚词也是名名组合的重要语法手段,因此,也可用演绎法来探讨名名组合中虚词的功能。如图3—5所示:

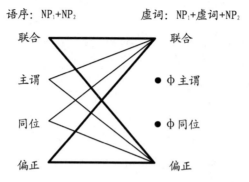

图 3—5　虚词在名词组合中的功能演绎

　　就名名组合而言，语序是必有的，虚词只是可有的。具体说，主谓结构和同位结构中不能插入反映结构关系的虚词，它们只以语序为手段，因此，"NP₁＋虚词＋NP₂"中，主谓和同位两点只能是空符号。

　　偏正、联合都是高频结构，标志词"的"与"和"有超强的改变关系的能力，两者的自变和互变，都很常见，用粗线表示。主谓结构"桌子三条腿"、"鲁迅浙江人"，插入虚词后，"桌子的三条腿"变偏正，"鲁迅与浙江人"变联合；同位结构"美女作家"、"海南那个地方"，插入虚词后，"美女和作家"变联合，"海南的那个地方"变偏正。主谓和同位组合，加虚词变成偏正与联合，频率要低得多，用细线表示。

　　由典型的同位组合"好朋友李小燕"，到典型的联合与偏正组合"李小燕和好朋友"、"李小燕的好朋友"，则是语序与虚词共同作用的结果。

　　（二）名名组合中的助词"的"

　　据俄罗斯《真理报》2005年12月24日报道，一种名叫越前海蜇的巨型水母大举入侵日本。这种水母有2米宽、200公斤重，拥有密密麻麻的有毒触须。它们使日本本州岛北部的渔民怨声载道，并开始影响中国和韩国的捕鱼业。消息甫出，中国的大型网站都对此进行了报道，涌现了大量诸如下面这样的标题：

（1）200 公斤水母闹日本　　　　　　　（搜狐图片 2005 年 12 月 27 日）

（2）无数有毒"200 公斤水母"入侵日本 影响中韩

　　　　　　　　　　　　　　　　　　（搜狐 2005 年 12 月 27 日）

（3）200 公斤超级水母入侵日本　　　　（新浪 2005 年 12 月 27 日）

　　标题中的"200 公斤水母"，表意含混，需在定语和中心语间插入"的"字。汉语里，数量短语修饰名词，不加"的"常表计量；加入"的"才能表示分类。两者区分意义，并非同义格式。再来看看以前讨论得比较多的例子：

（4）三斤鱼｜三斤的鱼

　　将数量短语后置，"三斤鱼"能说"鱼三斤"、"鱼是三斤"；"三斤的鱼"则要说"鱼是三斤的"。可见，"三斤"表示计量；"三斤的"是分类，表示"鱼"是有三斤重的那一种。

　　前面能否插入计数的数量短语，是验证两者差异的形式标记。比较：

（5）*五条三斤鱼｜五条三斤的鱼

　　"三斤鱼"不再接受"五条"修饰，说明它不具备计数的属性，因为它本身已经量化了，成了无界名词，被排斥在可数的范围外；"三斤的鱼"能接受"五条"修饰，说明它仍是有界名词，有计数的属性，本身依然是可数的，也说明了"三斤"在组合里，不是纯计量的，而是借计量来分类。

　　还可以把计数短语添加在后面，比较其差异。例如：

（6）三斤鱼五条｜三斤的鱼五条

"三斤鱼五条"是计量与计数的并列，表达的意思是：鱼，重三斤、共五条。可看成是"三斤鱼"和"鱼五条"的并合形式，在语义上，既没能遵循语义管辖的单向律，也没遵循"两个人一间房"这类结构的语序和数的分割的平均原则，所以，这种说法并不常用，只见于比较随意的口语，"五条"带有追补的意味。而"三斤的鱼五条"跟"五条三斤的鱼"意义基本接近，只是一个是主谓结构，另一个是偏正结构而已。

"200公斤水母"计量，表示"（所有的）水母总计为200公斤重"，显然不合报道的原意；"200公斤的水母"是分类，表示"200公斤重的那种水母"，切合文章内容。上面的标题，虽然联系语境读者依然能正确解码，它毕竟违背了语言的准确原则，是一种负面的偏离。尽管标题用语非常倚重经济原则，但简洁始终要建立在明确的基础上。

有无"的"字，组合的意义可能不一样。"北京大学"，"北京"作为具体一所大学的命名符号，跟其他名称一样获得了某些专有名词的性质，语义关系可以理解为"在北京的那所大学"或"叫北京的那所大学"，是定指的。这种用大地名来命名具体单位的现象，显示了该单位在历史、名气、功绩诸方面非凡的影响力，地名"北京"已经不再单纯地表示处所或领属。"北京的大学"变换式是：大学在北京→在北京的大学→北京的大学。这里的"北京"首先是指处所，划定范围；偶尔也可以指机构（北京市），具有领属意义。形式验证为：其一，清华大学、南开大学、复旦大学都简称清华、南开、复旦；北京大学、湖南大学、香港大学都不能简称为北京、湖南、香港。其二，"北京的大学"可以变换成"大学在/属于北京"，"北京大学"则不能变换。其三，"北京的大学"，可以用"的"字短语来替代，例如，"就大学而言，北京的最多"。所以"北京的大学"，语义关系是表示处所或领属。

"日本朋友"，"日本"表示来源地，降级述谓结构是"朋友来自日本"之类；"日本的朋友"，降级述谓结构是"日本有朋友"之类。从整个短语的所指看，语序组合主要指人，虚词组合可以指人，主要指国家或集团。类比着推理，"日本汽车"指日本生产制造的汽车，"日本的汽车"则表示领属与拥有。

"剩饭"表示分类，没有归类的意味；"剩的饭"，有将"饭"归入"剩的"类别中去的意味。汉语中，"剩的、红的、什么的、之类的、类似的、已经买了房子的……"，"的"字短语的本质是一个概括的集合体。"N_1 的 N_2"表示的语义是将 N_2 归入上位的"N_1 的"所构成的集合中去，简言之，就是归类。正因如此，朱德熙先生将处于定语位置上的"V/A/N 的"看成名词性成分，虽然一直遭到质疑，却并非没有道理的。

（三）名名组合中虚词的风格

从交际功能看，名名组合可以分成词法型与句法型两类。词法型的名词组合，最终功能相当于一个词，可以叫做词化短语、凝固短语或板块型短语，内部结构紧密，主要采用语序手段；常用于国家、单位、公司、文件、商品、产品、标题、书名等社会用语的命名。句法型的名名组合，构造一般的、临时的、松散的短语，以虚词或语序为主要的语法手段，采用一般短语的构造规则。

"的"是汉语的第一高频词，人们交际，在一个略长的言语片段中，不用虚词"的"，交际就要中断。然而，词法型短语恰恰相反，要尽力避免使用结构助词"的"。例如，下面这些超长名名组合，一般不出现"的"字：

（7）中国香港京都念慈庵川贝枇杷露

（8）新世纪第二届现代汉语语法国际研讨会暨第八届现代汉语语法研讨会论文集

（9）深圳能源集团图书阅览室管理制度

（10）乌鲁木齐市职业中等专业学校管理制度汇编目录

超长名词组合一般不用"的"字，特别是机构、单位、公司等名称中，多个部分尽可能紧密地结合在一起，构成一个相对凝固的整体。即便使用虚词，也尽量使用带书卷气息的文言词，例如，较少使用"和"，常用"暨"取代，体现了不同的风格色彩。

第四节　名名组合语序的个案研究

—— "XY 中国" 的 语 义、功 能 与 成 因

"中国经典"与"经典中国"是性质不同的短语。前者用地名（含国名）限制普通名词，概括为"地名＋名词"，属常规组合，如"阿拉伯数字、中国武术、日本柔道、佛山陶瓷"。后者将普通名词加在专有名词前，概括为"名词＋地名"，是近些年来才流行的新组合。例如：

（1）5 月中旬，"数字中国"受"博鳌亚洲论坛"的委托，将组织和主办"数字亚洲论坛"分会场。8 月将举行一次"数字中国"研讨会。"数字中国"还将与数字日本、数字韩国、数字东盟进行广泛的接触和交流。

（《京华时报》2003 年 2 月 17 日）

（2）经典中国，今日辉煌从这里开始　（《人民日报》2004 年 6 月 28 日）

"数字中国"随着 IT 业的发达，使用得非常普遍；"经典中国"是中央电视台、《人民日报》等权威媒体 2004 年设立的重大栏目，对过去几十年中国大地的经典人物与事件进行系列报道，"经典中国"随即传遍大江南北……此外，"焦点、魅力、梦想、精品、青春、银发、影视、视听、图片、美食、饮食、手机、汽车、丰田、房产、宽带、雅虎、婚姻"等名词也逐步进入到这种格式中来。新组合中的普通名词一般是双音节，以"中国"作地名代表，这种格式可记作"XY 中国"。

一　"XY 中国"的语义解释

"'语义价'的研究不仅对谓语结构的分析有用，而且对名词结构的分

析也同样有指导意义。名词与名词组合成一个句法结构时，也可能形成若干种语义格类型。"（邵敬敏，1997）名词组合（N_1＋N_2）存在着复杂的语义关系，依照"降级述谓结构"理论，在中间补入动词，大致能将各种语义关系揭示出来。如：硬笔书法（工具）、动物医院（与事）、鲁迅小说（施事）、羊毛背心（质料）、口袋图书（处所）、暑假作业（时间）、啤酒肚腩（原因）、数字电视（方式）、拇指小说（比喻），等等。只是施事、受事等意义类型，没有分析 VN 组合时那么严格。因为"句法结构中的格关系多数是显性的，而名名偏正结构这类组合中，由于联系名词性成分的谓词在句法上是零映现，因而它的格关系也是一种隐性的格关系"（朱彦，2004：50）。并且，名词组合中隐含的不一定是某个具体动词，而可能是语义能够匹配的一组动词。再者，一些名词只是隐含动词的状态元或间接成分（外围格），而非必有的配价成分（动元、核心格）。细细辨析起来，新组合"名词＋地名"有下面几种语义关系。

（一）话题＋范围，表达"XY 在中国"的意义

"图形与背景的分离是知觉组织最简单、最基本的形式"（张敏，1998），在这种语义关系中，XY 是谈论的话题与信息的焦点，是被凸显、被注意的成分——即语言认知中的"图形"；后面地名表示处所，控制谈论范围，是显著度相对较低的认知"背景"。例如：

（3）美食中国　魅力重庆——中外名菜重庆争辉

（中国广播网 2003 年 9 月 4 日）

（4）"梦想中国"打造"中国平民偶像"（新浪网 2004 年 10 月 20 日）

（5）财经中国　手机中国　婚姻中国　新闻中国　房产中国　宽带中国

（书名、网站或栏目）

这些组合，句法图形是 XY，"中国"后置，作为句法背景控制着话题范围，语义大致相当于"XY 在中国"。而"中国 XY"为领属优先，容易造成"属于、产生于、起源于中国的 XY"的解码倾向。例（3）如果改成

"中国美食"，跟副标题中的"中外名菜"就难以吻合。同样，央视新闻联播分国内新闻和国际新闻，国内新闻可叫"中国新闻"，"中国"作为领属总是优先的，"中国新闻"不能涵盖国际新闻。"新闻中国"就不同，格式赋予"中国"以范围（处所）角色，是可以包含"国际新闻"的。

语法意义决定语法形式，将这种语义关系理解为"XY 在中国"，意味着"XY 中国"属主谓结构，所指是一个事件或一种状况，与偏正结构"中国 XY"相对。将这类组合归入主谓，语感上终有排斥，这不奇怪，因为特别求简的标题语具有自身的特点，"语义在标题语中的地位提高，作用突出，制约支撑力度加大，语义角色凸显……其结构极为紧凑，语法形式简化，结构关系淡化，结构类型程式化，有些语序相对灵活。而语法形式的简化程度和语义关系的支撑力度成正比。语法简，语义显。形合不足意合补"（尹世超，2001：153）。进入这类语义关系中的 XY，多是表示具体事物的类名，即具体名词，其理性意义比较明确，内涵意义相对单一。XY 的词义越是具体、单一，则"XY 中国"之间的陈述关系越显豁，离修饰、限定关系越遥远。

（二）手段＋对象，表达"用 XY 来 V 中国"的意义
看下面的例子：

（6）数据中国［CXYIDC. COM. CXY］，用数据服务中国

（数据中国网站的宣传语）

（7）数字中国——共和国 55 年成就辉煌 （中国人口网 2004 年 9 月 30 日）

（8）图片中国：绍兴古城新貌 （人民网主站 2002 年 6 月 4 日）

例（6）是网站口号，用"数据"服务"中国"，"数据中国"是间接成分的重组。（7）是新闻标题，"用数字图表来展示共和国 55 年所取得的成就辉煌"。（8）"图片中国"，用"图片"展示"中国"的面貌。这类语义格式可以概括为"用 XY 来 V 中国"，"图片、数据"是 V 方式、手段，"中国"是 V 的受事或对象。并未出现但容易被激活的动词是"服务、表

现、介绍、说明、分析、描写、展示、呈现、揭示、概括"，其词义受到来自"数据/数字/图片"和"中国"的双重选择和制约，多数都含有［＋出来］的趋向特征。此外，标题语中，介词省略现象也十分普遍。

（三）属性＋主体，表达"充满 XY 的中国"的意义

（9）动感广州今夜狂欢　申亚成功歌舞焰火齐贺广州

（南方网 2004 年 7 月 1 日）

（10）"北京 8 分钟"尽展魅力中国　（《北京日报》2004 年 8 月 29 日）

（11）魅力中国　时尚北京——"第 44 届国际小姐世界大会"召开新闻发布会　（中信文化传媒 2004 年 3 月 18 日）

"动感、魅力、时尚"等抽象名词，本身蕴涵着［＋性质］之类的次要义素，可以仿照"动态名词"（邵敬敏、刘焱，2002）这个术语，把这类名词叫做"形态名词"。形态名词容易获得形容词的语法功能，"美感、情感、快感、同感、舒适感、紧张感、压抑感……"等都是名词，"～感"是名词性准后缀。从只说"很有性感"到说"很性感"，"性感"获得了述谓功能，同样，"动感"等词经常置于名词前，正处在逐步扩张其功能的过程中。例如：

（12）动感地带　动感音乐　动感女人　动感校园　动感课堂　动感央视　各种动感十足的手机铃声　非常动感时尚　显得动感活泼　十分动感的外貌

"很有动感"这个组合，一旦动词"有"脱落，"很动感"变成常用形式，那就标志着"动感"中的表示性质的语义特征，挣脱了名词主要语法功能的羁绊。

（四）喻体＋本体，表达"如 XY 一般的中国"的意义

比喻句降级后构造的名词组合，有"心灵窗户、爱情火焰、思想野马"等"本体＋喻体"和"拇指小说、黄金地段、罐头人生"等"喻体＋本体"两种格式。比喻型的"XY中国",采用后一种结构形式。例如:

(13) 美哉我少年中国,与天不老!壮哉我中国少年,与国无缰!

(梁启超《少年中国说》)

(14) 中国资源和环境承载力已近极限　请保护母亲中国

(《侨报》首页 2004 年 11 月 16 日)

"少年中国、母亲中国"属"像事＋喻事"的语义模式,内部具有比喻关系,提取喻体的"成长、不老、向上、无畏"和"养育"等语义特征描写本体,"少年、母亲"的语义显然是指向"中国"的。而在"中国少年"和"中国母亲"里,领属关系非常强大,占绝对优势,抑制了比喻的产生——尽管依赖语境,(13)中的"中国少年"依然是比喻。

"XY中国"结构,抽掉了控制前后两个名词意义的动词栓子,具有模糊性与包容性,导致了语义理解的多向与流变,高度的概括、丰富的内涵使它显得魅力十足。上面描写的四种格式,只是"XY中国"在语义上的大致分类,一个具体组合,究竟属于哪种语义关系,有时是模糊的,跨类的。例如,由多家信息企业联合发起成立的"数字中国",作为机构名称,"数字"是注意焦点,采用第一种语义结构;"资源一号"的发射成功,推动了"数字中国"的各项工作,"数字中国"采用了第二种语义结构;如果用来指"数字化的中国",则接近第三种语义结构。"经典中国",既可理解为"经典在中国",又可理解为"用经典来展示中国";"动感广州"既能看成是"动感在广州",也能解码为"充满动感的广州"。陈一民认为,触发歧义的关系源,"潜隐于各种线性和非线性的句法语义关系中,不像成分源显露在歧义结构的词项序列上,因此也可以称为隐性歧义源"(陈一民,2005)。"XY中国"之类的歧义,正源于"名词＋地名"的背后,包含多种隐性的语义关系。

"XY中国"的语义组合相当复杂,有时需要联系语境对语义指向做具体分析。例如：

（15）为青春中国喝彩　　　　　（《人民日报》2001 年 9 月 14 日）

（16）银发中国——中国养老政策的人口和经济分析

（新浪财经 2004 年 11 月 25 日）

前面例（13）中，"少年"的语义是内指"中国"的。（16）中，"银发中国"，"银发"是"老年"的借代语，并不抽取"银发（老年）"的语义特征转移给"中国"，语义外指，专指文中的"养老问题"。（15）中，"青春中国"介乎两者之间，"青春"的语义既内指"中国"，构成比喻；又外指在世界大学生运动会上取得佳绩的中国大学生。

二　"XY 中国"的功能与成因

新组合有特殊的语用功能。

第一，常用作为刊物、报纸、杂志、网站、电视等主要媒体的栏目、版块、节目的总名。它带有标题性质，但不是一个个的具体标题，而是下设许多子项目的母标题、总标题，具有概括性。例如，央视"经典中国"的一组节目，传统表达是：

（17）经典：中国新疆生产建设兵团

中国江苏华西村

中国安徽小岗村

新闻栏目谈论"经典"，是个母题；冒号具有总括、解释和提示作用，表示后面是副标题，内容的具体范围限定在"中国"内。正因为范围早已锁定，所以，可以把"中国"作为公因子从副题中提取出来，融到母题中去，跟"经典"组合成"经典中国"——语言重组引起了层次变化，产生了新的表达形式：

(18) 经典中国：新疆生产建设兵团

江苏华西村

安徽小岗村

第二，常用做著作、杂志或网站的名称。例如：

(19)《婚姻中国》 《文化中国》 《动感北京》 《汽车中国》

《经典中国——日出东方》 《数字中国》（电脑杂志合订本）

(20) 文化中国（culchina） 数字中国（Digital China）

博客中国（blogchina. com） 财经中国（fnchina. com）

青春中国（youthchina. cn） 精华中国（zipchina. com）

雅虎中国（yahoo. cn） 媒体中国（cn—media. com）

素材中国（sc—cn. net） 商务中国（bizcn. com）

会展中国（cnexpo. cnm） 视觉中国（ChinaVisual. com）

网站、著作、报纸杂志的名称，都有求新求异吸引受众的要求。特别是网站名称，两两之间具备差异，是计算机能够识别和解读的前提，站名不可雷同是强制性的；站名同样要求简洁，便于记忆，名称太长、太复杂，网站就难以发展和维持。因此，语序是在不增加长度的基础上增加差异、扩充资源的最好手段。

第三，常用作为大型活动的主题词或口号。例如：

(21)"青春中国"——第五届 CCTV 服装设计暨模特电视大赛

(22)"财富中国"首届资本论坛即将在京召开

（《深圳商报》2003 年 12 月 30 日）

(23) 魅力佛山·2004 琼花粤剧艺术节

从《少年中国说》到加拿大刊物《文化中国》，"XY 中国"在早期就曾经零星地出现过。1998 年年初，美国副总统戈尔创造了"数字地球"这个概念，随后中国科学家相应提出了"数字中国"的说法。但是，最近几年，特别是央视"经典中国"节目开播后，这类组合才得到广泛认同，受到人们的青睐，媒体渐渐频繁使用起来，成为流行的趋势，其原因可以从内外两方面进行分析。

从语言内部看，语序是汉语最重要的语法手段之一，"气氛友好"不同于"友好气氛"，"经济繁荣"不同于"繁荣经济"，语序起决定作用。"中国经典"跟"经典中国"的差异，也是依赖语序实现的。

在句法语义研究中，"我们的眼光不能仅仅局限于动词的次范畴，实际上，在动词不变的条件下，还要考虑到同动词发生联系的其他词（主要是名词）的次范畴小类，它也可以影响到格式的成立与否"（邵敬敏，1996）。根据语义双向选择性原则，"厂里有三辆车"中，谓语"有三辆车"究竟表示领有还是存在，并不由自身决定，而取决于其前后名词性成分的次范畴属性：是否具备与［＋拥有］或［＋存在］进行匹配的语义特征。名词和"有"经过语义双向选择与匹配后，形成了［＋主体］与［＋拥有］相匹配的领属格，［＋处所］与［＋存在］相匹配的存现格，以及兼有两种意义的歧义格式，可以用变换式"这三辆车属于……"和"这三辆车在……"进行形式验证。

国名、地区名、城市名、村镇名等，本文一并称为地名，它们大都具备两方面的语义特征：其一是以国家、地区、城市、村镇或机构等实体为对象，概括它们的历史和地理、特征和属性，是对象所有信息的集合体，标为［＋主体］；其二，指地理概念上的存在与空间的范围，标为［＋处所］。两者关系是：［＋处所］∈［＋主体］。而一般名词如"桌子、教室、汽车"等，只有相对的主体义，加上方位标记，"桌子上、教室外、汽车里"也只具备处所义，即［＋主体］和［＋处所］互补，跟地名有很大差别。

地名具有表示领属与处所的双重语义功能，用地名做修饰成分，如果表示领属与处所的地名同现，则要遵循"领属优先，毗邻中心；处所居外，离开中心"的原则，采用"处所＋领属＋中心"的语序格式。例如，"河北省邮电局"，"邮电局"作为机构由"河北省"管辖，位于石家庄市，准确通信地址为"石家庄河北省邮电局"；如果写成"河北省石家庄邮电局"，则可能被误投。"广东省汽车站"和"广州市汽车站"都在环市西路，隔街相望，市民简称为"省（汽车）站"和"市（汽车）站"，"省""市"对立构成区别特征，表领属。详细的通信地址靠语序区分："广州市广东省汽车站"和"广东省广州市汽车站"。再如：

（24）a. 英国驻广州领事馆 b. 广州英国领事馆 c. 英国广州领事馆

三种表达都比较常见。a 式准确，动词性语素"驻"隐含介词"在"，确定了广州的处所义，毗邻原则在上一层次得以实现。b 式符合规范，英国表领属，广州表处所，领属优先，毗邻中心。c 式表达，从语言内部说有歧义，但语言外的背景知识能消除歧义。

当领属作为一种共有的知识背景为大众所熟悉后，可以遵循经济原则进行简缩——删除领属。比方说，"博鳌亚洲论坛"可以简化为"博鳌论坛"；火车站、机场等大型交通枢纽，并不只隶属某个城市，不言而喻的预设使我们能以城、镇甚至更小的地点来命名，如"广州火车站"、"九龙山车站"，"虹桥机场"，地名表示处所。

可见，地名置于普通名词前，可以表示领属，也可表示处所，但领属优先，占绝对优势。"中国数字"，是产生于汉文化中用汉字表达的数字，跟"阿拉伯数字、罗马数字"平行，"中国"限制"数字"的来源、特征和性质；"非洲鲫鱼"表示品种，即便在广州养殖也不能改叫"广州鲫鱼"；"拉丁舞蹈"风靡世界，国人跳这种舞也还是"拉丁舞"。

作为专有名词的地名，置于普通名词后，被格式指派为处所（范围）、对象、主体、本体等语义角色，避开了领属意义。地名置前与置后，其语义角色发生变化，换言之，语序不同也将影响名词次范畴的语义选择。因此，"中国经典"不同于"经典中国"，"中国数字"不同于"数字中国"，"中国魅力"不同于"魅力中国"，"中国少年"不同于"少年中国"。虽然所用的两个名词没有变化，但因为更换语序，而改变了它们之间的语义关系。

汉语语素、音节和字形三位一体，在概念（思维）、时间（听觉）和空间（视觉）三个维度上同质同构，特别富有伸缩分合颠倒的能力，汉语的主要语法手段不是形态，而是语序和虚词，词语组合具有极大的灵活性，为大量回环的出现，打下基础。回文诗、回文词、回文联、诗回文成词、词回文成曲、倒顺书、十四字连环图，洋洋洒洒琳琅满目，构成了一道独特的回文文化风景。例如：

（25）经典展现精神，经典汇聚精华。经典中国，可歌可泣；中国经典，鼓舞志气。　　　　　　　　　　　（《人民日报》2004 年 6 月 28 日）

（26）杜维明作为哈佛大学教授，并不是从解构角度谈论后现代后殖民文化，而是从建构的角度谈论后现代后殖民语境中的"文化中国"或"中国文化"。　　　　　　　　　（王岳川《文化中国与第三世界处境》）

（27）中国历史与历史中国　　　　　（精华中国网 2004 年 3 月 29 日）

民族语言、文化与心理的大背景，为"XY 中国"的出现和流行奠定了坚实的基础。

从语言外部的因素看，其一，受经济、文化等全球化趋势的影响。地名后置，避开领属意义的"XY 中国"式，吻合并满足了在经济、文化、商品日趋全球化一体化、互联网正在冲击和拆除自然屏障和国家栅栏这种时代潮流中的交际需要。"中国汽车"和"中国手机"因"中国"表领属，容易理解为国产汽车或手机；逆序后，"汽车中国"和"手机中国"，排斥了领属意义，强调"（在）中国"的处所（范围）角色。现代产业的国际化、跨地域，造成商品的品牌所有权、生产权、经销权的扩散与分离，可以跨城市跨地区跨国界，给产品、公司的命名带来困难，"XY 中国"正是为解决这类困难而涌现出来的语言新形式之一。

其二，受英语词序以及网络文化的影响。英语的地名排列跟汉语相反，遵循空间与领属由小到大的顺序。例如：

(28) 9 Seaford Street，Shelton，Stoke－on－Trent，Stafford，England
英格兰／斯泰福郡／特伦特河畔斯托克市／设尔顿区／西福德街／9 号

译成汉语要颠倒顺序。china 作为词根构造复合词可以后置，如（20）中的 culchina，fnchina，youthchina，zipchina，blogchina 之类，英语的这种词序，对"XY 中国"的发展产生影响。在网络世界，英语是国际性的强势语言，网址输入一般以英文为准，按照国际惯例，域名或中国代号 cn，常常放站名后面，如 sc－cn，bizcn，office. focus. cn 类，推动着地名后置的发展。

社会发展带来的表达需要，以及语言接触间的互相影响，成为"XY 中国"类母标题形式发展的外部原因。

| 第四章 |

名名组合的语义分析

第一节　名名组合的语义格

动宾结构的语义分类，语法学家众说纷纭，颇多难以穷尽之感。任何语言中，名词都是第一大类，数量远远超过动词，名名组合的语义类别，更是复杂多样，变幻莫测。

复色光通过棱镜或光栅，分解成的单色光按波长大小排成光谱。光谱是连续体，难以分割；但人类为了认知它，必须进行分段。不同民族分出的数目，差异很大，形成颜色词的民族性。这很难在物理世界中找到合理解释，而需从民族传统、文化、认知模式的差异入手寻找答案，毕竟语言不是纯自然科学，而是科学性与人文性统一的音义系统。汉语分成红、橙、黄、绿、蓝、靛、紫七色，只是确定了七种原型色而已，人们可以进行几乎是无休止的扩展、填充。例如，在橙与紫的过渡空间里，围绕着原型"红"就有：（1）朱红、深红、大红、暗红、亚红、鲜红、粉红、浅红；（2）火红、桃红、枣红、驼红、血红、猩红、玫瑰红；（3）红彤彤、红艳艳、红扑扑、红彤彤；（4）热烈的红、张狂的红、燃烧着的红、让人心醉的红；（5）枣色、玫瑰色、驼色；（6）樱桃（嘴）、玫瑰（裙）。人们可以使用各种手段，对心里感知的"红"进行具体描写，所有这些结集起来，在七种原型的基础上，形成了一种向连续体逼近的趋势。

将人类对光谱切割的认知，挪移到名名组合的语义分类上来，得到如下启示：名名组合的语义关系是个复杂的连续统，为了认知它，必须进行强制性分割。对连续统的分割并无可以验证的唯一性，只能结合分类目的进行相对的优劣评价。将名名组合的语义分成几个大类不是最重要的，重要的是内部层级关系合理，能构成一个有机整体。可以拿主要、典型、公认的语义格纵横排列，形成语义关系的演绎表，这样，既能随时将新发现的关系类型填入表中，使分类具有拷贝性和生成性，又能将几个格子用粗线框起，直观地反映名名组合的歧义情况。

一　语义格类型

语义格源自菲尔墨（C. J. Fillmore）的格语法（Case Grammar），指深层语义结构中名词性成分跟谓词之间的一种固定的语义关系。语义格主要用于描写动词与名词的语义结构，展示动词向与名词格的配价关系。菲尔墨早年提出的语义格，主要包括施事、感受、工具、客体、源点、终点等。

国内汉语研究中，孟琮等编的《动词用法词典》（1987），是较早按动宾搭配的语义关系分类的，分出 14 种语义格：受事、结果、对象、工具、方式、处所、时间、目的、原因、致使、施事、同源、等同、杂类。鲁川、林杏光（1989）从计算语言学出发，研究汉语的格关系，认为"格系统是一棵树"，建立了"体—格—标"的层级体系。邵敬敏（1996）区分了句法向和语义价，认为语义格是整个语言系统中所有动词的语义价聚合中的种类数目，可分 7 个大类，24 个小类。袁毓林（2002）讨论了汉语动词的各种论元角色的层级关系，详细刻画了论元角色的动态性语义特征，兼及其各自的句法特征。他设的语义格是：施事（agent－A）、感事（sentient－Se)、致事（causer－Cau)、主事（theme－Th)、受事（patient－P)、与事（dative－D)、结果（result－R)、对象（target－Ta)、系事（relevant－Rt)、工具（instrument－I)、材料（material－Ma)、方式（manner－M)、场所（location－L)、源点（source－So)、终点（goal－Go)、范围（range－Ra)、命题（preposition－Pn)。

刘顺（2003）从名词研究的角度介入，建立了一个语义格系统，分成三个层级。朱彦（2004）在分析汉语复合词的内部语义关系时，也建立了一个格系统（见图4—1)：

图4—1 朱彦的语义格层级关系

以上诸位学者对语义格的研究以及层级系统的建立，为名名组合的语义分析奠定了基础。汉语名名组合的语义关系，跟复合词的语义构造更接近，而与句子的语义结构离得较远。例如，典型名词组合不出现动核，含动名词组合才出现动核，跟复合词有时出现动素，有时不出现动素同类，而一般句子结构中，都会有动核。因此，我们在名名组合的语义分析中，基本采用朱彦的格系统，并根据实际情况，做些局部调整。例如，"蓝天工程、碧水工程"中，"蓝天"与"碧水"是实施"工程"的目的，因此，增加"目的"格。

二 名名组合的语义格类型

在西方，20世纪70年代就有人用语义格来描写名名之间的语义关系，如 Beatrice Warren（1978）。在国内，吕叔湘（1979）指出，对名词的"价"也需要发掘，开始涉及名词的配价与语义格问题。从理论上较早提出语义格同样适用于描写名名组合的学者是邵敬敏，他（1997）说："'语义价'的研究不仅对谓语结构的分析有用，而且对名词结构的分析也同样有指导意义。名词与名词组合成一个句法结构时，也可能形成若干种语义格类型。"有意识地使用语义格理论，系统地分析名名复合词语义的是朱彦（2004）。

名名组合（$N_1 + N_2$）存在着更为复杂的语义关系，使用语义格术语，依照"降级述谓结构"理论，在中间补入动词，大致能将各种语义关系揭示出来。例如：

(1) a. （用）硬笔（写）书法 → 硬笔（写的）书法 → 硬笔书法　（工具）

　　b. 医院（给）动物（治病）→（给）动物（治病的）医院 → 动物医院

　　　（与事）

　　c. 鲁迅（写）小说 → 鲁迅（写的）小说 → 鲁迅小说　（施事）

　　d. （用）羊毛（编织）背心 →（用）羊毛（编织的）背心 → 羊毛背心

　　　（质料）

只是施事、受事、与事、系事、等事、结果、工具、处所、时间、质料等意义类型，没有分析 VN 组合时那么严格。因为"句法结构中的格关系多数是显性的，而名名偏正结构这类组合中，由于联系名词性成分的谓词在句法上是零映现，因而它的格关系也是一种隐性的格关系"（朱彦，2004）。名词组合中隐含的不一定是某个具体动词，而可能是语义能够匹配的一组动词。一些名词只是隐含动词的状态元或间接成分，而非必有的配价成分。

下面，采用降级述谓结构理论，补入原型谓词，将汉语名名组合的常见的语义关系，逐一描写出来。用中心词法分析降级述谓结构的构造，括号内为名名组合。

（一）施事格（agent）和受事格（patient）

自主动词所联系的动作主体是施事格，如果自主动词还指向一个动作客体，则该客体通常是受事格。施事是自主动作的发出者，受事是自主动作的承受者。例如：

（2）师—教—英语（英语教师）　　人—代言—形象（形象代言人）

但与施事匹配的不一定都是受事，还可能是结果格。例如：

（3）鲁迅—写—小说（鲁迅小说）　　佛山—产—陶瓷（佛山陶瓷）

（二）主事格（subject）和客事格（object）

非自主动词所联系的动作主体是主事格，如果非自主动词谓词还指向一个动作客体，则该客体通常是客事格。施事是自主动作的发出者，客事是非自主动作的涉及者。例如：

（4）电梯—载—货物（货物电梯）　　风力—驱动—自行车（风力自行车）

但与主事匹配的不一定都是客事，还可能是结果格。例如：

（5）动物—化—石头（动物化石）　　车胎—留下—痕迹（车胎痕迹）

（三）领事格（owner）和属事格（belonging）

领属关系谓词所关涉的主体事物是领事格，客体事物是属事格，在名词组合中，领事和属事总是成对出现。领属关系的典型谓词是"有"。例如：

（6）狐狸—有—尾巴（狐狸尾巴）　　事故—有—原因（事故原因）

（7）少年—有—问题（问题少年）　　大米—有—问题（问题大米）

（6）和（7）深层语义结构相同，但表层语序相反，整个组合的意义就可能不一样，例如"大米问题"不同于"问题大米"，"都市动感"不同于"动感都市"。

（四）遭遇格（sufferer）和对象格（target）

有的非自主动词含有一种不可自控的遭受义，原型为"发生"、"遭遇"。这种遭受意义对动作所关涉的主体往往具有消极的负面影响，这类非自主动词所连接的主体是遭遇格。有时，遭遇格会与一个动作客体相联系，该客体是对象格，是主体事物所遭遇的客体对象。

（8）森林—发生—火灾（森林火灾）　　经济—遭遇—危机（经济危机）
（9）儿童—遭遇—残疾（残疾儿童）　　印尼—遭遇—海啸（印尼海啸）

（五）系事格（relevant）和说明格（comment）

由系属关系谓词所连接的关系主体是系事格，系事格是具有一定身份、职位、属性的主体，与之相应的表示身份、职位、属性的客体是说明格。联系谓词原型是"是"，还包括"成为、算做、当成"等，但表示比喻关系的"像"类排除在外。例如：

（10）深圳—是—特区（深圳特区）　　少年—是—天才（天才少年）
（11）农民—当—工人（农民工人）　　大学生—当—保姆（大学生保姆）

（六）像事格（tenor）和喻事格（vehicle）

相似关系谓词所连接的关系主体是像事格，与之具有相似关系的客体是喻事格，两种语义格一般成对出现。从修辞角度看，像事格是本体，喻事格是喻体。喻词原型是"像"，还包括"是、成为、当作"等。例如：

（12）时间—像—垃圾（垃圾时间）　　产业—像—朝阳（朝阳产业）

（13）历史—像—长河（历史长河）　　思想—像—野马（思想野马）

表层语序不同，整个组合的意义以及带不带"的"的表现，也可能不一样。

（七）处所格（location）**与主事格**（subject）

处所格表示事物主体所在的场所，受存在关系谓词的支配，可以与主事格相匹配，也可与事件相对。例如：

（14）岩石—在—月表（月表岩石）　　溶洞—在—地下（地下溶洞）

当处所格与自主动作谓词相连时，可以与施事格相对。例如：

（15）小姐—在—空中（空中小姐）　　女人—住—别墅（别墅女人）

当处所格与自主动作谓词相连时，还可与"事件"相对，因谓词隐含，在线性化过程中，表现为跟客体、受事相对。例如：

（16）［在会场］保持—纪律（会场纪律）

　　　［在南湖］—举行—会议（南湖会议）

（17）［将图书］放在—口袋（口袋图书）

　　　［将音乐］—放在—线上（线上音乐）

（18）［将女郎］放在—封面（封面女郎）

　　　［将广告］—做在—车上（车上广告）

（八）时间格（time）**与主事格**（subject）

时间格与处所格基本平行，表事物主体所处的时间，或事物主体非自主动作发生时间，受存在关系谓词的支配，可与主事格相匹配。例如：

（19）桃花—［在四月］—开（四月桃花）

（20）［七月七日］发生—事变（七七事变）

　　　［二月七日］发生—风暴（二七风暴）

（21）［昔日］—是—英雄（昔日英雄）

　　　［今日］—是—囚徒（今日囚徒）

当处所格与自主动作谓词相连时，还可以与（事件）受事格相对。例如：

（22）［在暑假］做—作业（暑假作业）

　　　［在周末］播放—电影（周末电影）

（23）［在晚间］播放—新闻（晚间新闻）

　　　［在年终］发放—奖金（年终奖金）

（九）范围格（range）与客事格（object）

范围格表示事件所涉及的范围，受存在关系谓词的支配，范围格与处所格接近，处所格偏重表达物理空间关系，范围格主要用于抽象事物，常常与客事相对。例如：

（24）［在足球方面］是—流氓（足球流氓）

　　　［在艺术方面］是—天才（艺术天才）

（25）［在艺坛上］是—新秀（艺坛新秀）

　　　［在语言方面］有—天赋（语言天赋）

（十）工具格（tool）与受事格（patient）

工具格是促成某一事件所凭借的工具，受依凭关系谓词支配，常常与受事格或结果格等相匹配。例如：

（26）［用拍子］打—苍蝇（苍蝇拍子）

　　　［用电脑］制—图片（电脑图片）

（27）［用诱饵］钓—鲫鱼（鲫鱼诱饵）

　　　［用铁板］烧—牛肉（铁板牛肉）

（十一）材料格（material）与结果格（result）

材料格是制造某种物品所使用的材料，受依凭关系谓词支配，与结果、受事等相匹配。例如：

（28）［用羊毛］编织—背心（羊毛背心）

　　　［用玻璃］制作—茶几（玻璃茶几）

从成品看，材料有单一材料与复合材料、主料和配料之分。上面两例，材料是构成成品的主料，下面两例，材料是构成成品的辅料。

（29）［用剁椒］蒸—鱼头（剁椒鱼头）

　　　［用冰糖］泡｜蒸—莲子（冰糖莲子）

（十二）方式格（basis）与受事格（patient）

方式格是事物进行所采用的方式，或者所凭借的根据，受依凭关系谓词支配，与受事、结果等相匹配。例如：

（30）［用电子］编辑—刊物（电子刊物）

　　　［用数码］传播—图像（数码图像）

（31）［用草体］写—书法（草体书法）

　　　［按照格式］签订—合同（格式合同）

（十三）结果格（result）与施事格（agent）

结果格是事物的活动或事件发生发展造成的结果，受动作谓词或结果关系谓词的支配，可与施事、主事以及对象、工具、材料、方式等多种语义格相匹配。例如：

（32）工人—生产—钢铁（钢铁工人）

　　　海啸—造成—灾难（海啸灾难）

（33）［对环境］造成—污染（环境污染）

　　　［用瓜皮］做成—花朵（瓜皮花朵）

（十四）原因格（reason）与结果格（result）

原因格是事件发生发展的原因，受原因关系谓词的支配，可与结果、施事、主事以及对象等语义格相匹配。例如：

（34）［因喝啤酒］造成—肚腩（啤酒肚腩）

　　　［因战争］造成—创伤（战争创伤）

（35）［因生产］规定—假期（生产假期）

　　　［因病毒］造成—感冒（病毒感冒）

（十五）与事格（dative）与结果格（result）

与事格表示是动作行为的非主动参与者，一般指参与某事件的事物，是动核指派的间接受事，由参与关系谓词"与"支配，可与结果、受事等语义格相匹配。例如：

（36）［与宠物］结下—情缘（宠物情缘）

　　　［与风筝］结下—奇缘（风筝奇缘）

（十六）源点格（source）与主事格（subject）

源点格表示主体动作行为开始的地点或时间，即动作行为的时空起点。源点格常跟终点格相对，与处所格关系密切。主要格标是"自"、"从"。源点格隐含的动词，常表示有方向性与迁移性的动作。

（37）游客—［从广州］来（广州游客）

　　　客人—［从朝鲜］来（朝鲜客人）

（十七）终点格（goal）与主事格（subject）

终点格表示主体动作行为结束的地点或时间，即动作行为的时空终点。终点格常跟源点格相对，与处所格关系密切。主要格标是"到"、"向"、"往"。终点格隐含的动词，常表示有方向性与迁移性的动作。

（38）游客—来〈到广州〉（广州游客）

　　　华人—侨居—印尼（印尼华侨）

正因源点格跟终点格相对，隐含动词和格标后，两者可能重合，造成歧义，如"广州游客"、"美国移民"。

（十八）目的格（purpose）与受事格（patient）

目的格表示为了达到某个目的而进行一个事件或实施某个措施、工程等。受目的关系谓词的支配，可与受事、施事、主事等语义格相匹配。目的格与终点格接近，但终点格偏重表达物理空间中的位移，谓词带有方向特征；目的格主要用于抽象事物、行为等。例如：

（39）［为了蓝天］实施—工程（蓝天工程）

　　　［为了安全］采取—措施（安全措施）

（40）使者［为了文化］出使—φ（文化使者）

　　　［为了利益］产生—冲突（利益冲突）

三 单构式组合与复构式组合

根据述谓结构的多少和语义结构的层次，可将名词组合分为单构式组合与复构式组合两类。比较：

(41) a. 地下溶洞　b. 会场纪律

(42) a. 黄金地段　b. 心灵鸡汤

a 和 b 形式（结构、层次、词性、连停、重音）一样，为什么可以说"溶洞在地下"，"地段如黄金"，却不能说"纪律在会场"，"鸡汤如心灵"呢？(41) 中，N₁ 都是处所格，但降级述谓不同。比较：

地下溶洞←在地下的溶洞←溶洞在地下

会场纪律←在会场的纪律←〔人们〕在会场＋〔人们〕〔保持〕纪律

"地下溶洞"采用"处所＋主事"格式，内部只一层语义关系，叫单构式组合。"会场纪律"是"〔人们〕在会场"与"〔人们〕〔保持〕纪律"的组合；后一个降级述谓结构是主要的，前一个是从属的；连接两者的桥梁是主事"人们"，形成互参（朱彦，2004），删除后变成"在会场〔人们〕〔保持〕纪律"：这类组合采用语义复构形式，叫复构式名词组合。比较图 4—2：

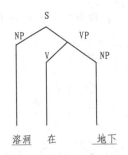 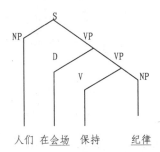

图 4—2　"地下溶洞"与"会场纪律"降级述谓结构树形图

　　第二组例子，a 和 b 都是"像事＋喻事"的语义类型，但降级述谓结构也不同。比较：

> ┌ 黄金地段←如黄金的地段←地段如黄金（珍贵）（单构）
> └ 心灵鸡汤←滋润心灵的鸡汤←"鸡汤[滋补身体]"如"Φ[滋润] 心灵"（复构）

　　a 是单构式，b 为复构式。b 的构造非常复杂，像事与喻事均为降级述谓结构；像事中应包含的主事，是语言中的空符号，记做 ϕ，由喻事中的主事直接替代（见图 4—3）：

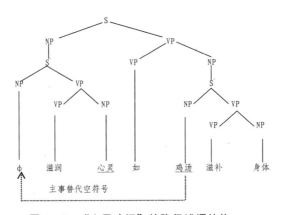

图 4—3　"心灵鸡汤"的降级述谓结构

　　名词组合的降级述谓结构里，依然包含着的从属述谓结构或降级述谓结构，叫做事件，记做 S'。跟前面分析的单构式语义类型一样，S'中的语义结构也是多样的。又如：

　　（43）交通瓶颈←交通的瓶颈←"交通有 ϕ"如"瓶子有狭小的瓶颈"

　　（44）精神红包←精神的红包←"在精神方面奖励 ϕ"如"在物质方面奖励红包"

　　"交通瓶颈"的 S'中，采用"领事＋属事"的语义结构；"精神红包"

的 S 中，采用"范围＋与事"的语义结构。用喻体中的名词替代本体中的空符号，其必要条件是：两者在各自的 S'中，担任相同的语义角色，处在同样的句法位置上，在语法上具有平行性、像似性。如"φ滋润心灵如鸡汤滋补身体"，"鸡汤"和φ都是主事（主语）；"在精神上奖励φ如在物质上奖励红包"中，φ和"红包"都是受事（宾语）。"精神红包"中，喻体框架里的施事、受事均未进入透视域，而出现了外围语义格（"精神"），显得更加复杂。

借喻组合的语义构造可描写为：（N_1 的φ）＋（φ像 N_2）→N_1＋N_2。其中，N_1 是领事（owner），φ既是属事（belonging）又是像事（tenor），N_2 是喻事（vehicle）。比喻成为创造邻近符号替代语言中空符号的有效手段。用相似事物替代空符号充当中心，经定语限定后，抽取该事物的部分语义特征，聚成空符号的内涵，为解码提供清晰的指令。据沈家煊（2006，2007）提出的"糅合与截搭"理论推断，在 S'_1 和 S'_2 排成的方阵格局中，N_2 与φ处在竖向的相同位置，对角线上的 N_1 与 N_2 相连接——属于"对角糅合"（见图 4—4）：

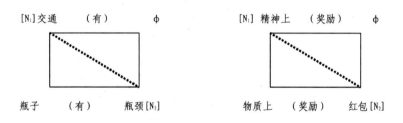

图4—4　"交通瓶颈"、"精神红包"的对角糅合

四　N_1＋N_2 语义关系的演绎表

名名组合是能产性非常高的结构形式，潜性组合显性化后，成为新组合。新组合有多层内涵：（1）旧词形成的新组合。（2）有新词参与的组

合。（3）改变原有的语义关系，表达新意义，即"旧瓶装新酒"。（4）产生新的语义关系。前两种类型，属新词新语系列，归入词汇发展系统；后两种情形，特别是全新语义关系的产生，却是语法应关心的问题。

名名组合的语义类型复杂多变，难以穷尽，是开放的、发展的。演绎法最适合开放的研究对象，拿典型的语义格纵横排列，形成语义关系的演绎表，可以随时将新关系填入表中，使分类具有拷贝性和生成性（见表4—1）。

表 4—1　　　　　　　　　　　$N_1＋N_2$ **语义关系的演绎表**

N_1 ＼ N_2	施事	受事	主事	客事	领事	属事	遭遇	对象	系事	说明	像事	喻事	时间	处所	范围	工具	材料	依据	结果	原因
施事		+																		
受事	+												+	+	+	+	+	+	+	+
主事				+									+	+	+					
客事			+																	
领事						+														
属事					+															
遭遇								+												
对象							+													
系事										+										
说明									+											
像事												+								
喻事											+									
时间		+	+																	
处所		+	+																	
范围		+	+																	
工具		+																		
材料		+																		
依据		+																		
结果																				
原因		+																		

第二节 原型组合与边缘组合

一 定中型名名组合的认知原型

人们给事物分类常常按照原型（prototype）或自然范畴进行。原型就是范畴中"最好的例子"，是范畴化认知的参照点。典型的定中名名组合，如"羊毛背心、历史事实、口袋图书"和"爸爸的草鞋、书籍的封面、心灵的鸡汤"等最好的例子，是定中结构的原型名名组合。原型组合具有以下典型性：（1）N_1 和 N_2 组成定中关系（句法原形）；（2）N_1 和 N_2 是纯名词，内部不含动素至少不含动核（语义原型）；（3）N_1 和 N_2 是双音词，"2＋2"是典型的音节结构，插入虚词"的"，变成五音节（语音原型）；（4）语法单位上，$N_1＋N_2$ 是短语（单位原型）；（5）N_1 和 N_2 是名词而不是短语，$N_1＋N_2$ 内部只包含一个层次（层次原型）。不完全符合原型要求的其他组合，叫边缘名名组合。

（一）结构关系的边缘组合

$N_1＋N_2$ 可以形成偏正、主谓、联合与同位四种关系，处于偏正与主谓、联合、同位过渡地带的名名组合属边缘组合。例如，经典中国，表达"经典在中国"，是主谓；表达"用经典反映中国（的发展）"，是偏正。农民工人，指"农民工"是偏正；指"农工"是联合。英雄母亲，指称"英雄的母亲"，是偏正；指称"（是英雄的）母亲"，是同位。因内部蕴涵两种语法关系，经典中国、农民工人、英雄母亲，都是边缘组合。

（二）结构成分的边缘组合

结构成分上说，N_1 和 N_2 中有一方不是名词，而是代词、数词、量词、区别词、数量短语、代量短语、方位短语、"的"字短语或"所"字短语等名词性成分，构成边缘组合。例如，我的｜校长、三｜剑客、重重｜困难、男｜选手、一堆｜杂草、那片｜彩霞、哪间｜商店、桌上的｜书、所见的｜人。组合中的定语，概称为体词性成分，可见，名词是体词的原型，体词中其他成分是边缘成员。

（三）结构单位的边缘组合

结构单位上说，汉语分语素、词、短语和句子四个级别，$N_1 + N_2$ 的原型是短语。名名构造的复合词，如网虫、笔名、电视机、斑马线、羽毛球等等，是边缘组合。西方名名组合研究中，强调名＋名关系，而不太区分复合词与短语，noun－noun combination、noun－noun compounds、nominal compound 或 compound noun 并未严格区分。

（四）结构层次的边缘组合

结构层次上，N_1 和 N_2 都是名词，内部只有一个层次。如果 N_1 和 N_2 任何一方本身也是名名组合，即内部包含两个或更多层次，那是名名组合的狭义递归——在不同层次上以相同形式与关系进行的拷贝与扩展。扩展形式显然要以原型组合为基础，是多层的、复杂的边缘组合。

（五）语音结构的边缘组合

汉语词以双音节为主，名名组合最常见的是四音节（插入"的"后为五音节）。但也有三音节的，如太空人、鼠标手、啤酒肚、樱桃嘴、杨柳腰，五音节的主要是含动组合（插入"的"后为六音节，如"文学的爱好者"），虽然它们都是短语，但从音节结构上说，属于边缘组合。名名组合的音节结构具有多样性，为编码提供选择空间。

（六）语义结构的边缘组合

"教师｜休息室、城市｜美容师、激光｜切割机"等 N_2 中包含动核的名词短语，称为"含动名名组合"，以五音节为主。含动组合中，动核支配和管辖两个语义成分，又如，形象代言人、校长办公室、佛山解放日等，属边缘组合。

介乎原型和边缘之间、具有过渡特征的是四音节含动名名组合，例如，语文教师、健康杀手、暑假作业，其主名词由单音节动核和某类单音节语义角色复合而成，叫过渡名名组合。这类组合，从历时层面看，包含动核，具有边缘组合的性质，进行降级述谓分析时，无须另外增补动核（如"教语文的老师"）；从共时层面看，采用四音节形式，动素包含在双音名词中，十分隐蔽，更接近原型组合。

边缘组合反映了它跟原型组合在家族像似性（family resemblance）上的各种距离，体现了各不相同的离散性。像似距离本身有量级差异，上文列举的顺序，基本体现了它们离原型这个中心的远近。图4—5所示如下：

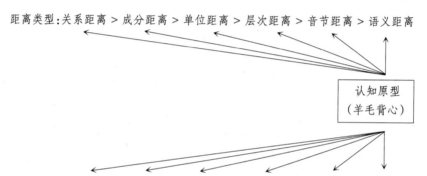

图4—5　边缘组合与原型的像似距离

关系、成分、单位、层次的距离主要表现为句法差异，因此，这个量级序列可以简化为：

句法距离 ＞ 语音距离 ＞ 语义距离。句法和语音主要表现为语言的形式，因此，序列进一步概括为：形式距离 ＞ 语义距离。距离可以累加。例如，语义距离（含动核）与音节距离（五音节）累加的"形象代言人"，比"语文教师"（含动核）离原型更远。

二 定中组合的语义结构、谓词种类、语义格类型的匹配情况

下面，将研究范围稍微拓宽一些，试图探讨体词做定语、名词做中心语的各种定中组合的语义类型，其中，名名组合是主体。为了将数词、量词、代词、数量短语、代量短语等做定语的情形全部包容进来，必须建立"数量"和"指别"两个语义格。

（一）数量格和指别格

1. 数词的述谓性

数词表示数目与次序，分基数和序数两类。数词虽属体词，但明显带有谓词性质，具有述谓性。

（1）基数的述谓性

古汉语中，基数直接充当定语或谓语，修饰或陈述名词，都是常态组合。例如：

（1）一诗二表三分鼎；万古千秋五丈原。（罗惯中《三国演义》）

（2）撤屏视之，一人、一桌、一椅、一扇、一抚尺而已。（林嗣环《口技》）

（3）海内之地方千里者九。（《孟子·深惠王下》）

（4）今夫差衣水犀之甲者亿有三千。（《国语·越语上》）

前两例数词做定语，修饰名词，构成"数名"结构；后两例做谓语，陈述名词，构成"名数"结构。现代汉语里，量词的使用非常广泛，是对汉语名词没有数范畴（形态）的一种补偿（刘顺，2003）。数名组合由古代汉语的自由形式，演变成现代汉语中比较特别的现象——结构和语义带有凝固化的倾向。

结构上的凝固化，表现为从自由组合向词、短语词的方向发展，具有明显的书面色彩。如"三剑客、五壮士、八骏马"，受文化的影响，固化

为短语词。为了协调节律，单音数词常选择单音名素，"四个国家"去掉量词常说"四国"（如"金砖四国"）。语义上具有整体性，常出现在专名中，如"三家村、五柳村"。

数名组合常常是简称形式，数量短语的信息焦点在数词上，量词增加补充信息与形象色彩，简缩时总是删除量词，如"二李"、"三苏"。形容词不受数词的修饰，数形组合是用特征代本体的借代，如"四皓"、"七矮"、"七贤"、"八怪"，与"二李"、"三苏"相当。跟数名组合平行的是数动组合，有时也不出现动量词，如"四渡赤水"、"七擒孟获"、"六出祁山"、"三打白骨精"。

"三人"是偏正，"人三"是主谓。古代汉语中，名数主谓结构出现的频率也很高，甚至不避"如是者三、海内之地方千里者九"这样头重脚轻的句子。现代汉语中，数词直接做谓语的情况比较少见，"今年二十、明年十八"之类，数词表年纪，是一种受限形式：数词做谓语不能是单音节。

（2）序数词的述谓性

序数前常加"第"，单音基数的序数形式是双音节的，做定语和谓语都比较自由。如：

（5）第一媒体——报纸，第二媒体——电台，第三媒体——电视，第四媒体——网络，第五媒体——手机

（6）友谊第一、比赛第二｜趋势第一、时间第二、形态第三、价格第四

序数修饰名词，表示语义序列中的某个点，因而是有定的。双音节名词 XY 与"第一"组合，"第一"对应 XY 特征量级系统上的一个端点，"第一 XY"相当于"最 A 的 XY"，虽然 XY 本身是泛指的，"第一"选择了 XY 的外延义，将 XY 的外延缩小并控制在端点上。简言之，XY 表示泛指，"第一 XY"表示定指。序数陈述名词，表示 XY 作为整体，处于量

级序列中的某个点上，因而 XY 常常是泛指的，外延未发生任何改变，"第一"不缩小 XY 的外延。简言之，XY 泛指，"XY 第一"常常泛指。

"XY 第一"常泛指，"第一 XY"定指，所以，"第一 XY"与"XY 第一"意义不同。例如，"第一人"跟"人第一"意义差距很大："第一人"要用定指，才能变为陈述"这人第一"；表泛指的"人第一"，只能在骈偶或对比场中意义才自完足，如"人第一、事第二、物第三"。"第一时间"也不同于"时间第一"，"第一时间"相当于说"最早的那个时间"，"时间第一"相当于说"时间最重要"。

序数限制中心（第 N｜XY），降级述谓结构不是（XY｜第 N），要将泛指的中心语（XY）变换成定指的主语形式（D｜XY），才能保持其意义基本不变。

2. 量词重叠的述谓性

量词重叠可做定语，也可做谓语。尽管充当定语比充当谓语相对更自由，但仍然可以将"白帆点点"看作"点点白帆"的述谓结构形式。例如：

点点白帆	阵阵松涛	朵朵白云	片片雪花	丝丝柔情	缕缕青烟	层层迷雾	重重困难
白帆点点	松涛阵阵	白云朵朵	雪花片片	柔情丝丝	青烟缕缕	迷雾层层	困难重重

3. 代词的述谓性

"他的书"、"他父亲"，人称代词做定语，与名词做定语相似，差异主要表现在语法手段上——人称代词做定语多采用虚词手段。"这山、这水、这人"，"那人、那山、那狗"，指示代词与名词组合的定中短语，其降级述谓形式难以确定，但显然不是"山这"，"山那"。指示代词的主要功能是：指称与分别。代词指别，是系词产生的逻辑语义基础，系词是从代词的指别功能中演变出来的。汉语系词原型"是"是从代词"是（这）"中分化出来的，同样具有指别功能的"个"（这），在汉语中也很有系词意味。从"鲁｜是‖小国"（鲁这个小国，同位）到"鲁｜是‖小国"（鲁是个小国，主谓），是汉语系词发展最重要的一站。逆向求之，从"（这）人（定中）"推导出"这｜人（动宾）"，理论上是可行的。再者，"N_1 是 N_2"与"N_1 这 N_2"是平行格式。然而，汉语"这"不做系词，所以我们确定，"这人"的降级述谓结构是"这是人"。

总之，我们将数词、数量短语、量词重叠等表达数量内涵的定语，界定为数量格，跟主事格匹配。将人称代词、指示代词、指量短语等表达指别内涵的定语，界定为指别格，跟领属格、主事格匹配。通过增设数量格和指别格，将体词定语的语义分析，纳入到降级述谓理论的统一的框架中。

（二）关于并联格

并联格与其他语义格存在着本质上的差异，它反映的不是谓词对名词的指派关系，而是充当相同语义角色的名词在横向上的组合，这在变换中看得最为清楚。例如：

(7) 教师看电影＋学生看电影＝教师和学生看电影。　　　（施事并联）

(8) 教师批改论文＋教师批改作业＝教师批改论文和作业。

（受事并联）

(9) 昨天他去了广州＋今天他去了广州＝昨天和今天他都去了广州。

（时间并联）

(10) 他在北京生活过＋他在上海生活过＝他在北京和上海生活过。

（处所并联）

并联是相同语义槽（聚合轴）上的几个同类语义格在横向上的组合，是变聚合为组合的有效手段。并联语义反映在表层就是联合短语。联合短语在语言里是个大类，为了能对这类短语进行语义分析，无奈中设立并联格——一种直接成分本身并不经过动核的指派而发生语义关联的特殊格。

连词"和、与、跟、同、及、以及"等充当广义的谓词。

（三）谓词类型

动作动词，是动作性比较强的动词，包括二价动词与三价动词。关系动词包括联系动词（是、像）、存现动词（在、有）、领属动词（有）等，动作性都不强，不能构造"被"字句、"把"字句。由于比喻组合出现的频率特别高，因此，将隐含联系动词的名词短语分成两个小类：系事｜说明、像事｜喻事。"是、在、有"是判断、存在、领有的原型动词。

介词"在、用、与、为"等，从动词演变过来，其中"在、用"依然具有实义，保留了动词用法，既可指派核心格，也可指派外围格。如果坚持区分动词与介词，区分"在"的意义是否已经虚化，那就必然得出歧义格式"他在火车上写字"的句法结构并不相同的结论，表现为一般主谓句和连谓句的对立。

（四）表层语序

无论是单构式组合还是复构式组合，进入透视域的两个名词组合，在表层经过语序化后，大多都是一种格式，少数组合出现两种格式。领属关系，一般都是领事在前，属事在后；各种外围格中，一般是外围格在前，事件在后。而像喻、系说关系，XY 与 YX 两种语序都较常见。例如"建筑"和"垃圾"，就能形成两种语序：建筑垃圾$_b$＝垃圾建筑。

（五）定中短语的语义结构、谓词种类、语义格类型匹配情况

综合前面的分析，我们认为，"体词＋名词"构成的各种定中短语，都可进行降级述谓结构的分析。因此，可将体名定中组合的句法成分、语义层次、述谓结构、语义结构、典型谓词、谓词类型等等内容，汇聚在一起，列成表 4—2 如下：

表 4—2 　　　定中短语的语义结构、谓词种类、语义格类型匹配情况

序号	定中短语（左分支）	句法成分	语义层次	述谓结构（右分支）	语义结构	典型谓词	谓词类型
01	问题小说			小说反映问题	施事—受事	自主动词	动作动词
02	钢铁工人			工人生产钢铁	施事—结果		
03	电梯货物			电梯载货物	主事—客事	非自主动词	
04	印尼海啸			印尼遭遇海啸	遭遇—对象	非自主动词	
05	a. 天才少年 b. 深圳特区		单构型 核心格	少年是天才 深圳是特区	系事—说明	是	关系动词
06	事故原因			事故有原因	领事—属事	有	
07	地下溶洞			溶洞在地下	主事—处所	在	
	午夜牛郎	N₂＋N₂		牛郎在午夜	主事—时间	在	
08	a. 垃圾时间 b. 历史长河			时间像垃圾 历史像长河	像事—啥事	像	
09	暑假作业			做作业＋在暑假	时间—事件	在（＋时间）	介词
10	南湖会议			举行会议＋在南湖	处所—事件	在（＋处所）	
11	语言天赋			有天赋＋在语言上	范围—事件	在（＋范围）	
12	硬笔书法		复构型 外围格	写书法＋用硬笔	工具—事件	用	
13	羊毛背心			编制背心＋用羊毛	材料—事件	用	
14	数码图像			传播图像＋用数码	方式—事件	用、凭、按	
15	风筝奇缘			结奇缘＋与风筝	与事—事件	与	
16	病毒感冒			造成感冒＋因病毒	原因—事件	因	
17	蓝天工程			实施工程＋为蓝天	目的—事件	为	
18	a. 三人 b. 第二高度	数词＋N₂		人三 高度第二		数词	数词
19	a. 本书 b. 点点星光	量词＋N₂	单构型	书本 星光点点	主事—数量	量词	量词
20	五张桌子	数量短语＋N₂		桌子五张		数量短语	数量短语
21	他的书 这书	代词		他有书 这是书	领事—属事	有 是	关系动词
22	a. 这本书 b. 哪本书	代词短语＋N₂		这是本书 哪是本书	主事—指别	是	

第三节 含动组合及其语义分析

一　含动组合的语义类型

"教师休息室、城市美容师、激光切割机"等名名组合，内部包含动核，叫"含动名名组合"，简称"含动组合"，记作 $N_1 +（V+N_2）$。其特点是：N_1 和 N_2 是 V 的题元；N_2 大多带词缀性质，（$V+N_2$）组成一个名词；如果以虚词为语法手段，"的"插在 N_1 后面；典型组合为五音节，"狗美容师、短信写手"等四音节组合的数量有限，"人民英雄纪念碑、北回归线标志塔"等超长组合是 N_1 扩展的结果。"日产｜汽车、德国造｜手枪、佛山产｜陶瓷"等不属于名名组合；"空调阅览室、金牌主持人、苹果打印机"等，N_1 不是 V 指派的语义角色，它们都不在考虑范围内。为行文简便，使用少量代码：S＝施事，O＝受事，V＝动核，X＝处所、时间、工具、方式等外围格。含动名词组合的语义类型主要有四种。

第一，O—VS V 是二价动词，联系两个动元：N_1 是受事，能进入这类格式的 N_1 是开放的，可类推；$-N_2$ 是施事，多为单音节后缀，相对封闭。表示人的 $-N_2$ 主要有：

—者：文学爱好者	麻烦制造者	语言学习者	足球评论者
—人：形象代言人	历史见证人	小孩监护人	节目主持人
—商：广告投资商	房产开发商	原油投机商	电信运营商
—师：飞机设计师	时装设计师	机械维修师	故障排除师
—员：废品收购员	工程测量员	网络管理员	风纪监督员
—家：古董收藏家	文学评论家	音乐创作家	艺术欣赏家
—工：机械操作工	汽车维修工	电梯维护工	皮革保养工

第二，S—VX V 是一价或二价，N_1 是施事，$-N_2$ 是处所、工具、时间、方式等外围格。例如：

处所：教师休息室　职工停车位　员工出入口　儿童游泳池
工具：员工打卡机　顾客排队机　顾客购物袋　明星代言网
时间：日本投降日　领导接待日　工厂发薪日　选民投票日
方式：专家管理型　学者从政型　教师引导式　领导启发式

第三，O—VX V 是二价，N_1 是受事，$-N_2$ 是处所、工具、时间、方式等外围格。例如：

处所：期刊阅览室　户口办理处　废品收购站　药品监督所
工具：新闻采访车　水泥搅拌机　名片扫描仪　作业登记簿
时间：灾难哀悼日　群众接待日　广岛纪念日　纪律整顿月
方式：理论灌输式　思想汇报式　节日纪念式　资源节约型

第四，X—VX V 是一价或二价，施受角色不出现，N_1 和 $-N_2$ 都是处所、时间、工具、方式、质料、来源等外围角色。例如：

液晶显示器　电子阅览室　激光打印机　数码照相机　森林防护带

句法上，以上四类都是偏正短语，N_1 是定语，（V＋N_2）是中心；语义上，动核 V 分配 N_1 和 N_2 的语义角色，建立起各种格关系。这种内含动核的名词组合，不同于内部虽然包含动词但不对 N_1 执行语义管辖的短语，以"N_1＋阅览室"为例进行比较：

（1）教师阅览室　期刊阅览室　电子阅览室　周末阅览室

（2）社区阅览室　空调阅览室　星级阅览室

例（1）中，"教师"是"阅览"的施事，"期刊"是受事，"电子"是方式，"周末"是时间；"室"是"阅览"的处所，因充当中心而需要后置：它们直接受"阅览"的语义管辖。例（2）中，"社区、空调、星级"等 N_1 并不是"阅览"分配的语义角色，而只表示"阅览室"的处所、属性，其述谓结构是"阅览室在社区，阅览室有空调，阅览室上了星级"。

二　含动组合的语序

同一语义结构在表层有多个组织形式，相同题元在线性的映射过程中，排序可以不同甚至相反。当 N_1 为受事时，含动名词组合所采用语序，跟三音节复合词、句子都不同。

三音节词采用 VO 语序，几乎不用 OV 语序。比较：

VO 序：吸血鬼　灭蚊拍　灭火器　忘情水　化妆师　造型师
　　　　清风藤　消痛液　消声器　扩音器　吹牛家　杀人蜂
　　　　变速器　保温杯　保健球　鼓风机　洗衣机　司法局
　　　　吸铁石　吸尘器
OV 序：血吸虫

VO 序的三音节词大量存在，而 OV 序的只找到一个孤例：血吸虫。根据朱彦（2004）的研究，双音节复合词也一样，VO 序的动宾式十分常见，OV 序的偏正式只有"庖代、何以"两个，且是古汉语倒装句式在复合词中的遗留。

含动组合刚好相反，主要采用 OV 序，很少用 VO 序，前面的语料说明了这一点。网络搜索中，输入"爱好文学者、制造麻烦者"，搜索结果也大都是"文学爱好者、麻烦制造者"。含动组合采用 OV 序，原因有以下几方面：

其一，"文学爱好者"这类格式比"爱好文学者"的组合能力强。

"爱好文学｜者"是黏着式，"爱好文学"全在"者"的辖域内，两者黏合成结构紧密、不便分割的长词。语言单位的长短与其功能成反比，"语音形式越简明，音节越短，语法功能越复杂；而语音形式复杂的，音节较长的，语法功能则比较简单"（王希杰，1994）。因此，长词"爱好文学/者"显得笨拙而缺乏组合力。"文学｜爱好者"是组合式，结构相对松散，属短语。

形式语法把处于动词短语内的论元叫域内论元，一般跟宾语对应；把处于动词短语外的论元叫域外论元，一般跟主语对应（顾阳，1994）。在"文学爱好者"中，N_1 作为域内论元前移，通过与谓词保持动受关系，间接地与后缀"者"产生语义牵连，从而逃离了后缀"者"的约束与管辖，获得自由，"者"的真正辖域只剩下动词。理论上说，黏着语素辖域的长短，跟其合成词的组合能力成反比——调整语序，是截短词缀辖域、增强词语组合能力的手段。

其二，"文学爱好者"格式比"爱好文学者"的生成能力强。

这表现在两个方面，一方面，动宾关系对宾语的要求与限制比较严格，宾语太复杂，生成的动宾关系就不协调；将受事从域内移到域外，置于动词前，N_1 就可以自由扩展，不受限制。比较：

VO 序：阅览社会科学样本图书室　阅览日本出版物文库室　阅览工具书、参考资料室

OV 序：社会科学样本图书阅览室　日本出版物文库阅览室　工具书、参考资料阅览室

另一方面，动宾关系的递归性最弱，能再带宾语的动宾式复合词有三类：

（甲）插手　操心　放心　当心　关心　留心　留神　留意　起草
　　　出土　在意　回首　效法

（乙）进军　涉足　浪迹　取道　饮马　投身　献身　出兵　葬身
　　　暴尸　移民　扎根　亡命　出师　挥师　抢滩　扬名　放眼
　　　泛舟　会师　驻军　逐鹿　放歌　丧命　洒泪　称霸

（丙）裁兵　裁军　裁员　出资　投资　集资　斥资　耗资　撤资
　　　融资　进人　耗电　提速

甲组可接对象宾语，但这类词数量很少；乙组带的宾语并不是真正的对象，而是动作施加影响后对象所处的空间位置，与处所补语相当，可添加介词"于、到"；丙组的宾语是数量结构，跟小宾语构成同位关系（周日安，2005）。绝大部分"述宾结构本身不能再带宾语，可是意念上说，述宾结构可以有受事。举例来说，'说坏话'跟'毁谤'的意义相近。'毁谤'这种行为有受事对象，'说坏话'也应该有受事对象。不过因为'毁谤'是及物动词，意念上的受事可以在宾语的位置上体现出来，如说'毁谤某人''毁谤他'；'说坏话'不能带宾语，所以没有'说坏话某人''说坏话他'的说法"（朱德熙，1982：147）。形式与意义之间产生了矛盾，解决的途径是将受事前移。比较：

VO 序：＊美容城市师　＊加油汽车站　＊保健妇幼院　＊摄影动漫棚
OV 序：　城市美容师　　汽车加油站　　妇幼保健院　　动漫摄影棚

其三，"文学爱好者"格式比"爱好文学者"的结构更明确。

前者是个确定的偏正短语；而后一种格式有时在动宾和偏正之间摇摆，造成多义与含混。例如：

VO 序：摆放文件柜　收购废品站　回收垃圾站　研究文献学
OV 序：文件摆放柜　废品收购站　垃圾回收站　文献研究学

"摆放文件柜"等可能包含两种结构：动宾短语或偏正式长词；"文件摆放柜"等是偏正短语，没有歧义。

其四，"文学爱好者"格式比"爱好文学者"的音节更协调。

两种语序的音节数目一致，音步结构却不同：长词音步是四一结构（－－－－｜－，如"创造事业｜者"），是一种不协调的连停，头重脚轻，读起来拗口；短语音步是二三结构（－－｜－－－，如"事业｜创造者"），连停自然，显得均匀、协调、顺畅。

前面探讨了含动名词组合与三音节词语序不同的原因，接下来再比较它跟句子的语序差异。形式语法认为句法结构是右向分支，词法结构是左向分支，两者的生成过程互为映证，这就是所谓的"镜像理论"。汉语句法的典型语序是 S—VO，另有 O—SV、S—OV 两种变序，不用 O—VS 语序。例如：

（甲）我看过这电影。　　（乙）这电影我看过。

（丙）我这电影看过。　　（丁）* 这电影看过我。

句子排斥 O—VS 语序，含动名词组合却主要采用这种语序，只是施受等题元都是无标记的泛指，且 N₂ 常由后缀或准后缀充当，如"文学爱好者、飞机设计师"。由于受语音、语法、逻辑等诸多条件的限制，即使按照句子语序重组，"者爱好文学、师设计飞机"也不是合格的句子。还需将动元具体化，定指化，去词缀化，才能成为常规句子："他爱好文学、这位大师设计了五种飞机。"可见，"N₁ +（V + N₂）"短语跟句子的区分是：语序不同；论元泛指；词缀充当论元。

"文学爱好者"的意义就是"爱好文学的人"，"爱好文学的人"是十分自由的定中短语。因为后缀"者"变换成词"人"；标志词"的"的插入，彻底地割断了 N₂ 对动宾短语的语义约束与管辖，使动宾短语重获自由。所以，语序或虚词，是截短或割断 N₂ 前辖、使语言单位升级从而加强组合、生成能力的有效手段。

第四节　陈述、指称的句法原型与
受事论元域外化

一　黏着语素的辖域

词和语的区分学界仍有分歧，采用演绎法可划定其大致界限。设 A—词（含自由语素），B—半自由语素，C—不自由语素，D—短语，将它们代入组合 XY 中，排出 16 种演绎形式（图 4—6），全面系统地反映出汉语三级备用单位相互组合的各种可能性。其中，CC 组合可能不存在，用虚线框起。

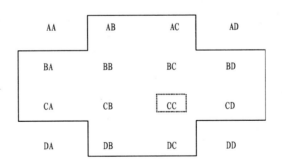

图 4—6　词和语组合的演绎形式

短语是词跟词的语法组合，反推之，短语的直接成分必须是词级或大于词级，不能是半自由或不自由的黏着语素。框外的 AA、AD、DA 和 DD 可能是短语；其中 AA 组合最复杂，"白菜、大米、马路"是词，"白布、大树、老人"是语。框内含 B 或 C 的组合，不管长度如何，都只是词而不是语。一个直接成分是小于词级的 B 或 C，整个单位就降级为词。换言之，黏着语素做直接成分的语言单位都只是词，例如，纺织工业部、无产阶级化、非军事基地。仅用来区分词与语，B、C 性质可视为同一。设 E＝B＋C，词与语组合的演绎形式可简化为图 4—7 所示：

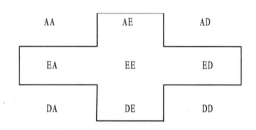

图 4—7　词和语组合的简化形式

半自由语素与不自由语素都不单用，合为黏着语素。在 E 充当直接成分的 EY 或 XE 中，黏着语素 E 的辖域就是整个 Y 或 X。例如，"部"管辖"纺织工业"，"非"管辖"军事基地"。

将三平面理论运用到词和语的构造上，能平行地推出，黏着语素具有语法管辖、语义管辖与语用管辖等不同层次。句法组合和语义组合之间的配位方式，多数情况下是同向同序的，表现为同构映射关系；少数情况下是异向异序的，表现为异构映射关系。交错配位或异构映射酷似汉语对仗中的蹉对，最能凸显语义（指向、辖域）分析的价值。如果暂不考虑语用，则黏着语素 E 对 Y 或 X 的管辖，叫语法管辖与语义管辖，其管辖范围叫语法辖域与语义辖域。依照不同位置和方向，在 EY 中，E 管辖 Y 属于后辖，在 XE 中，E 管辖 X 属于前辖——即黏着语素居前辖后、居后辖前。

二　由陈述而指称的语义折叠

指称与陈述是语言表达的两种基本形式。指称多跟备用单位词或短语相对，陈述多跟使用单位句子相对。指称只是信息传递过程中的一个节点，常采用向心结构，表达一个概念或组合概念；陈述由两个信息节点构成，采用离心结构，常表达断言。

指称与陈述可互相转化，其条件与过程涉及诸多问题，包括历时演变和共时演变。陈述形式"张红洗衣服"，句法结构为"主—谓—宾"，语义结构为"施—动—受"，通过语序、虚词等语法手段，可以提取成分做中心语，变换成指称形式，如"张红洗的衣服"、"洗衣服的张红"、"张红洗衣服的"之类，句法结构发生了变化，深层语义关系、语义角色未变。

动宾短语也是离心结构，偏向于担当陈述功能。"买书"是个陈述形式，采用"动—受"的语义结构；"买的书"是指称形式，"买"和"书"之间依然具有"动—受"关系（周国光，2003），只是这种语义已退居幕后了。

一个复杂的指称满足了相应的条件，可变成陈述；一个陈述也可以变成相对复杂的指称。指称变陈述，是语义由点而线的展示过程，叫语义展开；陈述变指称，是语义由线而点的折叠过程，叫语义折叠。多层次的语义折叠与语义展开的双向运动，造成语义的复杂化与精细化。语义折叠就是陈述降级后塞入一个更大陈述中充当指称的语义运动形式，它跟句子成分的提取相连。例如"我有了四千年吃人履历"，转化为"有了四千年吃人履历的我"，就变成指称形式，其中语义角色、语义关系并没发生变化，只是将线性展开的舒展的语义形式，变成点状的紧缩的语义形式。这里，要重点讨论的是事件性陈述变成含动组合（指称）的一般规律。假设一个事件框架为：周末教师在阅览室用电子阅览期刊。对其句法、语义分析如下（见图4—8）：

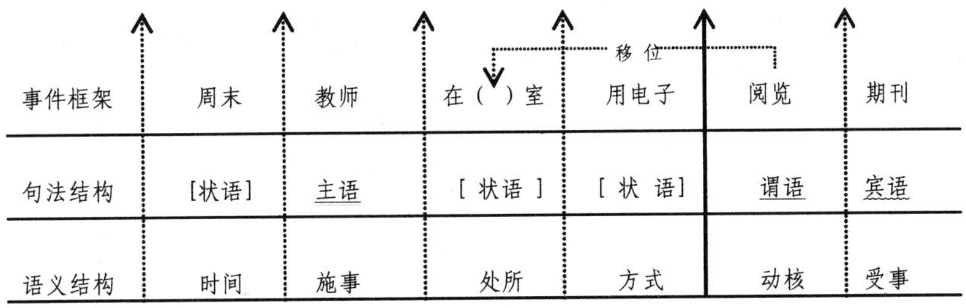

事件框架	周末	教师	在（ ）室	用电子	阅览	期刊
句法结构	[状语]	主语	[状语]	[状语]	谓语	宾语
语义结构	时间	施事	处所	方式	动核	受事

（移位）

图4—8　事件框架的句法、语义结构

显然，"主—谓—宾"的句法结构确定了这个事件框架是个陈述形式。表处所的"阅览室"，"阅览"是从动核位置上迁移过来的。定中组合，选择一个语义角色，采用黏着语素形式与动核结合，构成名名组合的中心。在陈述变指称中，动核多徙入中心，修饰中心语。围绕动核，施事、受事以及时间、处所、方式构成一个个的语义槽，形成聚合，聚合的大小由框架内的其他语义角色共同决定。例如，"市民、学生、经理"等都能进入施事槽，但如果"盲人"进入施事槽，则影响进入方式槽的词语。

以处所（"室"）为中心，中心可以跟其他不同的角色组配，进入透视域后，形成不同的指称形式：

（1）周末阅览室（时间＋处所）　　教师阅览室（施事＋处所）

　　　电子阅览室（方式＋处所）　　期刊阅览室（受事＋处所）

这些组合的句法形式相同（定中），语义关系却不一样。多个语义角色还可在一个中心前分层组合，形成复杂定语：

（2）周末教师阅览室　　电子期刊阅览室　　周末教师电子期刊阅览室

太过复杂但仍然成话的"周末教师电子期刊阅览室"，是与陈述形式"周末教师在阅览室用电子阅览期刊"对应的指称形式，是典型的语义折叠。一个陈述可对应多种指称形式，在更大陈述里充当各种句子成分。例如：

（3）有了四千年吃人履历的我，当初虽然不知道，现在明白，难见真的人！

（4）我是吃人的人的兄弟！

（5）你看那女人"咬你几口"的话，和一伙青面獠牙人的笑，和前天佃户的话，明明是暗号。

（6）怕比虫子的惭愧猴子，还差得很远很远。

指称"有了四千年吃人履历的我"，从陈述中提取主语，在句子里依然做主语。"吃人的人"也从陈述"人吃人"中提取主语，在句子里做定语。"那女人'咬你几口'的话，和一伙青面獠牙人的笑，和前天佃户的话"，从三个陈述中提取宾语与谓语，联合起来做主语。"虫子的惭愧猴子"，从陈述中提取谓语，做介词宾语。

语义折叠将陈述的线型信息，转换为点状信息，输入到句子中去。就主干信息（如"……我明白，难见真的人"）而言，折叠后的节点信息处于从属地位，是信息树上的枝信息。陈述"我有了四千年吃人履历"，是线性的，如乐曲旋律，在时间流上展开；经语义折叠后，指称"有了四千年吃人履历的我"，语表依然是线性的，但输出的语义却是点状的，如乐曲和声，具有去时间化特征。陈述中的谓语"有了四千年吃人履历"，安排在主语后面，输出新信息；指称中的定语"有了四千年吃人履历"，安排在主语前面，输出旧信息，即上文已有交代。跟陈述相比较，指称具有了去时间化、凝固化、模糊化等特征。

在主音串联的简单旋律上，加入双音、和声，能使乐曲表达的乐思与情感更丰厚。简单的句子，插入各种附加成分，能使纷繁复杂的信息分层组合，形成整体，因此，语义折叠能够使句子复杂化，精密化，能够表达更加复杂的思想感情，形成繁丰的语言风格。陈述变指称是复杂句子组织的重要手段。

在语义框架中，拿不同的语义角色做中心，可以形成一系列包含动核的名词性短语：

施事：形象代言人　广告投资商　飞机设计师　麻烦制造者
处所：期刊阅览室　户口办理处　校长办公室　教师休息室
时间：选民投票日　群众接待日　广岛纪念日　纪律整顿月
工具：新闻采访车　水泥搅拌机　名片扫描仪　作业登记簿

　　然而，在这些指称形式里，最重要的是 N₁ 为受事的情况，因为它涉及论元域外化以及异构映射的问题。

三　受事论元的域外化

　　受事论元对应句法的宾语，宾语居动语后，为域内论元。但在汉语的指称层面，受事常移到动核前面。很少说"爱好文学者"而常说"文学爱好者"，受事论元域外化——"文学"前移，既逃离了"爱好"的句法管辖，也挣脱了"者"的约束。汉语句子主要用 S－VO 序，不用 O－VS 序，含动组合却主要用 O—VS 序。少说"爱好文学者"，常说"爱好文学的人"，后缀"者"变换成词，插入"的"，割断 N₂ 对动宾短语的约束与管辖。总之，语序或虚词，是截短或割断 N₂ 前辖、使语言单位升级从而加强组合、生成能力的有效手段。

　　然而，仍需讨论的问题是，如果动核后的中心不是黏着语素，而是词，例如，"芒果出口市场"与"出口芒果市场"、"人口统计中心"与"统计人口中心"、"电视剧制作中心"与"制作电视剧中心"，不存在黏着语素的管辖问题，为什么受事前置仍然占绝对优势？

　　同一语义结构，在表层线性化过程，采用何种语序，音节数目起重要的制约作用，因此，下面讨论语序问题，材料的音节相同，目的是排除语音要素的干扰。

　　"市场出口芒果"是陈述，"芒果出口市场"是指称，陈述形式与其指称形式逆序。陈述中，动词跟宾语结合更紧密；指称中，动词跟中心结合更紧密，疏远了它与受事的关系。陈述变指称，动核移入中心是条比较普遍规律。"芒果出口市场"不管采用如何切分，二价动词"出口"都丧失了句法宾语，不再跟宾语匹配。删移宾语，削弱动词的动作性特征，将离心结构的线状切断，使其成为两个层次上的节点，这正符合脱离陈述变成指称的要求。

"芒果出口 | 市场"中,依然存在一个陈述形式"芒果出口";只有"芒果 | 出口市场",才是多层定语,确保了它的向心特征。据此,我们推出一个假设:定中组合是指称的原型结构,在条件允许的情况下,指称形式的语序排列,遵循定中优先的原则。

原型认知是普遍存在的,语法形式跟其意义和功能之间,同样存在原型问题:主谓是陈述的原型结构,动宾是陈述的边缘结构,定中是指称的原型结构。由陈述变指称,关键是要割断主谓或动宾之间离心节点的线性联结——也就是要限制动词的述谓能力和支配能力。邵敬敏(1995)将动名组合中的动宾结构叫"配价组合",定中结构叫"非价组合"。从动词角度说,配价组合中,二价动词要对名词实施控制、管辖,展示动词外逸的功能;非价组合中,二价动词的支配功能仅表现在隐性的语义层面,而不能表现在显性的句法层面,动词外逸功能被抑制,只是作为一个"内动词"修饰中心语。从名词角度说,配价组合中,名词是动词的支配对象,句法和语义上都要受动词的控制、管辖,发生配价关系;非价组合中,则将这些配价语义隐藏在幕后,修饰和中心的语义关系走到前台,即要凸显名词的中心地位。所以,动名组合"潜藏着两种可能的句法关系:配价组合构成的是'动作—对象'的支配关系;而非价组合构成的是'属性—实体'的分类关系。如果排除了第一种的可能性,那么就必然唤醒了第二种可能性。……说到底,是 V 与 N 的语义关系决定了它们之间的句法配价关系"。我们认为,主谓是陈述的原型结构,动宾是陈述的边缘结构,定中是指称的原型结构;而且,这种原型认知理论,同样存在于陈述与指称的内部层次中。如果将这种原型理论贯彻到底,就可以得到一个由陈述到指称的连续统(见图4—9):

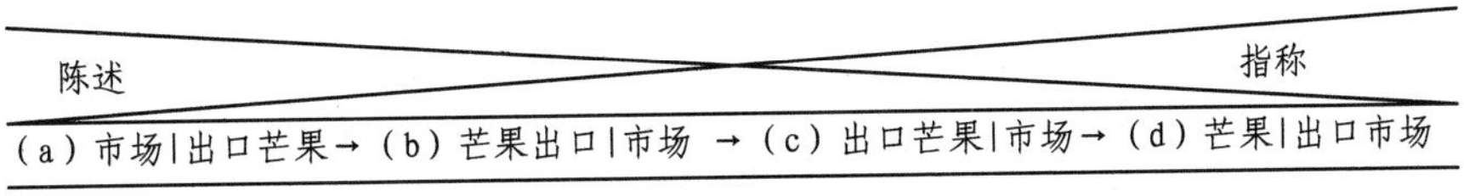

陈述			指称
(a)市场|出口芒果→	(b)芒果出口|市场 →	(c)出口芒果|市场→	(d)芒果|出口市场

图4—9 由陈述到指称的连续统

其中，a 与 b、c、d 的对立是：a 为主谓结构，是陈述；b、c、d 为偏正结构，是指称。b、c 与 d 的对立表现在内部，b 与 c 的下层包含了陈述；d 是两层指称（定中）的组合。b 与 c 的对立是，b 中包含一个陈述原型结构，c 中包含一个陈述边缘结构。因此，单从指称角度看，b、c、d 都是指称短语，但 d 采用了指称性最强的原型语序；b、c 内部包含了陈述形式，采用的是指称性的边缘语序。这样，也就能够推论出，虽然"论文｜指导教师"与"论文指导｜教师"两种切分都合理，但前者占优势，采用了原型结构语序。

前缀同样有辖域问题，"词缀＋短语"构造的长词，有时可演变为"词＋词"的短语。例如，准军事同盟→军事准同盟，零交通事故→交通零事故，总汽车站→汽车总站。

第五节　名名组合的语义选择与增殖

一　语义双向选择

（一）双向语法理论

语法结构体是语法形式与语法意义的统一。从形式出发，寻找其表达的语法意义；从意义出发，寻找其形式标志——在互为起点与终点的意义和形式间，进行多层次的、多角度的双向互动研究，构成了双向语法理论的基础。

叶斯丕森（Otto Jespersen）（1924）指出："任何语言现象都可以或从外部或从内部来进行考察，即是说，都可以从它的外在形式，或者从它的内在意义上进行研究。……如果用字母 O 来表示外部形式（the outward form），用 I 表示内部意义（the inner meaning），那么便可以把这两种研究方法分别以相应的公式 O→I 和 I→O 来表示。前者（O→I）是从形式到意义，即从某一特定的形式出发，然后再去探索它的意义，或者说作用；后者（I→O）则恰恰相反，从意义或作用出发，然后再去探索它的表达形式。"叶氏明确提出了语法研究的双通道。

汉语研究实践中，自觉贯彻双向理论的学者是吕叔湘，他的《中国文法要略》（1942）分两编：从解码出发，以语法形式（结构、语序、虚词）为纲，说明所表达的语法意义；从编码出发，以语法意义（范畴、关系）为纲，说明所赖以表达的语法形式。

朱德熙（1980）运用层次、变换、语义特征分析等方法，探讨歧义结构，总结出对应、渗透、验证的三原则，指出"语法研究的根本目的在于找出语法形式和语法意义之间的对应关系"，特别强调"应当把形式和意义结合起来……真正的结合是要使形式和意义互相渗透。讲形式的时候能够得到语义方面的验证，讲意义的时候能够得到形式方面的验证"。朱氏的研究博大精深，体现了大家风范，为"双向语法"奠定了坚实基础。

随后，胡裕树、范晓（1985）的"三个平面理论"，范继淹（1986）的"语义的决定性和句法的强制性"的论断，胡附、文炼（1989）的"选择性原则"，徐通锵（1992）的"语义句法"刍议……都非常重视句法中的语义研究，自觉遵循着语法研究的双向原则。在此基础上，通过对前人成果进行归纳、总结，明确提出"双向语法"概念，努力建立"双向语法"框架并在研究实践中不断修正、增补、扩展的是邵敬敏。他说："我在 1995 年曾经提出过一个新的理论解释框架：'双向解释语法'，后来进一步把这个理论框架正式定名为'双向语法'。"

（二）语义双向选择

邵敬敏（1997）认为，"假设有两个词语 X 和 Y，它们能够组合成一个语言结构，那么，所谓的双向选择性就是指不仅 X 要选择 Y，同样 Y 也要选择 X"。类似于词语组合这样的语义双向选择，存在于所有句法组合中，"汉语的总特点是：不重形式表现，特重意义选择，是句法语义的双向选择性原则决定了句法结构组合的合法性"。句法的双向选择性是汉语语法组合的总纲，具有极大解释力。

邵敬敏认为，句法语义的双向选择原则有三条：（1）语义一致性原则。两个词语具有某个或某些相同的语义特征，即语义互相匹配，才能组合。语义一致性原则常能打破形式限制，比形式限制显得更为重要。（2）语义自足性原则。句法结构中，词语的组合必须在语义上得到自足，否则，即便是形式合格的组合，实际上还是不能接受。（3）语义决定性原则。汉语语法的决定因素是语义，而不是形式。随后，他进一步提出了"语义的决定性、句法的强制性、语用的选择性以及认知的解释性"，界定了语法研究中语义、句法、语用与认知之间的复杂关系。

（三）名名组合中的语义双向选择

$N_1 + N_2$ 组合的语义匹配须遵循双向互选原则，语义互选分为静态和动态两类。静态选择是未进入语境的组合内部的自我选择，属语言的选择；动态选择是组合进入语境后，联系着语言和非语言的各种要素而做出的选择，具有更多的变异特征，属言语的选择。动态组合以静态组合为基础，是静态组合在语境中的映射。$N_1 + N_2$ 语义的静态研究，主要是概括和抽象出普遍的、一般的语义规律和原则；动态研究则要联系诸多的控制因子，对一般规律和原则的变异进行合理的语义描写和阐释。

语义的静态选择表现在多个层面上：逻辑、语义关系、词义特征、色彩与风格等等，甚至还会涉及影响词义的音节结构。

1. 逻辑搭配

合乎逻辑是 $N_1 + N_2$ 组合存在的基础，违背逻辑常常会造就矛盾组合或无解组合。如果 N_1 和 N_2 在词义上明显对立、语义抵牾、互不相容，两者强制性地组合在一起，就形成前后矛盾，如"孤儿的父亲"。如果 N_1 和 N_2 的词义联系太遥远，远远超出了常规范围，例如，蚂蚁筷子、萝卜断桥、太阳的梳子、石头的泪水、桌子的思想，理据隐蔽、晦涩、罕见，违背了组合的语义自足原则，因而常常是无解组合。

2. 语义关系

$N_1 + N_2$ 组合一定会形成某种可感的语义关系。N_1 和 N_2 处于相互依存、相互制约的双向互控的关系中，N_1 的语义角色由 N_2 决定，N_2 的语义角色由 N_1 决定。例如，"羊毛背心"的语义关系是"材料＋结果"，"羊毛"跟"背心"在一起，充当材料角色；而当它跟"剪子"组合时，却是受事。反之也一样，"背心"接受"羊毛"的修饰，充当结果格；当它接受"炸弹"修饰，表示处所（背心里藏有炸弹）。单独的名词"羊毛"或"背心"，是无所谓语义角色的，因此，N_1 制约着 N_2 的语义选择，N_2 制约着 N_1 的语义选择。

3. 语义特征

$N_1＋N_2$ 组合的语义互选，最小的层次就是语义特征的互相融合。例如，比喻组合"杨柳腰"、"豆腐腰"，均提取喻体［＋软］的语义特征，修饰中心名词。汉语又有"腰板"一词，以"板"喻"腰"，赋予了［－软］的语义特征。硬将两者组合，"杨柳腰板、豆腐腰板"就显得不伦不类，语义特征互相冲突。"樱桃嘴"，将"樱桃"［＋小］的特征映射在主名词上，因此可说"樱桃小嘴"，不说"樱桃大嘴"。

语义关系不同，双向选择的语义特征也不一样。Ggn&Shoben（1997，2000）的关系竞争理论认为，adolescents doctor 被视解为 a doctor who is an adolescent 时，［＋年轻］的特征被提取并加入到合成概念中；被视解为 a doctor for adolescents 时，则不同的特征［＋专业特长］被加入到合成概念中。Wisniewski（1996，1997，1998）的双重加工理论认为，组合概念具有关系解释和属性解释双重性。属性映射又叫特征映射，指根据结构对位的相似性理论，将修饰词的特征映射到主名词上。例如，zebra horse 中，关联差异"斑纹"从 zebra 投射到 horse 上，产生特征映射理解 a zebra horse is a horse wish stripes。又如，tiger pony 中，将虎"凶残"特征映射到 pony 上。

4. 色彩与风格

词义分为理性意义（概念义）和附加意义（色彩义）两部分。附加意义包括语体色彩、感情色彩、社会色彩、地域色彩、形象色彩、文化色彩、风格色彩等内涵。名名组合的语义互选，既要求理性意义互相匹配，也要求色彩意义的协调统一，两者交融为一个整体。例如，指代人脑，有书面语色彩比较浓郁的单音词"脑"，也有非常口语化的词如"脑袋、脑壳、脑袋瓜、脑袋瓜子"，等等，比较正式的科技语，如"脑神经"、"脑细胞"、"脑部疾瘤"，等等，组合协调，如说"脑袋神经"、"脑壳细胞"就跟术语的风格不协调。"企图、希望、愿望"以及"阴谋、计谋、智谋"等词，褒贬色彩不一，风格和谐的组合是"敌人的企图、敌人的阴谋"，唐突抵牾的组合是"敌人的愿望、敌人的智谋"。

双音化是现代汉语的一条基本规律，一般而言，单音词文雅，双音词更口语化。"啤酒肚子"比"啤酒肚"更有口语色彩；"樱桃嘴"雅，口语词"嘴巴"俗，"樱桃嘴巴"的风格就不协调。可见，色彩和风格的组配，有时还受音节结构的影响。

语义的动态选择在矛盾中进行，既要以静态选择为基础，又要突破静态选择的限制，追求语言的陌生化——对常规的突破、偏离、变异。语言陌生化有正面和负面两种效果，表现为修辞和语病：反复、仿拟、双关是修辞，重复啰嗦、生造词语、包含歧义却是语病。下面以矛盾组合为例，考察 $N_1 + N_2$ 语义动态互选的一些解释规则。

矛盾律要求在同一思维过程中，对同一对象不能同时作出两个矛盾的判断。违反矛盾律的思维反映在语言中，就是前后矛盾，例如，孤儿的父亲。然而，在言语世界里，矛盾组合层出不穷，例如，女丈夫、乞丐万元户、后方的前线、黑夜中的白昼。可见，表达的前后矛盾是一种违反矛盾律、不能自圆其说的常见语病；依赖语境，有意利用语表矛盾，清晰明确而又更加简练、深刻、有力地表达思想感情，却是一种修辞。"矛盾修辞，或因视点不同，是一种隐含的对比；或由于义素脱落，造成对立中和，消解了矛盾；或借物理世界、语言世界和文化世界的矛盾，来展示人物心理世界特别是情感的两极。"（周日安，2001）

（1）隐含的对比

一对反义词或具有对立义素的词语，修饰同一个中心语，在语表层造成矛盾。实际上，这对互相矛盾的词语，是编码人以不同的视点审视对象的结果，其语义指向、侧重点或着眼点不同，只是不同的视点并未出现，是隐含着的。如果将它们展示出来，矛盾就转换成对比。这种矛盾手法实质是隐含的对比。例如，人有灵与肉两面：作为物理世界的存在物，是一种生物人，是人的肉体；人联结而为社会，本质是"各种社会关系的总和"，受社会规范的约束，与社会的民族的价值取向、道德情操、文化传统、审美情趣等精神积淀有着千丝万缕密不可分的联系，是具有灵魂的社会人、精神人。"乞丐万元户"这个矛盾组合，前后两词矛盾对立，正常情况下，一个人不可能既是乞丐又同时是万元户。这个组合原指"靠行乞而发家的人"，后来成为物质非常富有而精神赤贫如洗的"贫穷富翁"的真实写照：乞丐着眼于指精神财富；万元户侧重于指物质财富。矛盾组合常常包含着深刻的哲学内涵，高度概括的语言，给解码人留下了较多空白，强化了表达，如书名《冬天里的春天》。

（2）义素脱落，对立中和

具有矛盾对立义素的词语，组合在一起，看似矛盾，实际上，矛盾对立义素的一方已自动脱落，造成对立的中和，矛盾的消解，从而给听读者以确定的解码指令，使言语意义明确清晰。义素脱落又叫语流义变，一般要以组合、聚合关系为依托。王希杰（1996）说："义素脱落指的是，在组合中，词语原来所包含的义素消失了。例如：'尼龙藤椅'中的'藤'这个义素就已消失。'无声的语言'里的'语言'也失去了'声音'这个义素。'红墨水'、'男保姆'、'女丈夫'、'女驸马'、'丝棉棉袄'、'腈纶毛毯'等组合中都出现了义素脱落现象。"谌容在《人到中年》创设的组合"家庭妇男"，也可用义素脱落加以阐释。

（3）情感的两极及其外化

对一个源于客观物理世界的叙述，一般情况下，必须遵循矛盾律，不能同时作出肯定和否定的判断；而对一个源于主观心理世界的描写，情况就不太一样，人类情感非常复杂、难以捉摸，心理学家告诉我们，任何复杂情感体验都存在着明显的对立的两端，这叫做情感的两极性，它首先表现为肯定性和否定性情感的对立，如满意与不满意、喜悦与悲伤、爱和恨，等等。古今中外许许多多的艺术家都揭示和描写过这类复杂的情感。例如"一轮闪着黑色光芒的太阳"（肖霍洛夫《静静的顿河》）；从物理和语言世界看，是矛盾的，不合逻辑的。但从心理世界看，就完全可以理解，葛利高里埋葬了心爱的情人阿克西妮亚后，心灵笼罩在浓重的黑色悲哀中，在他的眼里，太阳的光芒也就是黑色的——作者借反物理反语言的矛盾，极写主人公的悲哀心情。将人物情感迁移到客观事物上，在审美活动中叫"移情"，这种类型的矛盾修辞，也可以叫做两极情感的迁移或物化。莎士比亚是运用矛盾修辞的大家，常常运用一系列矛盾组合，例如，"铅铸的羽毛、天使般的魔鬼、豺狼一样残忍的羔羊"之类，展示人物"剪不断、理还乱"的复杂情感。

二　语义增殖

（一）语义结构

指两个名词组合的关系意义，关系意义是语法的格式意义。例如，北极自行车，"北极"是"自行车"的使用处所，即"在北极使用的自行车"，其中，"在……使用……"是关系意义；又如，公寓狗，图式理论认为用公寓来填充了"狗"图式的居住地槽道，具有"处所＋主体"的语义关系，"居住在……的……"是关系意义，它们都不是涌现特征。

（二）涌现特征

涌现特征是 emergent feature 的直译，最早由 Johnson C. & Keil F.（2000）和 Muphy G. L.（2002）提出，指组合概念拥有的某些特征并不属于原来任何一个子概念。例如，北极自行车——轮胎上有钉子的自行车。［＋有钉子］这个语义内涵，显然既不来自"北极"，也不来自"自行车"；而是在"北极"与"自行车"的组合过程中涌现出来的特征。又如，"公寓狗"产生了［＋安静、温顺］的涌现特征。

"若言琴上有琴声，放在匣中何不鸣？若言声在指头上，何不于君指上听？"苏东坡的《琴诗》，说明琴与手指要巧妙地统一起来，才有优美的琴声。《琴诗》虽为禅思之作，却能恰到好处地解释涌现特征产生的途径。涌现特征既不来自修饰词 N_1，也不来自主名词 N_2，而是在 N_1 与 N_2 组合中两者语义融合基础上涌现出来的增殖意义。

语义的双向选择原则，强调两个词语组合过程的语义互选和匹配问题，如果语义不能匹配、选择失败，就意味着两词语互相排斥，不能组合，其焦点集中在两个词语组合的可能性上。语义的涌现特征，却是反映两个词语组合以后，产生新意义的一部分，其焦点集中在两方语义融合后的增殖过程与途径。当然，语义的涌现特征要以双向选择原则为前提和条件，是词语双向选定后的语义发展运动。

（三）名名组合的增殖意义

格式塔心理学（Gestalt Psychology）又叫完形主义（configurationism）或完形心理学，代表人物为惠特海默（M. Wertheimer）、苛勒（W. Kohler）和卡夫卡（K. Kaffka），"格式塔"是德文 Gestalt 的音译，意为形式（form）或形状（shape）。格式塔心理学认为整体先于部分而存在，决定着各部分的性质，大于部分之和。心理、生理与物理的格式塔具有对应关系，人的知觉过程，大脑会产生与物理刺激的构造精确对应的皮质"图画"。格式塔心理学提出或整合了一系列认知原则，构成了格式塔心理学最有特色的内涵，对认知语言学产生了很大的影响。

根据整体大于部分之和的理论，名名组合的整体意义，大于两个名词的意义简单相加得到的和。这个命题的本质是一个否定：名名组合不是两个名词的简单相加。19 世纪末 20 世纪初，物理学提出的"场论"思想，"场"成为"一个范围内各要素互相影响、互相制约、互相依存而构造的整体"的代称，被科学界普遍接受与借用，产生了一系列新词，如"语义场"、"行为场"、"环境场"、"物理场"、"心理场"等。"场"概念的广泛使用，是对原子主义思想的一种反动，强调事物之间相互影响和有机结合。因此，名名组合的意义，不是两个名词意义的加合，而是组成了一个横向展开的"语义场"。

名名组合的整体意义，减去两名词各自的意义，其差就表现为关系意义和涌现特征。关系意义和涌现特征叫做名名组合的增殖意义。

（四）增殖义特征——背景性、模糊性

1. 背景性

名名组合的整体意义是进入透视域两个名词的显性意义和组合产生的隐性增殖意义的有机融合。N_1 和 N_2 是显性图形，关系映射、属性映射和涌现特征等构成背景。背景依附图形，凸显图形；图形选择或决定背景。关系映射、属性映射和涌现特征等，隐藏在显性词语的背后，具有背景性特征，是将部分连接而为整体的一些格式与模型。

一般情形是，N_1 和 N_2 的词义是多数人都能容易把握的，因此，名名组合的理解关键在于对背景意义的把握。西方理论中，将背景意义的解释集中在关系映射、属性映射两方面。例如，"羊毛背心"的整体意义是"用羊毛编织的背心"，"羊毛"和"背心"进入透视域，其词义是显性的；"用（材料）制作（某人造物）"是隐藏在背后的语义格式，它表现的是一种相互间的关系（材料＋结果），属于关系映射。关系的形成是双向的，单独一个"羊毛"或"背心"，是无所谓语义角色的。背景主题关系的频率，影响着名名组合的理解难度。例如，时下流行的新组合"鼠标手"和"手机肘"，没有一定的知识，是难以理解的，因为核心语义"疾病"是跟两个名词没有直接联系的涌现特征；背景语义是"造成疾病的原因＋产生疾病的部位"。与这种低频主题关系同类的还有"矽肺"、"烟茶牙"和"啤酒肚"等。

有时根据经验选择的关系模式，会导致对名名组合的误解。例如，将"橄榄菜"理解为"用橄榄制作的菜"，就偏离了组合的真正含义。"橄榄菜"指用芥菜、白菜、榨菜等制作的含有橄榄的酱菜。两个名词不足以充分展示其复杂关系，需要更多地依赖契约。

具有比喻关系的名词组合，在各种语言中都占了大量的比例。例如"樱桃嘴"，提取"樱桃"的形状和色彩特征并将它迁移到"嘴"上，叫属性映射。属性映射同样体现了双向选择原则。所选的喻体名词，必须含有本体的特征，即要依据本体选择喻体，本体影响制约喻体；同时，喻体选定后，也在提取着本体的特征。

2. 模糊性

相对于图形而言，背景显得含混、模糊，具有模糊性特征。定中短语属名词性短语，功能相当于一个名词，在更大结构中，主要充当句子的主语、宾语、定语等，属语言表达的指称形式。组合的指称，是从深层的陈述转化过来的，在图形中，其陈述意义已隐居幕后，只隐约地透出一星半点，非常模糊。例如，"语文教师"整体意义是"教语文的老师"，陈述形式为"老师教语文"。受事角色"语文"迁到域外，让典型的二价动词"教"一价化后，跟充当施事的语素"师"组成复合词。因此，深层"受事＋施事"的语义关系，在表层变得十分模糊，掩盖在"修饰＋中心"的语义分析中，当指出"语文教师"中"语文"是受事角色时，多数人甚至会觉得唐突与难以接受。这正体现了名名组合增殖意义的模糊性。

模糊性还表现为增殖意义的不确定。其一，关系与属性的不确定，究竟用关系映射来解释还是用属性映射来解释，不好确定。其二，关系的不确定或属性的不确定。关系的不确定指究竟用何种主题关系来解释，难以确定，例如"作家咖啡屋"、"河南人饭馆"，"作家"、"河南人"可以兼施受。处于过渡地带的关系，比较接近，有时难以确定，例如"佛山陶瓷"、"山西汾酒"和"兰州拉面"等高频组合，把地名看作准施事、处所、源点，究竟哪个更好，难以取舍。这正是市场对"台湾水果"以及洋品牌要进行规范的原因。属性映射也一样，不同的人所提取的特征、层次或数目，可能产生差异，形成模糊。受两名词词义双向选择与制约的隐含动词，有时不是单一的，而是两个或一组，造成歧义。从这个角度说，名名组合增殖意义的模糊性，其实也就是一种概括性，概括了更大的范围。

第五章

名名组合的语义桥

第一节　语义桥概述

一　语义桥

分析名名组合的语义，单从两个名词入手，总有就事论事难以切入的感觉。假设名名组合 N_1+N_2 是 N_1+X+N_2 的隐含形式，X 是在结构和语义上连接名词的桥梁。在名词间增加一个语言变量 X，使我们能以历史的眼光，在动态中更加深入、细致地审视名名组合的语义关系。

名名组合间，通过语形或零形表达的、将名词词义融为整体的各种关系或格式，叫做语义桥。结构上，X 不能同时跟 N_1 和 N_2 发生直接关系，有（N_1+X）$+N_2$ 与 N_1+（$X+N_2$）两种形式，例如"国家级｜贫困县、佛山产｜陶瓷"与"广告｜投资商、电影｜制片厂"等。单位上，X 活动于语素与词的区间，可以是实词、虚词或黏着语素；当 X 为零时，叫零形桥，X 消失，但语义仍然隐含在组合中。实词、虚词、黏着语素及其混合形式充当 X，叫语形桥。语形的迁移或隐含，即为零形化过程。语义上，

X 或提取 N_1 的某些特征来修饰 N_2，或展示名词间的各种关系。不管语形的隐现，$N_1 + N_2$ 中间总存在有背景性的关系或格式，连接名词的词义，并将它们融成整体。

二　内部特征的提取和外部关系的规约

（一）内部特征的提取

X 提取 N_1 的语义因子，修饰具有相同特征的 N_2，叫内部特征提取。例如：

（1）碗口粗的树干｜槟榔色的牙齿

"碗口"有［＋大小］［＋圆形］［＋平面］［＋中空］等义素，因受"树干"的语义制约，只取［＋大小］［＋圆形］来修饰 N_2。"粗"既是 N_1 的固有义素，又吻合着 N_2 的特征。"槟榔"作为一种咀嚼果实，有［＋大小］［＋颜色］［＋形状］［＋味道］［＋硬度］等诸多物理属性，"色"仅取其颜色——棕黄来修饰"牙齿"。X 既是 N_1 的语义特征，又是 N_2 的固有性状，或者说，X 作为组合的桥梁，包含 N_1 与 N_2 共有语义。所谓提取，其实就是选择，有取就有舍，取与舍共存于语义的双向选择中。例如，当"粗"提取［＋大小］［＋圆形］特征时，也就自然舍弃了［＋平面］［＋中空］等其他特征。"碗口粗的树干"是文学描写，运用了比喻手法。而"五寸粗的树干"，则转为数字说明，更加精确，但也失去了文学的联想空间。

物体有多种物理属性，如形状、颜色、体积、质量、密度、质料、气味、结构、性质、类别……用一个物体的属性去描写另一个物体时，提取的是 N_1 的物理属性，并且是人们熟悉的、容易感知和把握的属性。这类提取，属物理世界的义素提取。再如：

(2) 喇叭裤｜羊肠道｜杨柳腰｜芙蓉面｜大象腿｜瓜子脸｜鸡心领｜牛首山

用具体物体的属性去描写一个抽象事物，语义提取就要复杂得多，X 提取的不是物理属性，而是人们熟悉的、容易感知和把握的文化内涵，这类提取，属文化世界的提取。例如：

(3) 玫瑰色的梦｜橄榄色的微笑｜玻璃质的谎言

虽然用了物理提取的 X（色、质），但添加了一个文化中介，这个中介是该民族、该语言社团共同的知识背景、前提。例如：

玫瑰色——粉红——浪漫；橄榄色——浅绿——友好；玻璃质——透明、易碎——露馅

缺乏共同的知识背景，解码个体就难以理解它的准确含义。

最难把握的是心灵沟通的语义桥，以心理等为基础，X 是能引发共同情感、感受、联想、想象的中介。这类 X 叫做心理世界的提取。例如：

(4) 紫罗兰色的声音｜琥珀色的气味｜车子轱辘的酱色叽咕声和扁担起伏的青白吱哑声

词语共同心理特征的提取，建立在通感手法上，所谓"鼻子闻声，耳朵见色"，因而"颜色似乎有了温度，声音似乎会有形象，冷暖似乎会有重量，气味似乎会有锋芒"（钱钟书，1962）。这类组合具有更强的文学色彩。

（二）外部关系的规约

X 并不提取 N$_1$ 自身的语义，也并不是 N$_2$ 的固有义素，而只是经由 X

作为中介，将两个名词的语义组合到一起来。外部关系的规约，首先表现为对事物时空关系的确定。例如：

(5) 村庄旁的小河｜晚餐后的水果

以物理眼光看，任何事物都处在一定的时空四维世界中，所以，语言中衍生了标志事物时空关系的方位词。名名组合中的方位词，反映事物的外部关系，以 N_1 为参照确定 N_2 的时空位置。方位词表时间，是从有形空间中拷贝过来的。如果 X 既表空间，又表时间，就会形成歧义。例如：

(6) 会议间的咖啡｜风雨中的小雨伞

其次，外部关系的规约还表现为"材料＋结果"、"工具＋结果"等许多其他关系。例如：

(7) 玻璃质的茶几｜羊毛料的西装｜国家级考试｜餐馆用厨具

名名组合的格关系，大部分都属于外部规约，X 选择或控制 N_1 和 N_2 的关系。

再次，外部关系的规约，还表现为事物之间非常松散的临时关联。例如：

(8) 苹果牌电脑｜555 牌电池

"牌"既不是 N_1 的也不是 N_2 的固有义素，其作用是规约 N_1 与 N_2 两者的关系。X 是来自两个名词语义特征之外的第三者，本身不太受名词词义的约束，更多的是考虑概念意义以外的形象、感情、文化等色彩意义。这种组合有很强的能产性，可以类推，X 也常常隐含，如"苹果衬衣"、

"苹果电脑"、"苹果汽车"。在商业与广告无孔不入的现代社会中，冠名权的滥用，使外部规约的松散组合日趋普遍。例如：

（9）微波炉小李飞刀｜潍柴动力凤凰大视野｜大红鹰世纪大讲坛

至于以品牌、商标命名的"××剧场"，几乎是各家电视台都有的栏目。

三　模糊提取和定向提取

模糊提取和定向提取是内部特征提取的下位分类。模糊提取就是整体提取，靠语言外的文化背景和常识等帮助解码。X 的内涵越丰富，即 N_1 与 N_2 共有义素越多，就意味着 N_1 与 N_2 的像似性越大，因为具体几个共同义素组合的语义，语言中难有对应的语词形式，所以，这类 X 一般采用零形式（记做 Φ），充当零形语义桥。例如：

（10）樱桃嘴｜月亮水母

受 N_2 制约，前者提取"樱桃"形状的［＋圆润］、颜色的［＋红艳］以及体积的［＋小巧］，来描写女性的嘴唇；后者提取"月亮"的［＋圆形］与晶莹的［＋银白］来描写水母。这些由两三个具体义素临时聚合而成的语义，语言中很难有对应的词语，大多表现为空符号。人们也常说"樱桃色的嘴唇"、"月亮形的水母"，此时 X 出现了，但 X 在这里只是单一的提取。当然，也可以使用比况助词，采用模糊提取的方法。例如：

（11）花样年华｜牛毛般的烟丝｜罐头一样的人生｜蛇蝎似的心肠

人们在解码中，必须分析出 N_1 和 N_2 之间的某个或某些共同特征。定向提取是 X 提取 N_1 在某个特定维度上的单一性质，如颜色、形状、大小，等等，所取语义是明确的。

(12) 树形图｜橄榄色的军装｜金字塔形的社会｜巴掌大的地方

语义桥 X 自身的意义越具体、实在，则 $N_1 + X + N_2$ 概括的范围越小，$N_1 + X + N_2$ 的语义越明确；反之，X 的意义越空灵、抽象，则 $N_1 + X + N_2$ 概括的范围越大，其语义也越具有模糊性。

四　语义脱落与语义增殖

名词词义经语义桥的连接与融合，形成名名组合的整体意义，这个意义的组合过程，叫语义运动。语义脱落与语义增殖是语义运动中的两种突出的表现。

语义脱落，指前后两个名词的某些义素因为不能匹配、互相冲突而被删除，不参与到组合意义中去。取即是舍，比喻组合，N_1 中必定有些义素是要被摒弃的，因为"同中有异、似是而非"是比喻构造的基础。例如，"材料＋结果"组合，因材料置换而常常出现义素脱落现象。"棉被"是"用棉絮制作的被子"，因显著度高而成为"被子"的认知原型。"棉"在被其他材料置换时，词形依然可以保留，但意义已经脱落。这类例子如：

(13) 丝棉被｜羊毛棉被｜腈纶棉被｜腈纶毛毯｜腈纶毛线｜驼毛棉袄｜纯棉毛巾｜尼龙藤椅

随着社会的发展、科技的进步、观念的变迁、新事物的涌现，组合概念层出不穷，名名组合中义素脱落现象也就日趋普遍。例如：

(14) 房车｜毛巾被｜声音锁｜指纹锁｜手机报纸｜感情银行｜紫罗

兰口红

组合中，"房、毛巾、锁、报纸、银行、口红"等 N_1 或 N_2，都存在着特征外逸的现象。名名组合中的义素脱落，跟词义的演变有密切关系。

语义增殖，指名名组合的整体意义中，除去名词词义的剩余部分。"整体大于部分之和"，名名组合的语义增殖是绝对的，它包括关系意义的添加以及在此基础上形成的特征涌现。特征涌现专指语义特征（义素）的增殖。例如"鼠标手"指一种"疾病"，［＋疾病］既不是"鼠标"的义素，也不是"手"的义素，而是在两者关系的基础上衍生的增殖义素。

五　语义桥的函变形式

从构造单位看，语义桥 X 有实词、黏着语素、虚词以及零形式四种主要类型。实词包括名词、形容词、动词三类。黏着语素包括词缀或半自由语素，如色、形、状、体、性、质、料、材、类、型、科、门、等、级、式，等等。虚词主要是结构助词和比况助词两种。零形式即空形式、空符号。

第二节　实词语义桥

实词语义桥 X 主要由动词、形容词和名词来充当。

一　动词语义桥

先看下面的例子：

（1）佛山产陶瓷

例（1）包含两种句法结构：a. 佛山产陶瓷（主谓）；b. （佛山产）陶瓷（偏正）。两者的语义关系、角色分配都相同：佛山——（准）施事、产——动核、陶瓷——受事；但关系与层次不同，最明显的标记表现在重音与连停上。语音结构将书面语相同的序列分化为两种句法关系，人们在阅读时即便产生误解，也能很快在二次解码中进行纠正。

"产"是二价动词，在主谓结构里跟宾语"陶瓷"结合紧密，口语中表现为极短的间隙；在偏正结构里跟主语结合紧密，与"陶瓷"间有较大停顿，支配对象外逸，割断了动宾间的句法配价关系，消解了"产"的支配能力，"产"降为一价动词，"佛山产"充当定语。当人们觉得将"佛山陶瓷"理解为"（佛山产）陶瓷"已经非常容易的时候，"产"就在句法上被删除，成为零形语义桥。

深层语义关系不变，则表层功能同类的几个句法形式同义。"我看过这电影、这电影我看过、我这电影看过"意义相同，除了来自同一个深层结构外，因为三个句子都是陈述形式。如果功能不同，如（1）中a是陈述，b是指称，意义就相差甚远。再看几个指称形式：

（2）中国产可口可乐（安全）

（3）广东佛山产醒目仔牌实木儿童餐椅

（4）（欧盟建议禁售）中国制玩具手枪

"佛山产陶瓷"b式，相当于"佛山产的陶瓷"，加入标记"的"，明确显示了其语义的提取，这时语序组合与虚词组合呈平行分布。正因为b式的存在，所以"佛山产"能以词的形式，置于中心的后面。例如：

（5）"海尔中国造是民族造；海尔中国造是全球造；海尔中国造是我们造；海尔中国造是自强造；海尔，中国造！"　　　　（《海尔中国造》）

"海尔中国造"这种表层结构，出现的频率还比较高，当 N_2 ＋（N_1 ＋ V）的意义，经过语用积累并形成一种解码倾向——偏重指 N_2 时，这种结构能否看成是汉语里的正偏式呢？值得深入研究。

下面来比较（N_1 ＋V）＋N_2 与 N_1 ＋ N_2 的差异：当 N_2 是结果，动核"造、产、制"能确定 N_1 是产地；删除语义桥 XV 后，N_1 ＋N_2 变成领属关系。如"佛山产陶瓷"与"佛山陶瓷"，两者意义有细微差异。当 N_2 不是结果受事，特别当 N_2 根本不是框内的语义角色时，有没有这个语义桥，意义完全不同了。例如，"汉阳造图片"不同于"汉阳图片"，"顺德造广告"不同于"顺德广告"，此时"汉阳造"实指"汉阳造的（枪械）"，"顺德造"实指"顺德造的（电器｜家具）"，跟"图片"、"广告"构成相关关系。再如"好空调，格力造"是对"格力造空调"的结构裂割——受事域外化。"格力造图片"、"格力造广告"，与"格力图片"、"格力广告"意义倒比较接近，因为品牌和产品的连接相对固定、单一，具有可让渡性，其相关度比产地和产品的相关度要高。

以定语代中心，最典型的是"的"字短语。不带"的"字，用定语代称中心，则只能出现在结构中，充当某个直接成分，而不能独立自由。例如"读鲁迅、扫黄打黑、抗击非典"以及"桃谷六仙、竹林七贤、扬州八怪"类，带有简称意味与构词色彩。"的"字短语可以指代动作的施受，"吃的"在"吃的吃，说的说"中指代施事，在"买点吃的"中指代受事。"XY 造"代受事，可自由运用，接近"的"字短语；然而它不带"的"。"XY 造＝ XY 造的"这种语法现象，颇值得研究。再如：

（6）"日本造"、"德国造"还有现在的"韩国造"，品牌里装的是最佳性能、工艺的技术产品。其中，"德国造"的品牌和工艺很强，"日本造"的功能和性能很高，"韩国造"两方面都想追，一边追求高品牌，一边力争高技术。

N_1 ＋V 结构紧密，具有词化的倾向。所以，"中国产"常说成"国产"，如"国产汽车、国产手机、国产红旗"等。

上面分析了"产、造、制"这组近义动词充当 X 的情况，其实，汉语里最常见的动词桥是"用"。据吕叔湘《现代汉语八百词》："用"是动词，主要意义为"使用"，可带"了、着、过"，可重叠，可带名词宾语。例如：

(7)　——四级考试，学生用什么笔来涂卡？
　　　——学生用铅笔。

(8)　——怎么那么多铅笔？
　　　——（都是）（四级考试）学生用铅笔。

(7) 中，"学生‖用铅笔"是主谓结构，表陈述，构成句子；(8) 中，"（学生用）铅笔"是偏正结构，表指称，充当宾语。(7) 中的二价动词"用"在 (8) 中降级为一价，动词性质发生一系列变化。先看二价动词"用"的句法场：

(9)　a. 学生用铅笔，老师用钢笔。（单用）

　　　b. 快去看看，答题，学生用着铅笔哩。（带"着"）

　　　c. 答题时，学生用了铅笔，有问题吗？（带"了"）

　　　d. 学生用过铅笔，效果也不好。（带"过"）

　　　e. 学生用用铅笔，也未尝不可。（重叠）

　　　f. 学生用一会铅笔，又用一会钢笔。（带补语）

　　　g. 学生要用铅笔。（带状语）

既能单用，也能带动态助词，或加状语、补语，还可重叠……这些语法特征，聚合成二价动词"用"的语法性质。进入到此类句法场的"学生用铅笔"，都只能是主谓。可见，动词由动语变定语的条件是：（1）通过语序、语音等手段，割断动词与宾语的句法配价关系，使动词降为一价。

（2）使用光杆动词，割除动词的动作性特征，如动态、体貌、重叠等。

偏正型"学生用铅笔"，动词桥"用"依然可前可后。"用"往前跟主语构成主谓结构，做定语，成为"（学生用）铅笔"。这类组合比较常见。例如：

学生用铅笔　学生用电脑　学生用词典　婴儿用奶粉　婴儿用床垫
婴儿用奶瓶　老人用手机　老人用哑铃　老人用拐杖　教师用课件
教师用账号　教师用网站

删除语义桥，即为名名组合。如：

学生铅笔　学生电脑　学生词典　婴儿奶粉　婴儿床垫　婴儿奶瓶
老人手机　老人哑铃　老人拐杖　教师课件　教师账号　教师网站

如果宾语是单音节，"用"往后跟宾语构成定中结构，做定语，成为"学生用笔"。这类组合更是常见。例如：

学生用笔　婴儿用品　老年用药　教师用书　领导用车　社会用语
城市用水　生活用电　办公用纸　工业用盐　居民用气　商业用地

如果主语是单音节，"用"朝前跟 N_1 先结合，做定语。这类组合也很常见。例如：

公用电话　公用设备　民用器材　民用水表　军用水壶　军用飞机
农用机械　农用薄膜　家用电器　家用橱柜　商用汽车　商用密码

以上四字组合，分原型组合和边缘组合两类。"学生铅笔"是原型组合；"学生用笔"包含动核"用"，"公用电话"中，"公用"不是名词，而是区别词，两组都只是边缘组合。四字组合有较大稳固性，只有少数能简成三音节，例如，教师网、办公纸、工业盐、商用地、农用薄、商用车。

"用"做定语，一般使用光杆词形，但偶尔也可以带状语，"专"修饰"用"后，因语义的参与，整个组合的偏正化更稳固了。例如：

警察专用笔　教师专用表格　公安专用车牌　学生专用班车

二　形容词语义桥

占有物理空间的具体物体以及表现它们的具体图像，其颜色与形状最容易被感知。形容词充当语义桥，最常见的是颜色桥（$A_色$）和形状桥（$A_形$），其次才是抽象的性质桥（$A_性$）。

（一）颜色桥（$A_色$）

形容词表示人与事物性质或状态，分性质形容词、状态形容词和不定量形容词三类。能进入"很＋A"格式的，如黑、白、灰、红、橙、黄、绿、青、蓝、紫等，是性质形容词；不能进入"很＋A"格式的，如大红、火红、通红、红红、玫瑰红、红彤彤、通红通红、红红绿绿、灰不溜秋、黑咕隆咚等，为状态形容词。形容词充当 X 处于名词中间，所以，这里只讨论"N＋A"式的状态形容词。先看一些语料（见表5—1）：

表5—1　　　　　　　　　名名组合中颜色语义桥

A	$N_单＋A$	$N_双＋A$	$N_1＋A＋N_2$
黑	墨黑　漆黑		墨黑的天空　漆黑的夜晚
白	奶白　米白 雪白　月白	珍珠白	奶白瓜子　米白围巾　雪白的墙　米白的地毯 奶白的花蕾　奶白的鲫鱼汤
灰	铁灰　麻灰		铁灰貂　铁灰衬衣　铁灰的波光　麻灰 T 恤衫

A	N_单＋A	N_双＋A	N₁＋A＋N₂
红	枣红　血红 火红　桃红	玫瑰红 玛瑙红	枣红马　晚霞红石　鸡血红石　血红的噩梦 驼红的面容　桃红的眼影　火红的枫叶 玫瑰红的裙子　珊瑚红马赛克
黄	金黄　麦黄 鹅黄　橘黄	玉米黄	金黄的麦浪　麦黄的爱情　鹅黄的春天 鹅黄的嫩芽　橘黄的灯光　土黄的海水 玉米黄的李宇春
绿	草绿　葱绿	橄榄绿 苹果绿	草绿军被　草绿的翡翠　葱绿的森林　苹果绿女戒 苹果绿的眼影　苹果绿的房间　橄榄绿热线　橄榄 绿的军装
青	铁青　草青		铁青骡子　铁青的脸色　草青的蜻蜓 铁青的风铃草　草青色的孤寂
蓝	海蓝　天蓝	宝石蓝	海蓝宝石　天蓝的看台　宝石蓝手链 宝石蓝玻璃　宝石蓝出租车

下面从语法、语义和认知三个角度，对颜色桥进行分析和探讨。

1．颜色桥的语法分析

NA 复合词，内部可能有偏正和主谓两种关系。形素 A 表颜色，NA 多为偏正结构，例如，墨黑、雪白、火红、鹅黄、葱绿、草青、海蓝等，以形素为中心。"肤浅、笔直"也属偏正型，而"性急、年轻"却是主谓型：外形构造相同，语法关系为什么不同？这只能从语义上进行解释，体现了意义对形式的决定作用，如沈家煊（1999：321）所说，"语言形式和意义之间的结合不是任意的而是有理据的，形式是意义的'映像'"。

王军（2005）认为，汉语 N＋N 结构里，有结构中心和语义中心，不能仅凭"逻辑真值"（如"浪花是浪不是花"）标准来判断 NN 组合的中心；"唯一可用的检验手段恐怕是复合词与其他成分之间的搭配或一致关系"，比方，"一弯月亮"，"一弯"只修饰"月"不修饰"亮"，因此，中心是"月"不是"亮"，"月亮"才是"真正的中心词居左"。王文混淆了一个基本概念："月亮"不是偏正关系，不属向心结构；而是主谓关系，属离心结构，无所谓"中心"之分。

NA 式的状态形容词，名素有单音节（$N_单$）和双音节（$N_双$）之分。"双音名词＋单音色彩"构成三音节状态形容词：玫瑰红、玛瑙红、珊瑚红、番茄红、鸡血红、朝霞红、玉米黄、橄榄绿、苹果绿、宝石蓝。它们跟双音词"墨黑"类，在构造和功能上基本一致。但音节结构不同，有时也对语法甚至语义产生制约与影响。例如，"红珊瑚"跟"珊瑚红"，都是偏正，逆序造成了结构中心与所指都不同，当它们分别与"石"组合后，"红珊瑚｜石"和"珊瑚红｜石"意义也不一样，前者是关系连接（材质），后者是特征映射（颜色）。

有意思的是，其一，"红珊瑚石"与"新诗库"、"新教工宿舍"一样，"红"可以修饰"珊瑚"，也可修饰"石"，形成歧义。其二，对称、均匀、守恒是汉民族集体意识中的突出特征，这从汉文化和汉民族艺术中得到了充分的表现。受这种心理支配，汉人总有将四音节词语解读为 2＋2 音步的情结和习惯，典型例子是不顾结构和意义，将成语"一衣带｜水"和"不毛之｜地"读成"一衣｜带水"和"不毛｜之地"。同样，"珊瑚红｜石、鸡血红｜石、朝霞红｜石"这些石材的通名，也常读成"珊瑚｜红石、鸡血｜红石、朝霞｜红石"。内部结构的改变，导致了意义的变迁："珊瑚｜红石、鸡血｜红石、朝霞｜红石"既专指石材，也可指一般石头，均产生了歧义；"珊瑚｜红石"甚至演变成了关系连接（材料＋结果）。可见，追求音节对称、均匀是汉语非常重要的一条规律，有时甚至不惜牺牲结构和意义。

2. 颜色桥（$A_色$）的语义分析

语义上，NA 状态词建立在主谓关系上，如"枣‖红、枣‖是红的"，"玫瑰‖红、玫瑰‖是红的"，就像"花红柳绿"、"天蓝水绿草青青"一样。然而语用中，NA 很少自指，常作修饰成分，置于另一名词前，形成 $N_1＋A＋N_2$ 结构，如"枣红马"、"玫瑰红裙"。这样，两个名词具有了比况关系：N_2 是本体，N_1 是喻体，A 是相似点。降级述谓形式为"N_2 像 N_1

一样 A"，偏正结构为"像 N_1 一样 A 的 N_2"。"〔像 N 一样〕A"成为其释义框架，N_1 是 A 的原型，使 A 获得很高的程度，所以，除了增加形象色彩，N_1A 的语义终值常常为"很 A"。

NA 甚至包含潜义。例如，"火红、雪亮、肤浅"这组词，常做修饰语，名素（火、雪、肤）与并未出现的中心语在语义上构成比喻关系，形素（红、亮、浅）是两者的共同性质。比喻句"眼睛像雪一样亮"，指称化就是"雪亮的眼睛"。"雪亮"这类词的语义结构是"像 N 一样 A，很 A"。"胆怯、心酸、性急"，形式上和前一组相同，但不具备比喻关系，只有陈述关系。比较起来，"月亮"是个特例，"像月一样亮"完全合法也能被理解，却是主谓式词："雪亮的眼睛"合乎常规，"月亮的眼睛"则搭配不当。其实，语言如大海中的冰山，隐伏在底座尚未被个体或民族经验的潜语言现象大量存在着，且数目远远大于显语言现象。语言发展演变的过程，就是潜语言现象经个体发掘创造再为集体、民族的契约所承认所包容的过程。所以，"月亮"一词，指卫星是显义，主谓是显性结构，陈述关系是语法显义；表示"很亮"，是潜义，偏正是潜性结构，修饰关系是语法潜义。

3. 颜色桥的认知分析

NA 中，不管 N 是单音还是双音，都是包含颜色 A 的原型物体。墨、雪、火、鹅、葱、草、海是黑、白、红、黄、绿、青、蓝的典型代表，玫瑰、玛瑙、珊瑚、鸡血、朝霞、玉米、橄榄、苹果、宝石是红、黄、绿、蓝的典型代表。

名词一般蕴涵多个语义特征，对应所指事物的多重属性：颜色、形状、大小、重量、硬度、温度、性质、功用。名名组合的属性映射，大都要根据主名词框架，将修饰词的某些语义特征提取出来，填入主名词的图式槽道。黑、白、灰、红、橙、黄、绿、青、蓝、紫共同的上位词是颜色，以颜色词充当 X 的名名组合，颜色限定了特征提取的方向，排除了提取其他特征的可能。

至于颜色词语义，具体指向对象的哪个部分，则要具体问题具体分析。语义指向是指句法结构中的某一成分跟其他成分之间在语义上的联系。汉语颜色词的语义指向非常灵活，如"红苹果"，"红"指苹果的表皮，"红西瓜"指西瓜的内瓤，"红铅笔"则可能双指，既指铅笔外表的颜色，也指笔芯书写的颜色，形成歧义。

偏正和主谓做定语，存在细微差异。"红杯子"，"红"指"杯子"，对杯子的固有属性进行静态描写。而"杯子红"，"红"可以双指：其一，指向短语内部的直接成分"杯子"，表示杯子自身的颜色；其二，指向短语外部的关涉对象——使杯子变红的液体如茶、酒、果汁、咖啡之类，呈现杯子变红的动态以及变化完成后所处的状态。"红杯子"显现静态，"杯子红"突出动感，这与结构有密切关系。"红杯子"是定中关系，属向心结构，输出点状信息，具有去时间化的特征，反映事物与属性之间固有、稳定的关系。"杯子红"是主谓关系，属离心结构，输出线状信息，具有时间性特征，后面能添加动态助词，如"杯子红了"、"橘子红了"、"枫叶红了"。时间元素的加入，使"杯子红"产生了动感，作为茶馆名称显得魅力十足，充满浪漫气息，惹人喜爱。"红杯子"与"杯子红"意义与词彩都不尽相同，将"杯子红｜咖啡馆"、"杯子红｜茶馆"译成 red cup，显然是比较粗糙的。

颜色是物体外显的视觉属性之一，以颜色为桥组合名名，要遵循物理世界的颜色逻辑。然而，语言又是一种文化现象和心理现象，违背物理世界逻辑的超常搭配，常常在文化或心理世界里才能获得合理解释。物理世界里，"红"很难占据主导地位，红色物体也并不占优势；在语言世界里，从组合能力、状态词种类、邻近替代符号的数量等方面看，"红"占据着绝对的主导地位。"同一事物分化得越细致，分化后的语义越丰富，说明该事物在民族或地域中具有更重要的文化意义。"（王希杰，1996）"红"是汉民族最喜爱、最重要的颜色，代表喜庆、热烈、成功、革命、进步或者危险、极限，这是"红"的文化意义。

颜色词的心理意义，主要在于色调差异给人带来不同的心理感受。暖色给人深广、厚重的感觉；冷色给人轻浅、轻薄的感觉。这种色感可以挪移到味觉、听觉上去，产生通感效应。

例如，完全相同的咖啡装在不同颜色的杯子里，能让人感觉具有了浓度的差异，红色杯子里的咖啡最浓，这是视觉形象对味觉施加了影响与渗透的结果。月亮一般是白色、银色，"红月亮、蓝月亮、紫月亮、绿月亮"之类，尽管人们在努力做出物理世界的解释，但在语言中，它们首先是要满足人们交际的心理愿望，表达一份特殊的情感，如张爱玲作品对色彩独特的心理体验。具体颜色修饰抽象事物，表现为物理颜色在文化、心理层面的引申和扩展，"梦"是无意识的泄露，是抽象的精神活动，无所谓颜色，但人们常用各种颜色词修饰它。

（二）形状桥（A$_形$）

形状是物体或图像由外部可视的点、线、面组合而呈现的外表，表形状的形容词主要有大、小，长、短，高、矮（低），厚、薄，深、浅，粗、细，宽、窄，方、圆，等等。由这类形容词充当的语义桥，叫形状桥（A$_形$）。先看语料（见表5—2）：

表5—2 名名组合的形状语义桥

A	-A	上位	合称	N$_1$＋A＋N$_2$			
大	小	——	大小	天大的人情	鸡蛋大的肿瘤	巴掌大的地方	芝麻大的事情
长	短	长度	长短	手指长的刀疤	手指长的铜丝	铅笔长的一串葡萄	筷子长的鲈鱼
高	低	高度	高低	一人高的围墙	二层楼高的围墙	一人高的杂草	一人半高的篱笆
厚	薄	厚度	厚薄	砖头厚的书	城墙厚的脸皮	巴掌厚的青石	啤酒瓶底厚的眼镜
深	浅	深度	深浅	一人深的灌木	一人深的雪	一人深的洞穴	一人深的防空壕坑道
粗	细	粗度	粗细	臂粗的树枝	拳头粗的木棒	碗口粗的树干	碗口粗的塑料管子
宽	窄	宽度	宽窄	巴掌宽的缝隙	手掌宽的带鱼	手指宽的裂缝	表带宽的金手链
重	轻	重量	轻重	铅重的羽毛	铅重的双腿	铅重的天空	铅重的乌云

形状桥与颜色桥最大的相同之处是，两者都是视觉感知的对象，都是具体事物或图像的外显属性。其不同处表现为以下几个方面：

其一，黑、白、红反义三角是在不同层次上构造的，除了黑、白对立明显外，其他词之间并不具备完全反义关系。形状桥却几乎在每个维度上都形成对立，处于一个序列的两端，构成极性反义词，最能体现反义词的不平衡现象。例如：

(10) 徐士秀一进去，把那黄豆（大｜小｜大小）的火焰冲得摇曳不定。

(11) 他最短的裤子也有三尺三长。

反义词的语义范围具有不平衡性，大和小构成的系列没有上位词，只有合称"大小"，"大"可代称"大小"，但不能用"小"代称。可说"黄豆大小的火焰"或"黄豆大的火焰"，不说"黄豆小的火焰"，"大"概括的范围比"小"宽广。其他反义词组合的序列，可用量级大的一方构造上位词，如高度、长度、宽度、深度、厚度、重量，而不用量级小的一方构造上位词，不说低度、短度、窄度、薄度、浅度、轻量。即使是"最短的裤子"，数量短语后也要用"长"。反义词的语义强弱也具有不平衡性，在具体的句子里，反义双方的联合凸显出语义强弱的不同。"困难大小，我不在乎"，偏指"大"，删除"小"不影响句义；"成绩大小，我不在乎"中，偏指"小"，删除"大"不影响句义——这类依赖语境，经过语义双向选择后呈现出来的强弱不等，叫共时层面的语义偏向。在复合词"忘记"、"好歹"中，语义偏指"忘""好"，已经脱离语境历史性地完成了，叫历时层面的语义偏向，形成了偏义复词。

其二，颜色桥前 N_1，语音限制比较严格，N_1 主要取单、双音节；形状桥前的 N_1，几乎不受音节限制，非常自由，例如，天大的人情、巴掌大的地方、啤酒瓶底厚的眼镜、一人多长大半人深的土坑，说明形状桥比颜色桥有更强的组合能力。

其三，$NA_形$ 不能像 $NA_色$ 一样，容易获得语义终值"很 A"。$NA_形$ 常常是比况式的写实，如，手指宽的缝隙，不联系语境，难以断定其宽窄程度；即便是夸张，获得了"很 A"义值，也要联系 N_1 来确定 A 究竟是大量级还是小量级。例如，天大的人情、芝麻大的事情，前者强调大，后者强调小。"芝麻大的事情"、"芝麻大的官"都极言其小，但不说"芝麻小的事情"、"芝麻小的官"。"小"可以做 N_2 的修饰语，如"芝麻大的小事情"、"芝麻大的小官"，造成适当的信息羡余，增加区分度与表达的量级。贬义的"屁"、"鸟"等常用来表示小，带粗口性质。

"樱桃小嘴"跟"玫瑰红裙"不一样，"玫瑰红裙"可双切：玫瑰红｜裙、玫瑰｜红裙；"樱桃小嘴"只能单切：樱桃｜小嘴。"像樱桃一般大小的嘴"，可以说：樱桃｜嘴、樱桃｜小嘴、樱桃大的｜小嘴；但不说：樱桃大｜嘴，樱桃大｜小嘴，避免模糊或冲突。

其四，颜色桥主要以雪、血、玫瑰、橄榄等具体物体做原型；形状桥虽也常以具体物体为原型来衡量并认知对象，但更常见的是拿人类自身做标准。如同"页眉、针眼、井口、坛肚、桌腿、山头、山腰、山脚"等词，人类将自身器官的形状或位置关系，拷贝到客观对象上，手指、手掌、拳头、胳膊、手臂、腿、身子都成为人们估测对象形状的"工具"，如以人体高度来度量对象的高度或深度；以拳头度量大小、粗细；以手指度量长短、宽窄。相比而言，人类身体器官的颜色差异，单调得多，不具备原型特征。

（三）性质桥（A 性）

形容词表达的颜色和形状，同样也属事物的性质，只因为它们出现的频率特别高，并且同属视觉对象、具体易感，因而将它们单列出来。

除了视觉，人类还有听觉、嗅觉、味觉、皮肤觉等多种感觉，于是，尖、钝，香、臭，酸、甜、苦、辣、咸、麻，硬、软，冷、凉、温、热……等许多性质，都可能成为名名组合的桥梁。例如，冰冷的双手、火辣的眼光、火热的生活。又如：

(12) 花儿一样美的名字　天堂一般美的初恋　诗一样美的女人

(13) 黄连一般苦的生活　铁石一样硬的心肠　柠檬一样酸的味道

跟颜色桥、形状桥比较，性质桥具有如下特点：（1）很少出现语义不平衡现象，真假、美丑、善恶、香臭、甜苦等反义词，一般不能用一方代替另一方或整个序列。（2）颜色、形状以外的性质形容词，难以直接担任语义桥，不能直接加在 N_1 后构成 $N_1A_性$，而要跟比况助词"（一）般的、（一）样的"一起，组成" N_1 一般（样）$A_性$ 的"结构。比况助词"似的"要求不出现相似点，所以不能进入在这类结构。（3）更多的是组合成句法短语，只有少数能删除复合语义桥"一般（样）$A_性$ 的"，采用零形，如刀子嘴、豆腐心、铁石心肠。

三　名词语义桥

名词充当的 X，最主要的是方位词，用来反映两个名词在时间、空间上的关系。例如：

（14）碗底的红烧肉　　　　（《故事会》2003 年第 5 期）

（15）网吧里的中年女人　　（《故事会》2003 年第 5 期）

（16）田里的庄稼，河坡上的树，沟边的野花，都是从从容容地长，从从容容地开的。草丛里觅食的小动物，田野里劳作的牲口，也都是从从容容的，安安静静的。

（华姿《让我们倾心你的纯净》，《读者》2006 年第 7 期）

由方位词充当 X 的名名组合，降级述谓结构的谓词大多是"在"、"在……V"或"V 在……"等。例如，中年女人在网吧（里）、树长在河坡上、小动物在草丛里觅食。存在是两名词空间关系的反映，"在"是原型谓词。

表示实在的空间关系时，N_1+X+N_2 一般不能删除 X，删除 X 后，或者短语不成立，或者意义已经发生变化。例（14）中，"碗"与"红烧肉"不能直接组合：表量，要加数词，一碗红烧肉；表比喻，要加"大"，碗大的红烧肉；表空间关系，要加方位词里、外、边、底、面等。

在句法语义研究中，"人们通常将注意力集中在动词的次范畴小类上，由于动词在句式中的重要性，这样做无疑是正确的。但是，问题在于我们的眼光不能仅仅局限于动词的次范畴，实际上，在动词不变的条件下，还要考虑到同动词发生联系的其他词（主要是名词）的次范畴小类，它也可以影响到格式的成立与否"（邵敬敏，1991）。邵敬敏提出了"语义双向选择性原则"，并在研究中身体力行，例如，"厂里有三辆车"，歧义固然跟动词"有"的次范畴［＋拥有］和［＋存在］有关，双向地看待，它也跟名词"厂里"次范畴［＋机构］和［＋处所］紧密相连。"有三台车"究竟表示拥有还是存在，取决于名词性成分是否具备与［＋拥有］或［＋存在］进行匹配的语义特征。名词和动词"有"经过语义双向选择与匹配后，形成了［＋主体］＋［＋拥有］的领属格，［＋处所］＋［＋存在］的存现格，以及兼有两者的歧义格式。方位词"里"具有实指与虚指两层意义。

名名组合中，方位桥最主要就是用来表示空间的方所关系。但时间方位是空间方位的抽象与映射，汉语存在一批表示时段或具有过程意义的名词，它们在时间流上均具有起点和终点的特征。表时段名词有"世纪、轮回、花甲、X年、X月、X日（天）、X时、X期、X假"，等等，常常跟方位词"前、中、后"连用，修饰另一个名词。例如：暑假前的工作、蜜月里的感情、丰年后的期待。过程名词或动态名词，蕴涵着一个事件从开始到终结的过程，后面接方位词"前、后、中"可表示时间。例如：

(17) 地震前的预兆　地震中的父子　地震后的故事

　　火灾前的隐患　火灾中的浓烟　火灾后的废墟

　　晚饭前的消息　晚饭中的电话　晚饭后的点心

　　战争前的预言　战争中的英雄　战争后的创伤

方位词还能与介词"以"和助词"之"组成复合方位词，时间方位

"前｜之前｜以前、中｜之中、后｜之后｜以后"，成为时段名词、动态名词跟其他名词组合的语义桥，能清晰地规约和展示时间关系。

名名组合表示比较抽象的时空关系时，（N_1＋X）＋N_2 中的 X 可以省略，N_1＋N_2 直接表示存在或时间。例如，口袋图书、会场秩序、空中小姐、课堂纪律、暑假作业。

方位充当语义桥，反映两个名词之间的时空关系。空间、时间关系存在诸多差异，然而，它们具有明显的对应性和平行性，可以放在一起进行小结。

（一）时空关系的语言映射

宇宙指包括地球与一切天体的无限存在，是一切物质及其存在形式的总和，"宇"指无限空间，"宙"指无限时间。时空概念映射在语言中，形成时态和方所范畴，以及处所词、时间词和方位词。

从构造成分和关系看，方位词有以下小类。单纯方位词：上、下、前、后、东、西、南、北、中、左、右、里、外、内。合成方位词：经双向选择后，单纯方位词前加"之—、以—"或后加"—边、—面、—头"，衍生众多的合成方位词，如，之上、以上、上边、上面、上头。复合方位词：具有对立关系的单纯方位词对举，如，上下、前后、东西、南北、左右、里外、内外。其他方位词：如眼前、底下、开外等。空间方位具有长、宽、高三维性，适用的方位词特别多；时间方位具有不可逆的一维性，只有前、中、后、内及其前加之—、以—的合成式，比空间方位词少。

时空关系也可用一些具有时空语义特征的名词来表示。例如，"心、中心、中央"能反映空间关系，"湖心的亭子"，能明确地显示了"湖"和"亭子"的位置关系。此外，"周围、四周、附近、边缘、底部、末尾"等名词，都具有方位意义。"时、时候、时刻"常反映时间关系，"晚饭时的电话"，能清晰地展示"晚饭"和"电话"的时间关系，"时"取代了"中"，正是过程名词与"中"组合的频率相对较低的原因。

事物的空间特征和时间特征相互联结。物理世界的时空四维结构是不可分割的整体，人类语言反映对象事物时，可以在形式上对时空进行切割，有时凸显空间，以时间为背景；有时凸显时间，以空间为背景；有时两者并重，时空互为图形和背景。"教室里的学生"，表达"学生"和"教室"的位置关系，是组合的图形；可这种空间关系处于特定的时间序列中，常常以共时为前提，展示的是"现在"，而不是过去或将来的空间关系，这在述谓结构中看得最清楚，"学生在教室里？学生正在教室里"，空间关系背后隐性的时间关系，构成组合的背景。时间事件总得在一定的空间（物理空间、抽象空间、虚拟空间）里进行，即便是过程名词也具有空间性。"地震中的照片"，既反映拍摄对象处于地震爆发的时间过程中，也反映它处于地震爆发的空间范围内。"风雨中的小雨伞"，时空并重，互为图形和背景；而"风雨里的小雨伞"，凸显空间关系，时间关系成为背景；"风雨时的小雨伞"则相反，时间成为图形，空间成为背景。

（二）（$N_1 + X_方$）$+ N_2$ 的认知解释

刘宁生（1994，1995）结合认知规律来探讨定中语序模式，提出"目的物"与"参照物"概念，开阔了人们的视野，给人非常深刻的启示。不过，刘文开辟的领域，留下不少值得探讨的问题。我们对他的理论，从三个方面进行补充。

其一，时间维度上的"目的物"与"参照物"。

"目的物"与"参照物"源自人们对物体空间关系的认知，如"湖心的亭子"，"亭子"是目的物，"湖"是参照物，"心"反映两者的空间联结。时间关系和空间关系有明显的平行性，因此，依靠时间方位桥构造的名名短语，前后名词之间也是参照物与目的物关系。例如"海啸前的征兆"、"晚饭中的电话"、"地震后的废墟"等，前、中、后以参照事件的始末为基点，把时间切割为三段，再将目的物归入三段中去。一维时间流上的参照物与目的物关系，是三维空间体中参照物与目的物关系的拷贝形式。

其二，"目的物"与"参照物"关系表达的多样性。

参照物可以是空间的、时间的、形状的、颜色的、性质的、功能的……十分广泛，最典型的参照物是充当范畴化认知标准、模式或尺度的原型。例如，1972 年，沸沸扬扬两年多的"水门事件"，因其极高的认知度和显著度，成为一个认知原型，催生了一个与范畴化认知相对应的"X门"构词模式，如伊朗门、辩论门、情报门、凯利门、旅行门、白水门、拉链门、特工门、虐囚门、战俘门、窃听门，聚集成一个颇为壮观的"X门"词族。目的物与参照物本质上就是认知"图形"和"背景"。在"辩论——总统竞选中的又一水门事件"这个组合里，目的物中的"辩论"是焦点，参照物"水门事件"中"门"是丑闻式事件的原型标记（周日安、邵敬敏，2007），抽取"辩论"与"门"组成新的"辩论门"。可见，"X门"是在范畴化认知中，从图形与背景中抽取负载信息焦点的关键词或语素，进行融合式重构。

以原型为参照进行类比，汉语常常采用外部标记来表达，这些标记可以是语缀，可以是词语，也可以是框式结构，形成了复杂多样的表达方式：（1）标记"式"，如"柏拉图式爱情"等。（2）标记"第二"，如"石达开第二"或"第二个石达开"。（3）标记"小"，如"易建联成了小姚明"，又如"小上海"、"小香港"、"小巴黎"等。（4）标记"又一个"，如"又一个东方不败"，"又一个贝克汉姆"。（5）标记"的"，将定语与原型时空错位地组合在一起，如"现代社会的陈世美"、"西藏的江南"。（6）标记"比……更/还"，构成强式较喻，如"他比阿 Q 更阿 Q"。

其三，"目的物"与"参照物"层次与组合。

"现代社会的陈世美、西藏的江南、中国的华尔街、东方的曼哈顿"等时空错位组合，出现频率非常高，"陈世美、江南、华尔街、曼哈顿"才是原型，是参照物。参照物做中心——正好跟刘氏观点相反。问题出在对语言事实的观察上。定中语序跟参照物、目的物关系，多形成一个层次的简单对应，但有时是两种不同层次的参照物、目的物关系，融为了一个层次的定中短语，这时需仔细辨别。以"西藏的江南"为例，先将隐含的目的物补充出来：

（18）西藏的察隅 ＋ 察隅像江南 → 西藏的江南

（参照₁＋目的₁）　　（目的₂＋参照₂）　　（参照₁＋目的₁＝参照₂）

"西藏的察隅"反映地域、行政上的包含关系，"西藏"是参照物，"察隅"是目的物，构成参照物与目的物的第一层次，正如"湖心的亭子"，不过在空间关系里添加了领属关系。"察隅像江南"，用喻体描写本体，"察隅"是目的物，"江南"是参照物，构成参照物与目的物的第二层次。两种结构糅合，语义叠加，参照物（喻体）"江南"获取了本体"察隅"的句法地位，充当中心语，取代"察隅"而成为上一层次的目的物。

"西藏的察隅"，降级述谓结构为"西藏有察隅"，用沈家煊（2006，2007）的"糅合与截搭"理论看，在与"察隅像江南"排成的方阵格局中，"西藏"与"江南"处在对角上，它们相连，属"对角糅合"。如图5—1所示如下：

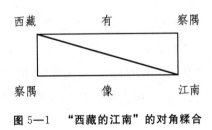

图 5—1　"西藏的江南"的对角糅合

现代社会的陈世美、中国的华尔街、东方的曼哈顿，也都可进行类似的分析。

第三节　黏式语义桥

X 是不能独立运用的半自由语素或不自由语素，处于 N₁ 后面，近似于后缀或准后缀，这类 X 叫做黏式语义桥。例如：

（1）他知道自己得手了，用肮脏弯曲的长指甲掸一下成吉思汗式的唇须，然后揪一下下颏上乱糟糟的稀疏的灰色络腮胡，干笑着，露出几颗槟榔色的牙齿，越发卑琐可疑。

（《鹦鹉查理》，《读者》2006 年第 2 期）

"成吉思汗式的唇须"与"槟榔色的牙齿"中，"式"和"色"都不是词，只是黏着语素。常见的黏式 X 有：

表 5—3 　　　　　　　　　　常见黏式 X 语素

X	意　义	$N_1 + X + N_2$
色	颜色	橄榄色军装　槟榔色牙齿　玫瑰色的指甲　咖啡色的蝴蝶
形	形状	树形目录　梅花形金币　弧线形斜拉桥　金字塔形的建筑
状	形状　情况	杆状天线　鱼骨状鼠标　海螺状化石　葫芦状玻璃瓶
性	性质　性能	油性皮肤　酸性土壤　历史性时刻　关键性问题
质	质地　材料	水晶质玻璃　玻璃质茶几　铝碳质滑板　镁铝质耐火球
料	材料　原料	毛料西装　布料玩具　棉料西裤　麻料画布
型	类型　型号	企业型政府　福利型医院　利益型婚姻　产品型名片
级	等级　级别	省部级项目　博导级权威　天王级嗓子　骨灰级人物

一　色

"色"是半自由语素，不能独立运用。主要指颜色，跟颜色形容词一起，构成复合名词：黑色、灰色、白色、红色；意义引申后也可指种类，如，花色、各色各样。语素"色"用于构词，例如，红色、深色、色素、咖啡色；名词"颜色"用于构造句子或短语，例如，美丽的颜色、红是一种颜色。"色"与"颜色"共存，为协调音节提供有利条件。

（一）"N_1＋色"的构造

1. 单音节 N_1＋色

前面谈到的状态形容词（A＝N＋A），当名词素 N 为单音节时，还可以加"色"构成复合名词（NA＋色），也可以删除 A，变成简洁的名词（N＋色）。比较表 5—4：

表 5—4   "A、N、色"的组合类型

A＋色	黑色	白色		红色				黄色	青色	蓝色
N＋A	墨黑	雪白	米白	枣红	血红	驼红	桃红	橘黄	草青	海蓝
NA＋色	墨黑色	雪白色	米白色	枣红色	血红色	驼红色	桃红色	橘黄色	草青色	海蓝色
N＋色	墨色	雪色	米色	枣色	血色	驼色	桃色	橘色	草色	海色

2. 双音节或多音节 N_1＋色

双音节名词跟语素"色"组合，相当自由。例如：

银沙色　猪肝色　肉桂色　玫瑰色　银光色　蔷薇色　葡萄色　樱桃色
豆沙色　番茄色　蜜桃色　血腥色　棕晶色　蜜枣色　鹅肝色　琥珀色

多音节名词跟"色"组合，频率要低得多，有时 N_1 中还包含一个颜色词。例如：

巧克力色　紫玫瑰色　紫罗兰色　金香槟色

"N_1＋色"的构造，对 N_1 的限制主要有：（1）N_1 的颜色具有高的显著度，见到 N_1 词形，人们大脑里能浮现一种颜色与之匹配。（2）作为代表颜色的原型，须有明显的视觉特征，因此，这类名词必须是物体名词，而不是抽象名词。（3）人类切分光谱、认识颜色的数目有限，多是单一的色调。这类名词，大多是纯色的自然物，或是自然物纯色部分，颜色是其固有属性。人造物难以单一，颜色也常常不固定，例如"书"，就不能成为表颜色的原型。事实上，人们也大多是提取自然物颜色来描写人造物、

另一自然物或抽象事物。（4）N_1 为生活中常见的自然物，人们普遍对它具有熟悉感。

（二）"N_1＋色"的语义分析

1．"N_1＋色"的语义构造

物体的颜色在发展过程中会起变化，在不同阶段其色差还可能很大，人们从 N 中能提取多种颜色，于是，有时"N 色"具有了母场的性质。典型的例子是苹果，成熟前是青的、绿的，成熟后变成黄的、金的或红的。于是"苹果色"对应着多种颜色，但绿色是其原型，通常总是将"苹果色"和"苹果绿"看成等值。

苹果色：苹果绿　苹果青　苹果黄　苹果红　＊苹果金

2．"N_1＋色"的语义指向

跟颜色形容词做定语一样，颜色名词修饰主名词，也存在语义指向的问题。在名名组合中，颜色的所指对象究竟是什么，很大程度遵循着格式塔心理学的认知规律。以"咖啡色"为例，看其在组合中的语义指向（见表 5—5）：

表 5—5　　　　　　　　　　　　"咖啡色"的语义指向

N_1＋X	N_2	N_2 的显著度	降级述谓结构	"N_1＋X"语义指向	类型	层次
咖啡色（的）	皮肤	＋浅表 ＋颜色	皮肤是咖啡色的	皮肤	外表 视觉	物理世界
	眼影	＋条形 ＋颜色	眼影是咖啡色的	眼影	外表 视觉	
	女人₁	＋皮肤 ＋颜色	女人的皮肤是咖啡色的	皮肤	外表 视觉	
	女人₂	＋装束 ＋颜色	女人的装束是咖啡色的	衣服等装束	外表 视觉	
	眉笔	＋绣眉 ＋颜色	眉笔（的 φ）是咖啡色的	眉笔绣出的颜色	内质 视觉	
	口红	＋着色 ＋颜色	口红（的 φ）是咖啡色的	口红抹出的颜色	内质 视觉	
	性格	＋心理 －颜色	性格是咖啡色的	与性格相关的 φ	感觉 联想	心理世界
	爱情	＋情感 －颜色	爱情是咖啡色的	与爱情相关的 φ		

"N_1＋色"的语义直指 N_2。如果 N_2 是物体名词，颜色为其固定属性，"N_1＋色"充当属性值，语义内指，指向 N_2 的属性域，须遵循物理世界的颜色逻辑。如果 N_2 是抽象名词，颜色并不是其固定属性，"N_1＋色"语义外指，指向与 N_2 相关的事物，此时解码要以感觉、联想为中介，遵循心理的隐喻、转喻等规则。

即便是纯物理的视觉组合，正如"红苹果"与"红西瓜"内外有别一样，N_2 有时也要区分内外。大凡 N_2 是具有"＋［着色或发光］、＋［变更］"等语义特征的人造物品时，物品的外部包装与内涵材质都有颜色属性，定语"N_1＋色"常常指内质颜色。这类 N_2 有：（1）口红、眉笔、腮粉、染发膏、指甲油等化妆品；（2）油漆、涂料、染料、墨盒、墨粉等材料制品；（3）太阳镜、灯管、灯泡、发光字等。

自然属性常常是固定属性，人工属性多为可迁移、可变更的属性。"咖啡色女人"，指皮肤颜色，是自然属性；指女人的衣着、打扮等的颜色，如衣服、鞋子、围脖、小坤包、眼影、口红等，相关关系繁多而灵活。

3. "N_1 色"与"N_1＋的＋颜色"

语法上，同是偏正关系，"N_1 色"是词，"N_1＋的＋颜色"是短语，如，"苹果色"与"苹果的颜色"。语义上，表面看两者意义相同，实际上有较大差异。比较：

(2) 甲：苹果色很鲜艳 ≠ 苹果很鲜艳

　　乙：苹果的颜色很鲜艳 ≈ 苹果很鲜艳

甲中，谓语"鲜艳"陈述颜色，不可让渡给"苹果"。乙中，谓语"鲜艳"也陈述颜色，却可以让渡给"苹果"，因为颜色是苹果的属性，苹果是颜色的领事，互相构成领属关系。其实，甲乙降级述谓结构也不同：

(3) 甲：苹果色 ← 像苹果一样的颜色 ←（N_2 的）颜色像苹果（像事＋喻事）

乙：苹果的颜色 ← 有颜色的苹果 ← 苹果有颜色（领事＋属事）

这种语义差异跟语用有密切关系，短语"N_1＋的＋颜色"在语义上是自足的，在语用上是自由的；词"N_1色"语义常常不自足，语用上也表现出较强的黏附性——依赖中心名词 N_2，如，苹果色西裤、苹果色地毯。

4. "N_1＋色＋N_2"的义素脱落

"N_1＋色＋N_2"组合，有时 N_1 与 N_2 在颜色上产生逻辑冲突，典型例子是口红、墨水、墨盒等本身带颜色语素的人造物名词，这里以口红为例加以说明。据《现代汉语词典》："【口红】化妆品，用来涂在嘴唇上使颜色红润。"词典的解释说明"口红"已经包含义素［＋红］，从起源看，早期口红的功用就是抹红嘴唇，人造物属性以自然固有属性为基础，实现了统一。但后来，随着审美意识的多样化，口红的颜色变得五彩缤纷起来。例如：

（4）a. 珊瑚色口红　蔷薇色口红　樱桃色口红　番茄色口红
　　　 蜜桃色口红　玫瑰色口红

　　 b. 咖啡色口红　棕麦色口红　葡萄色口红　豆沙色口红
　　　 巧克力色口红

　　 c. 橘色口红　紫色口红　银光色口红　紫炫色口红　紫莓色口红
　　　 紫罗兰色口红

上面三组口红的颜色，a 组"红＋红"，不构成逻辑冲突；c 组是"黄｜白｜紫＋红"，冲突明显；b 组介乎两者之间。

c 组的冲突也只表现在历时层面。共时层面上，人们并不觉得组合中包含着不可调和的矛盾而无法视解，因为 N_1＋N_2 组合过程中，语义双向选择并不只限于完全被动地选择，它还可以在互相影响和制约中，促成语义的动态运动，催生特征涌现、义素脱落、义素同化等语义变化现象。共时层面的义变积累到一定量——即冲突组合语用频率居高不下、由新异变为常规的时候，词义的演变就历时性地完成了。"口红"指"涂在嘴唇上使颜色鲜艳的化妆品"，词义的范围明显扩大了：义素［＋红］的脱落，消解了矛盾与冲突，使对立得到中和。

N_1+N_2 组合过程中，义素脱落十分常见。但一般是提取 N_1 的特征描写 N_2——叫属性映射，N_1 的其他特征经常被舍弃，造成义素脱落，这在前面举过不少的例子。相对而言，受 N_1 的语义控制，删除 N_2 的义素从而改变组合的意义——为了修饰词的填空物（filler）而改变主名词的图式槽道（slot）——这种多少有点"削足适履"味道的组合，要少得多。但并不像西方一些语言学家说的，N_1 不能改变 N_2 的图式槽道。例如，"房车、女丈夫、声音锁、手机报纸"等组合，都伴有 N_2 部分义素脱落的现象。

5. 多层组合的歧义

跟"银刀柄"、"新职工宿舍"、"三个报社的编辑"等一样，多层名名组合因内部层次的两可，造成结构歧义。例如：

（5）咖啡色字母休闲长裤 ｜ 咖啡色蕾丝边裙子 ｜ 咖啡色兔毛边小衫

这类歧义跟名名间依存度的强弱有关。

二 形、状、体

"形"、"状"是同义语素，不单用，合成"形状"，指物体或图形由外部的点、线、面组合而呈现的外表。颜色与形状，都是视觉最典型的对象，形状比颜色更加丰富多彩。"形"与"状"充当语义桥，语义和功能基本一致，常常可以互换。

形容词表形状（$A_形$），包括大小、长短、宽窄、厚薄、粗细、圆扁、曲直等，一般从单一维度对物体的某个属性进行描写。名素表形状（$N_形$），X 主要是"形"与"状"，另外还有"体"，N_1 作为描写 N_2 的原型，具有图像性、整体有界性的特征（见表5—6）。

表 5—6　　　　　　　　　　　　　N₁＋形（状）＋N₂

N₁	N₁＋X	（N₁＋X）＋N₂	N₁	N₁＋X	（N₁＋X）＋N₂
树	树形	树形图　树形导航栏	点	点状	点状光斑　点状角膜炎
心	心形	心形钻石　心形铭文镜	条	条状	条状吸盘　条状吸附棉
线	线形	线形结构　线形耳饰	粒	粒状	粒状烧碱　粒状复合肥
马蹄	马蹄形	马蹄形山崖　马蹄形围龙屋	块	块状	块状经济　块状纳米材料
蘑菇	蘑菇形	蘑菇形灯泡　蘑菇形烟柱	片	片状	片状红斑　片状三极管
哑铃	哑铃形	哑铃形肿瘤　哑铃形社会	杆	杆状	杆状天线　杆状温控器
纺锤	纺锤形	纺锤形模式　纺锤形金枪鱼	球	球状	球状闪电　球状飞行物
螺旋	螺旋形	螺旋形涡轮　螺旋形自动扶梯	柱	柱状	柱状音箱　柱状锂电池

（一）N₁ 的状物与计量

N₁ 至少分两类：其一是典型名词，如树、心、球、伞、马蹄、纺锤、哑铃、螺旋等，是指称物体的符号，提取其整体形状，修饰 N₂，具有较强的表形、状物功能。其二是点、块、环、丝、杆、条、粒、片等，大多已不再指具体事物，而带有从万物中抽象概括出来的几何形状特征，意义抽象，可添加在 N₂ 后面构造复合词。它们大多拷贝成量词——即从形状名词发展为计量量词，简称"形状的计量化"。例如表 5—7 所示。

表 5—7　　　　　　　　　　部分 N₁ 从状物到计量

N₁	造字与本义	语义特征	数＋N₁＋N₂	N₂＋N₁	N₁＋X＋N₂
片	指事；半木，劈开的木片	［＋片状］［＋扁薄］	一片瓦	刀片、胶片	片状面膜
粒	从米立声；米粒、谷粒	［＋粒块］［＋小］	一粒扣子	饭粒、豆粒	粒状烧碱
块	从土鬼声；土块	［＋块状］	一块石头	石块、煤块	块状橡胶
条	从木攸声；小枝	［＋长条］	一条电线	柳条、薯条	条状吸盘
点	从黑占声；斑点	［＋圆形］［＋小］	一点污渍	糕点、污点	点状光斑
杆	檀木或柘木；杆子	［＋细长］［＋硬］	一杆烟枪	铁杆、秤杆	杆状天线
环	从玉；圆形中空玉	［＋圆形］［＋中空］	一环项链	光环、花环	环状水槽
饼	从食并声；扁圆面食	［＋圆形］［＋扁薄］	一饼爆竹	铁饼、粉饼	饼状烟花
丝	会意，从二糸；蚕丝	［＋细长］［＋柔软］	一丝愁绪	蛛丝、钢丝	丝状小虫
线	从糸戋声；棉麻等细缕	［＋细长］［＋柔软］	一线天	路线、光线	线形动物

（二）状物和计量的过渡带

在汉语的演变与发展中，这类 N_1 产生分化：其一为名词性语素，保存了名词用法，能进入"N_1+X+N_2"格式，获得认知其他物体形状的原型资格与"状物"的功能；其二为拷贝量词，能自由地接受数词的修饰，能进入"数$+N_1+N_2$"格式，获得计量的功能。还有不少从状物发展到计量的 N_1，处于名词和量词的过渡带。如图 5—2 所示为：

图 5—2　N 状物—N∩Q 状物＋计量—Q 计量

典型名词如心、伞、纺锤、蘑菇、哑铃，能接受数量的修饰，不能进入"（数$+N_1$）$+N_2$"格式，没有计量功能，"一箱子书"之类的容器量词或临时借用量词除外。典型量词如"个、只、片、条、粒"，接受数词修饰，但不接受数量修饰，没有"（数＋量）＋量"格式；其中，"个、只"的状物功能尽失，不能进入"N_1+X+N_2"格式。"个"是现代汉语最常用的量词，从竹固声，本义为"竹一枝"，发展为通用的个体量词，表示单独的人或事物。"只"是"隻"的简体，《说文》："隻，鸟一枚也。从又持隹。持一隹曰隻，二隹曰雙。""只"也是常用量词。

部分单音节的具有显著形状特征的常用名词，衍生出比较固定的状物功能；在状物过程中，经常跟具有类似形状的其他物体名词结合在一起，当这种结合慢慢稳定后，逐渐产生、发展了计量功能，获得了量词的语法特征。这正是单音节名词演变为量词的一条途径。

（三）状物与计量的关系

量词大多是从名词、动词中拷贝过来的。拷贝过程主要表现为语义特征的取舍及其虚化：提取形状特征，舍弃其他属性。在 $N_1 + X_形 + N_2$ 中，提取 N_1 的形状特征映射到 N_2 上，$X_形$ 是形状提取的标记。N_2 既可以是与 N_1 同类的具体物体，如一杆枪、一片瓦；也可以是异类的抽象事体，如一丝愁绪、一线希望。当 N_1 用于计量时，依然隐含着形状特征，于是，量词就具有形象色彩，给行文增添形象美，即计量与形状兼容。

双音化是汉语词汇发展的主流，但单音词也不少，量词以单音节为主（借词除外）。具有典型形状特征的双音节名词，很少转变为量词，容器量词也只是借用量词（一箱子书）。例如，"纺锤形桃树"，变成"一｜纺锤桃树"，"纺锤"只是定语，跟名词组合；而不是"一纺锤｜桃树"，跟数词组合。"环状项链"，变成"一环｜项链"，"环"跟数词组合，一起修饰名词；而不是"一｜环项链"。因此，"纺锤"只有表形功能，没有计量功能；"环"既有计量功能，也有表形功能。

通用量词"个"与"箇"同。《说文》："箇，竹枚也，从竹固声。"《方言》："箇，枚也。"郭璞注："谓枚数也。"《集韵·箇部》："箇，或作个，通作個。""条"是小树枝，"个"是竹枝，本义平行而且接近，都用于计量。"条"保留了形状特征，能进入"条状 $+ N_2$"或"条形 $+ N_2$"格式，如条形码、条状物、条状花纹、条状云带、条形显示屏；"个"没有保留形状特征，不能进入"个状 $+ N_2$"或"个形 $+ N_2$"格式。什么原因造成了这种不平衡呢？郭注的注释提供了有价值的信息："个"虽指竹枝，但在语用中人们很早就开发了其计量功能（"谓枚数"），抑制了其"细长"的形状意义。抑制"个"的形状意义，就意味着"个"在跟其他名词组合时，语义选择范围大，组合能力强，其形象色彩几乎是零，因此"个"演变为通用的、泛化的高频量词。

总之，N_1 的状物功能体现着名词的特征，计量功能体现着量词的特征；表形功能强，则形象色彩显著，但与之匹配的 N_2 的选择范围就小；表形功能弱，则形象色彩不明显，但与之匹配的 N_2 的选择范围就大。量词泛化，需以消解其形状特征为前提。

（四）形状的元素

点、线、面、体是构成形状的四元素。点构成线，线构成面，面构成体。物理、数学中的点、线、面、体概念，与日常生活中的点、线、面、体，所指不尽相同。例如，沙粒、米粒、饭粒、芝麻等，虽然小，依然是"体"的形状，语言世界里，人们倾向于视为"点"形。可以说，语言中关于点、线、面、体的认知，只是科学领域点、线、面、体概念的大致映射。"点"和"线"的字义、语义特征，前面已有分析，再看看"面"和"体"：面，象形，甲骨字形里面是"目"，外面是脸庞，本义指脸；面是体的外表，有平面、曲面、凸面、凹面等，语言认知以平面为基础，语义特征是［＋扁平］［＋平方］；做量词，与扁平见方的物件组配，如"一面镜子"、"一面旗帜"。而体是"體"的简形，形声字，本指人的手脚、四肢，引申为身体；后词义扩大，指一切物的形体，如长方体、几何体、圆锥体、角柱体、三角体、磁体、导体、发光体，语义特征是［＋三维｜立方］［＋内外］。

世界万物形体不一，"体"处在人类认知的终端，人们常用"体"的下位概念方体、锥体、柱体、球体，或从某个具体物中提取具有普遍共性的"体"去描写其他物件，于是"体"本身成为跟"形"、"状"意义类似的一个语义桥。例如：

(6) 方体水箱　球体阀门　纺锤体耳坠　三角体扬琴　柱体太阳能热水器

"点、线、面"有计量功能，能进入"数＋N_1＋N_2"格式，"体"没有计量功能；"点、线、面"有表形功能，能以 N_1 身份进入"N_1＋X＋N_2"格式，"体"不能，但"体"可以充当 X。比较表 5—8 所示：

表 5—8　　　　　　　　　　点、线、面、体的功能比较

形状元素	点	线	面	体
语言映射	点 滴 粒	线 丝	面	体
置 N_2 后	+	+	+	+
计量功能	+	+	+	-
表形功能	+	+	+	-
语义桥 X	形|状	形|状	形|状	体

　　"点、线、面"存在于二维的面上，"体"存在于三维的空间，语言认知中，有时对这类物理属性并不做严格区分。例如，一般情形，字是平面的，但习惯用"体"相称：黑体、楷体、粗体、球体、灯笼体、橄榄体，等等。

　　最后说说"点"与"丝"。"点"的语义特征是［＋小］；"丝"与"线"相近，语义特征是［＋细长］：共同处于量级序列的微小极端上。两者的计量功能都十分强。例如：

　　(7) 一丝希望　一丝笑容　一丝温情　一丝惬意　一丝涟漪
　　　　一丝杂念　一丝惆怅　一丝痕迹
　　　　一点成绩　一点距离　一点痕迹　一点疑问　一点安慰
　　　　一点意见　一点建议　一点感慨

　　"点"与"丝"都用来计量，而不计数，属不定量词。可修饰物体名词（如杂质、痕迹），但更多的是用来修饰表示主观感知、情感、意志等的抽象名词或形容词、动词。大多情况下，两者可互换，理性义相同，但色彩上有差异："点"口语色彩强，"丝"相对文雅些；"丝"有把主名词形状化的心理倾向，形象色彩更明显。两者的重叠式，"丝丝"、"点点"均表细小物体的多量集合，具有"繁多"的语法义；"一丝丝"、"一点点"跟"一个个、一排排、一箱箱"不同，表细小程度的加深，即"微量"的语法义。

三　性

性，形声字，从心生声，本义指人的本性。作为后缀，其一指物质具有的性能，物质因含有某种成分而产生的性质：黏性、弹性、药性、酸性、碱性、油性、磁性；其二指事物的性质，或在思想、情感等方面的表现：党性、社会性、阶级性、历史性、理论性、学术性、现代性、文学性、纪律性。例如表5—9所示：

表 5—9　　　　　　　　　　N_1＋**性**＋N_2

X	类别	N_1＋X	N_1＋X＋N_2				
性	自然性质	油性	油性皮肤	油性头发	油性墨水	油性树脂	油性外墙漆	油性平衡霜
		酸性	酸性体质	酸性肌肤	酸性食品	酸性饮料	酸性废弃物	酸性电解水
		碱性	碱性电池	碱性药物	碱性食品	碱性溶液	碱性玄武岩	碱性无机盐
		磁性	磁性材料	磁性元件	磁性液体	磁性开关	磁性保健品	磁性过滤器
	社会性质	社会性	社会性网络	社会性软件	社会性视角	社会性风险	社会性功能
		历史性	历史性课题	历史性建筑	历史性人物	历史性事件	历史性机遇
		理论性	理论性知识	理论性文章	理论性期刊	理论性问题	理论性题目
		学术性	学术性社团	学术性随笔	学术性人才	学术性网站	学术性论坛

下面以酸、碱为例，看看它们跟添加X后的酸性、碱性在意义上的差异。据《汉语大词典》：

【酸】化学上酸类的简称。此类物质的水溶液皆有酸味，如硝酸、硫酸、盐酸、醋酸、草酸等。能使石蕊试纸变红。

【酸性】化合物在溶液中能放出氢离子，有酸味，能使石蕊试纸变红，这种性质叫做酸性。具有这种性质的物质叫酸性物质。

【碱】含氢氧根的化合物的统称。有涩味，能使红色石蕊试纸变蓝，能跟酸中和而形成盐。

【碱性】碱类水溶液所具有的通性。有涩味，能使红色石蕊试纸变成蓝色等。

　　酸、碱是两类化合物的统称，"性"提取其主要的化学性质，舍弃其他自然属性，映射到主名词上面。酸、碱成为在化学性质上认知其他成员（N_2）的原型，"性"是表示定向提取的标记，它的存在，排除了 N_1 与 N_2 产生其他关系或提取 N_1 其他属性的可能。至于 N_2 与 N_1 的像似程度，要根据 N_2 的具体所指进行分析。例如，肌肤、食品中所包含的酸性，显然比原型硝酸、硫酸、盐酸、醋酸、草酸中的酸性要轻微得多，但它们的性质，在与碱性肌肤、碱性食品对比中，依然能得到凸显。

　　又如"历史"，指过去事实的记载；经历；自然界与社会发展的进程。哲学上看，任何一个"现在"时点前都是过去，都是历史，宇宙的万物存在，都是历史的、历时的。"历史"还指人类对客观历史的认识与研究，即历史学。"历史性"，并不单指已成过去，还包括"有史以来的、重大的、将被载入史册的"这样的意义。所以，"历史性课题"不同于"历史课题"；"历史性建筑"也不同于"历史建筑"。

第四节　虚词语义桥

　　能插入 N_1 和 N_2 之间的虚词，主要是助词，包括结构助词和比况助词两类。

一　结构助词

（一）结构助词"的"

助词"的"的有无，影响结构松紧度，有时还改变关系，区分意义。例如，父亲母亲｜父亲的母亲、北京大学｜北京的大学、牛脾气｜牛的脾

气。关于助词"的",前面分析名名组合的语法手段,后面区分领事定语
与属性定语时,都有较细致的论述。

(二)结构助词"之"

来自古汉语的助词"之",连接定语与中心。例如:

(1)海之子 春之声 赤子之心 北国之春 天籁之音 中国家具商
贸之都

"之"是古汉语助词的遗留,对现代汉语助词"的"起补充作用。两
者主要的区别为:

1. 结构成分

"的"只能放在词语之间,标示词或短语的结构关系;"之"可置于词
与词、词与黏着语素甚至两个黏着语素之间。例如,天籁之音、蝶之谷、
蜂之语,都不能用"的"替代。"的"对连接成分有限制,"之"连接的对
象更自由。"之"连接黏着成分,使组合具有浓郁的书卷气息,甚至带有
文言色彩,跟"的"形成互补关系。

2. 前附与后附

数词、单音节方位词前面只能用"之",如"之三、之五、之十、之
二十一"与"之前、之后、之上、之下、之内、之外"。现代汉语中,所
有的"的"字短语,"的"一律不能用"之"替代。说明"的"倾向于前
附,附着在前一个成分上;"之"倾向于后附,附着在后一个成分上。

从音节结构看,双音节定语和单音节中心,用"的",音节结构比较
别扭;用"之",音节协调、上口,如"赤子之心、北国之春、天籁之
音"。这也跟助词的前附、后附有关。汉语四音节的原型结构是2+2,这
种模式具有强大的约束力,甚至能裂割句法结构,例如,成语"一衣带
水"、"不毛之地",中心是单音节,但习惯读作"一衣丨带水"、"不毛丨
之地"。将第三音节划入第二音步的语音要求,跟"的"的前附倾向产生
矛盾,而跟"之"的后附倾向恰好吻合。这正是造成"北国丨之春"比

"北国的｜春"音节协调的原因。

"……之……篇"是现代汉语中常用的框式结构，表示"整体—部分"的语义关系。"篇"从竹扁声，本义为简册（用绳子连起的竹简），后发展为表文章、作品的量词。"……之……篇"原指属于整个文章或作品的某个部分，经过隐喻或转喻式扩展，其内涵已不局限在文章或作品里，能泛指"整体—部分"关系。例如：

（2）中国作文批判之语言篇　｜　古惑仔之少年激斗篇　｜　仙剑奇侠传之东邪西毒篇　｜　鲜花物语之礼仪篇　｜　元旦情侣手机导购之贵族篇　｜　可口可乐之小小罗射门篇

一般的朗读习惯，"之"也是后附的，即读作"……｜之……篇"，而不是"……之｜……篇"。

3. 语用色彩

"的"字的结构，带口语色彩，结构松散，属于句法短语；"之"字组合，结构紧密，带文言与书面语色彩，相当于是词化短语。例如"教工"与"家"都是词，分别可用"之"与"的"来组合，但"教工之家"显然比"教工的家"凝固，更适合做标题，或给单位、建筑物等命名，两者在语用上产生了区别。"教工的家"指一个个具体的家庭，"教工之家"常指学校或其他教育部门的工会为教师学习、生活、休息提供方便的场所。徐阳春（2002）认为，语用上，"军港｜之夜"与"军港的｜夜"存在互补关系。

总之，文言助词"之"的主要功能，被后起的"的"取代；当"的"与连接成分、音节结构、语体色彩发生冲突时，依然用"之"。即现代汉语中，"之"与"的"构成互补关系，"之"是主要结构助词"的"的补充。

二　比况助词

（一）比况助词

高更生、谭德姿、王立廷（1992）认为，比况助词是指表示比况的助词，如"似的、似地、般的、一样"等，它们附在词或词组后边，合成比况词组表示比喻，如"黑葡萄般的眼睛、箭似地冲向前去"。黄伯荣、廖序东（2002）认为，比况助词附着在名词性、动词性、形容词性词语后面，表示比喻，例如"苹果似的脸儿、泥菩萨似的坐着一动不动"，比况助词经常跟动词"像"配合使用。

比况助词表示前后名词 N_1 和 N_2 之间具有比喻关系，这几乎是定论。在这里，值得关注的两个问题是：其一，具有比喻关系的 $N_1 + N_2$ 组合的表达形式；其二，比况助词"似的、似地、般的、一样"的构造。

第一个问题，N_1 和 N_2 之间具有相似、相异关系就能构成比喻。从认知角度说，比喻是以某个显著度高的事物（名词）为原型，认知共同特征和区别特征都十分明显的超范畴成员的过程。汉语中，比喻有多种表达形式。构造句子，"像、是、成为、算、宛若、如同"等喻词是典型谓词；构造指称性短语，比况助词"似的、似地、般的、一样"等只是形式标记之一，此外还有"的、小、式、第二、又一个、零形式 ϕ"等多种手段。

第二个问题，"似的、似地、般的、一样"叫比况助词，并不十分准确。"一样"是谓词，典型用法是"N_1 和 N_2 一样"；"一样"连接名词，一定要加结构助词"的"，形成"N_1 一样的 N_2"格式。即"一样"是谓词，"一样的"才是比况助词。弄清了这层关系后，就很好理解比况助词这个术语：表示比喻的标记（似、般、样、一般、一样）与结构助词"的"或"地"的组合，简言之就是：比况助词＝喻标＋助词。

喻标"似、般、样"，既强调两者相似，又以两者不同类为基础，即两者"似是而非"，相似的是某个要凸显的共同特征，更多是区别特征作为背景被舍弃了。例如"他呀，大姑娘似的"，甚至"她呀，大姑娘似的"，都隐含着"他不是大姑娘"或"她只是小女孩"、"她已是老女人"之类的相异点。相似和相异是比喻的深层要素，是比喻存在的基础。

"同类不喻"，惠施所言的"弹之状如弹"，肯定是"未喻也"，两事物存在一定的相异度，是构成比喻的要素。比喻和非比喻之间具有一个难以绝对分割的过渡地带，形式标记是"式"。例如，"案例式教学"，"案例"与"教学"间很难说有比喻关系，而是"方式＋事件"关系；"燕子式跳水"、"柏拉图式爱情"，其中的比喻又不容否定。

喻标"般、样、一般、一样"能跟事物的相似点（A）组合，喻标"似"则不能。视觉、听觉、味觉、嗅觉、触觉等感知的事物性质（形容词A），常常跟"般、样"等比况助词一起，组合成"（一）样｜般A的"结构，如"银铃般清脆的笑声"、"下水道一样恶臭的气味"。喻标"似"不能进入这种格式。

总之，"似、般、样"是喻标，是黏着语素，"一样、一般"是谓词，"似的、般的、样的、一样的、一般的"是比况助词，充当语义桥；"一样A的、一般A的、般A的"是形容词语义桥与比况语义桥的组合；"式"是半个喻标，"式的"是半个比况助词。

（二）$N_1 + X_比 + N_2$ 结构

$N_1 + X_比 + N_2$ 结构就是由喻标或比况助词充当语义桥的名名组合，喻标或比况助词充当的语义桥，可以简称为比况桥，记作 X 比。例如：

(3) 雪似的肌肤　牛毛似的烟丝　金瓶似的小山　青花瓷似的音色
　　梦幻般的旋律　天使般的笑容　迷雾般的凶案　青烟般的初恋
　　花样年华　花儿一样的脸庞　地狱一样的生活　刀子一样锋利的话
　　案例式教学　哥特式建筑　平板式扫描仪　柏拉图式爱情

比况桥对 N_1 的语义提取，是一种模糊的、整体的提取。只有在 N_1 和 N_2 的语义双向选择中，才能确定比况桥所提取的语义特征。一个原型结构

"N₁ 像 N₂"，当 N₁ 和 N₂ 的交集出现多个语义特征时，形成多义比喻，即钱钟书所谓的"喻之二柄与多边"。名名组合也一样，X 比包含多个相似点，就会形成多义。例如"樱桃似的小嘴"，既可提取樱桃的 ［＋小］［＋圆润］的形状特征，也可提取 ［＋红艳］的颜色特征；"苹果似的小脸蛋"，既可提取苹果的 ［＋圆］［＋满］的形状特征，也可提取 ［＋红润］的颜色特征。N₁ 和 N₂ 在形状、颜色上具有选择的相容性（苹果的"绿色"是冲突特征，被舍弃），语义组配就协调，合格。

比况桥 X_比 实质上处于形状桥、颜色桥、性质桥……等各种属性桥的上位，具有概括性、整体性，因而也就产生了模糊性或多义性。

第五节　零形语义桥

N₁＋X＋N₂ 中，当 X 为零（记作 φ）时，语形在句法上消失，但语义隐含在组合之间，组合演变成 N₁＋N₂，这个无形的 X 叫零形语义桥。

一　语义桥的迁移与隐含

语义桥的运动，有两种情形：其一，语义桥前附或后附，迁入到 N₁、N₂ 的词形中，叫单向消融的迁移式；其二，语义桥所表示的关系，完全隐藏起来，作为一种隐性意义，沉积在两个名词的背后，叫双向消融的隐含式。

单向消融分迁移型、替代型，前融型、后融型等次类。迁移型指语义桥 X，跟前、后单音节名词或语素，组成一个名词，语义标记迁移进入了 N₁ 或者 N₂ 中。例如，"村庄旁的小溪"、"手掌上的明珠"，语义桥"旁"、"上"反映物体的空间关系，是空间标记，在四音节化的简缩过程，变换成"村旁｜小溪"、"掌上｜明珠"，空间标记迁入 N₁ 中。"中国产的汽车"、"家庭用的电脑"，简缩成"国产汽车"、"家用电脑"，指派名词语义

角色的动核迁入 N_1 中。"学生用的笔"、"生活用的电",简缩为"学生用笔"、"生活用电",动核往后迁入 N_2 中。语义桥的前迁或后移,分别叫前融型与后融型,跟组合的音节结构有密切关系,又如,"战争前的格局、晚饭后的点心,边防前面的哨所、文章后面的记事",分别缩简为"战前│格局、饭后│点心,边防│前哨、文章│后记",方位桥的前迁与后移相当自由,形成 $NX_方$、$X_方 N$ 两种常见的构词方式。

替代型是 X 的语义已经包含在 N_1 或者 N_2 中,或者说,N_1 或 N_2 的词义可以替代 X 的内涵,X 只增加羡余意义,删除后并不影响名词组合意义的理解。例如"地震前的预言"、"海啸前的征兆","预言"指预先说出将要发生什么事情的话,"征兆"指事先暴露出来的迹象,两词都包含[＋时间上在前]的义素,"地震│预言"、"海啸│征兆"的时间桥就包含在 N_2 中。又如,"湖心小岛"、"全身淋巴",空间桥隐含在 N_1 中。

双向消融,指语义桥的关系义,消融在两个名词的双向互选中。例如,"用羊毛编织的背心","羊毛背心"包含着"用……V……",或者说"用……V……"消融在两个名词的双向选择中。又如,"曼陀山庄","种植了许多曼陀(茶花)的山庄",隐含着空间关系。

二　语桥零形化例谈

实词、词缀、虚词、零形,均可充当语义桥,逻辑上推导,零形桥是实词、词缀、虚词语义桥的隐藏或迁移形式,一个零形组合隐含多种语义桥,就是多义组合。以动词为例,将动词桥记为 X_V,两种结构方式为:(N_1＋X_V)＋N_2 与 N_1＋(X_V＋N_2)。对于(N_1＋X_V)＋N_2 而言,"中国产汽车→国产│汽车"是迁移式,"佛山产陶瓷→佛山陶瓷"是隐含式;对于 N_1＋(X_V＋N_2)而言,"教语文的老师→语文教师"是迁移式,"芒果出口市场→芒果市场"是隐含式。下面举例谈谈将语桥零形化的一些类别(见表5—10):

表 5—10　　　　　　　　　　　　语桥零形化的类别

X 类型		X→X＝0	迁移式	隐含式
实词	动	$(N_1+X_V)+N_2→N_1+N_2$	中国产汽车 → 国产｜汽车	佛山产陶瓷 → 佛山陶瓷
		$N_1+(X_V+N_2)→N_1+N_2$	教语文的老师 → 语文｜教师	芒果出口市场 → 芒果市场
	形	$(N_1+X_A)+N_2→N_1+N_2$	火样红的岁月 → 火红｜岁月	芝麻大的小官 → 芝麻小官
			玫瑰红的裙子 → 玫瑰｜红裙	拇指长的小说 → 拇指小说
	名	$(N_1+X_N)+N_2→N_1+N_2$	手掌上的明珠 → 掌上｜明珠	汽车上的广告 → 汽车广告
			战争后的格局 → 战后｜格局	暑假里的作业 → 暑假作业
语素	色	$(N_1+X_色)+N_2→N_1+N_2$	枣红色的战马 → 枣色｜战马	咖啡色的西裤 → 咖啡西裤
	形	$(N_1+X_形)+N_2→N_1+N_2$	树样形状的菜单→ 树形｜菜单	马蹄形状的路段→ 马蹄路段
	性	$(N_1+X_性)+N_2→N_1+N_2$	含油性质的皮肤 → 油性｜皮肤	学术性的社团 → 学术社团
	料	$(N_1+X_料)+N_2→N_1+N_2$	麻质料的画布 → 麻料｜画布	羊毛料的背心 → 羊毛背心
	级	$(N_1+X_级)+N_2→N_1+N_2$	省一级别的项目 → 省级｜项目	国家级的贫困县→国家贫困县
虚词	比况	$(N_1+X_样)+N_2→N_1+N_2$	花一样的年华 → 花样｜年华	牛毛一样的细雨→ 牛毛细雨
		$(N_1+X_似)+N_2→N_1+N_2$	水似的柔情 → 水似｜柔情	羊肠似的小道 → 羊肠小道
		$(N_1+X_般)+N_2→N_1+N_2$	梦一般的风情 → 梦般｜风情	罐头一般的人生 → 罐头人生
	的	$(N_1+X_的)+N_2→N_1+N_2$	教工（共同）的家→教工｜之家	玻璃的窗户 → 玻璃窗户

1. 语桥零形化的选择性

并非任何一个语义桥都能零形化，语桥零形化受语音、语法、语义、语用等诸多因素制约。例如，表空间关系的方位桥，较多采用迁移式，较少采用隐含式。"桌子上的报纸、村庄旁的小溪、阳台上的洗衣机"，不太说"桌子报纸、村庄小溪、阳台洗衣机"，因其语义不能自足，但常说"桌上报纸"、"村旁小溪"。"山谷里的小溪、阳台上的盆景"，却又可以说"山谷小溪、阳台盆景"。因为"山谷"已包含方位义；"阳台盆景"表示"置放在阳台上的盆景"，"阳台上置放盆景"是人类生活的典型图式，容易视解，人类生活场景、语用条件补足了两个名词之间的语义关系——使之具有较高的显著度。前面所说的"口袋图书、会场秩序、课堂纪律、暑假作业"等，或表抽象的时空关系，或名词里明显包含方位意义，可以采用零形组合。"汽车广告"，"汽车"可以是"广告"的方所，也可以是

"广告"宣传的对象，因而多义。什么情况下可用零形式表示事物的时空关系，很值得研究。

2. N_1、X、N_2 构成的复合词

（1）N_1－X 式。这类复合词大多属名词，如"地下、枣色、树形、战后"；部分是状态形容词，如"火红、天大、鹅黄"；再有一部分是区别词，如"国产、公用、家用、私营、民营、野生、省级"等。（2）X－N_2 式。X 历史性地折叠在词语层面，如"文学爱好者"、"语文教师"，动核与施事构造复合词"爱好者"、"教师"。（3）N_1－N_2 式。如"时装设计师"、"广告投资商"，删除动核后，意义更概括些，"时装师"、"广告商"是名名复合词。

3. 词缀与虚词的功能

词缀与虚词的功能不一样。词缀起固化作用，使语言成分黏为整体；虚词（"的"）起松散化的作用，将语言单位分成自由的两段。据徐阳春（2003），名名组合中，无"的"的是板块组合，有"的"的是非板块组合，这体现了有无"的"字，结构的松紧度不同。另一方面，有无黏着的X，也影响组合的松紧，带黏着语义标记的组合，结合紧密，不带黏着语义标记的组合，结合松散。从组合的自由度看，其序列为：

羊毛料背心（黏着的）＜ 羊毛背心（板块的）＜ 羊毛的背心（自由的）

三 零形桥组合的概括性

从语言单位上看，X 活动于语素与词的区间，可以是实词，也可以是虚词，还可以是半虚半实的语素；当 X＝0 时，其形式在句法上消失，但其语义隐含在名词之间。实词、词缀、虚词、零形，构成一个由实而虚，从有到无的连续统。

　　不同层级的语义桥，其概括性不一样。这在颜色与形状系列看得最清楚。X 的词义越实在、具体，其概括范围就越小；X 的词义越空灵、抽象，其概括范围就越大。当 X＝0 时，名名组合的概括性最高，或者说，零形式包含了一切有形 X 所表达的语义之和。组合的概括性，与语义的模糊性成正比，与语义的准确性成反比。

　　同一物体处于不同阶段，可能具有不同的颜色，例如，苹果有青苹果、绿苹果、金苹果、红苹果等，"$N_色$"格式比"$N＋A$"格式更概括，具有更多的选择空间。比况助词"般、似的"充当 X，概括性更强，可包括多种属性，如颜色、形状、性质等。用零形式替代 X，$N_1＋N_2$ 获得了最高的概括形式，包含一切可能的、匹配的关系意义。比较（图 5—3 所示）：

图 5—3　不同语义桥的概括性比较

　　具体来说，"苹果绿的眼影"，提取"苹果"的绿色，语义单一。"苹果色的梦"，包含了提取青、绿、金、红等颜色的可能性，选择空间大，语义概括。"苹果似的脸蛋"，比况助词提取两个名词之间具有相同特征的属性，包括颜色、形状、性质等，比单一的颜色提取，概括性更高，比方说，提取苹果的形状和颜色修饰"脸蛋"；比况助词常常是名名组合特征映射的标志。"苹果衬衫"，零形桥表示关系连接，"苹果"是衬衫的牌子。

四　多个 N_1+X 与 N_2 的分层组合

多个 N_1+X 与 N_2 的组合，是多个 N_1+X+N_2 的聚合在组合轴上保留一个 N_2 的分层组合，形成多层定语。以"碎纸机"为例，来考察多个 N_1+X 与 N_2 组合中，语义桥的活动情况。

对"碎纸机"而言，N_1 可以从外形（式样）、体积（大小）、颜色、产地、结果（碎形）、品牌、质料、动力、服务目标等许多方面进行限定或描写，采用的语义桥有式、型、色、产、形、用、牌、料等。例如：

表 5—11　　　　　　　"（N_1+X）＋碎纸机"的聚合与组合

定语（N_1+X）				中心（N_2）
	类型	X	N_1+X	
	外形	式、φ	台式　立式　抽屉式　桌面式　落地式　便携式	
	体积	型	大型　微型　超大型　迷你型	
	颜色	色、φ	绿色　米色　黑色　墨绿色　粉红色　银灰色	
聚	产地	φ、产	德国　日本　国产　日本产	
合	结果	形、状	粒状　段状　条状　丝状　微粒状　粉末状　颗粒状	碎纸机
	目标	用、型	个人型　家用型　企业型　首长型　办公型　商务型	
	品牌	φ、牌	松下　科密　乐博　易保密　机密仕　英明仕　海斯曼	
	质料	φ、料	塑料　金属　ABS 防火塑胶	
	驱动	式、φ	电动　全自动　手动式　手摇式　手握式　脚踏式　组合式	
	其他	型	环保型　节能型　简便型　实惠型　豪华型　智能型	
多层组合			JT868Φ｜豪华型｜粒状＋碎纸机　家庭办公两用｜手摇式＋碎纸机　捷特牌｜橄榄色｜商务型｜抽屉式｜段粒状＋碎纸机	

多个 N_1+X 与 N_2 的组合，形成非常复杂的定中短语：捷特牌｜橄榄色｜商务型｜抽屉式｜段粒状＋碎纸机，五个定语分别表示品牌、颜色、目标、式样、结果，都带上了语义桥。

作为工具，"碎纸机"跟一般人造器物不同，多出一个表结果的语义角色（粒状、段状、条状等），语义上不描写 N_2，而是指向受事。含动组合中，"条状碎纸机"之类的语义关系最为复杂，同类的例子还有"点状发光器、条状割肉机"，句法结构和语义结构交错配位（见图5—4）：

图5—4　"条状碎纸机"句法结构和语义结构的错位配对

第六节　从语义桥看关系联接和特征映射

一　关系联接和属性映射

简洁形式 N_1+N_2 隐含着复杂的意义构建过程，认知与心理语言学家 Murphy、Ryder、Frank、Wisniewski、Gagné、Costella & Keane、Coulson 等，探讨 N_1+N_2 的认知模式，形成了关系理论、图式理论、语用理论三大类型。其中，图式论者 Wisniewski（1996，1997，1998）的双重加工理论认为，N_1+N_2 具有关系解释和属性解释双重性：关系联接处理是 N_1 和 N_2 共同构建场景的过程，其方式是将 N_1 填入到属于 N_2 的角色档位上；属性映射又叫特征映射，指将 N_1 的特征映射到 N_2 上。

刘烨、傅小兰、孙宇浩的实验（600名大学生对32个概念组成的160个新异组合的解释）结果表明：属性解释占 48.84%，关系解释占 31.04%，两者之和总高达 79.88%。实验结果支持双重加工理论：关系解释和属性解释是两种主要的视解策略。

二　从语义桥看关系连接和属性映射

我们提出 N_1+N_2 是 N_1+X+N_2 的折叠，在名名组合中添加一个语义桥，目的是希望将名名组合背后隐含的双向语义关系，聚集在组合间的一个形式标记上，从而为抽象的语义关系找到一个标记。分析 N_1+N_2 的降级述谓结构，大致能归纳出各种语义关系及其相应的典型谓词。例如，"汽车医院"与"暑假作业"：

(1) 汽车医院 ← 汽车上的医院 ← 在汽车上的医院 ← 医院在汽车上

(2) 暑假作业 ← 暑假里的作业 ← 在暑假里做的作业 ← 在暑假里做作业

"汽车医院"的一种意义，采用了"处所＋事件"的语义关系，原型谓词是"在"，原型语桥标记是"上"。"在……上"这类"存在＋处所"格式，正是物体、事件在空间存在的关系模式。"暑假（里的）作业"，"在……里"这类"存在＋时间"格式，也正是物体、事件在时间中存在的关系模式。可见，"存在＋方所"是物体、事件在时空中存在的抽象模式，典型谓词是"在"，语桥标记是方位桥。

"汽车"和"医院"的词义，在定中句法结构和"存在＋处所"语义结构上，进行融合，产生了整体意义：建在汽车上的流动医院。在组合过程中，遵循语义双向选择原则，可对 N_1 或 N_2 的义项进行选择，但不改变义项的义素构造。即"汽车"和"医院"作为整体，在两者的关系中产生语义增殖，而不改变"汽车"和"医院"自身的义素构成，"暑假作业"也一样，这类组合就是关系连接，视解时采用关系解释策略。

再看比喻组合，其构造特点显然不同。例如：

(3) 垃圾时间 ← 垃圾一样的时间 ← 像垃圾一样的时间 ← 时间像垃

圾一样（无价值）

（4）拇指小说 ← 拇指一般的小说 ← 像拇指一般的小说 ← 小说像拇指一般（短）

　　采用了"喻事＋像事"的关系，原型谓词是"像"，其原型的语桥标记是"般、一样、似"等喻标。"像……似的"这类"系动＋比况"格式，正是物体、事件进行比较而获得超范畴认知的抽象模式，典型谓词是"像"，语桥标记是比况桥。

　　"垃圾"和"时间"的词义，在定中句法结构和"喻事＋像事"语义结构上，进行融合，产生整体意义：像垃圾一样没有价值的时间。"垃圾"本指"脏土或扔掉的破烂东西"，是物体名称，从中提取［－价值］的语义特征，映射到主名词"时间"上。"拇指"是"手和脚的第一个指头"，提取其［＋短］的语义特征，映射到主名词"小说"上。语义提取和语义舍弃是同一过程的两个方面，提取的同时也就是舍弃，"垃圾"与"拇指"均舍弃了众多的其他具体义素。这种对 N_1 内部的语义特征进行取舍并影射主名词的方式，叫属性映射或特征映射，其中，N_1 必然有部分义素不能进入整体意义而外逸。

　　关系连接是两个名词词义在主题关系中相互的融合，不提取或舍弃任何一个词本身的义素，表现为词义与词义在结构关系中共融，记为：N_1 词义→关系←N_2 词义。属性映射是提取 N_1 中的某个或某些义素投射到 N_2 之上，意味着 N_1 中未被提取的其他义素，逸出在名名组合意义之外，记为：外逸←［N_1 义素］＋［N_1 义素］→投射→N_2 词义。

　　比喻组合是最典型的属性映射。比况桥以及它们跟视觉、听觉、嗅觉、味觉、触觉所感知的各类性质构造的复合桥，颜色桥"色"以及红、橙、黄、绿、青、蓝、紫，形状桥"形、状、体"以及大小、高矮、长短、深浅等，都是构成比喻的标记，因而也是属性映射的标记。语义桥"式"连接的组合，既可以是属性映射，也可以是关系连接。方位、质料、性质、等级、动作等语义桥，以及其他多种语义关系的零形桥，是关系连接的标记。

　　方位桥是关系解释的典型，比况桥是属性解释的典型，处在两种解释所构建的连续体的两极。这样，就在语桥类型与视解机制间建立了关联，或者说，为寻找名名组合内部语义关系的形式标记，开辟了一条路径。

第六章

名名组合的歧义

第一节　汉语歧义研究简述

歧义与诸多语言问题纠结在一起，是形式与意义关系中极有价值和最富意味的认知点。歧义分析成为了语法研究的突破口——不少语法的新思维、新观点、新方法，就在分化歧义中产生，并逐渐发展成为语法学流派。半个世纪尤其是近 30 年以来，歧义研究也一直是汉语语法学界的热点，取得了丰硕成果。

传统语法视歧义为语言的消极现象——是应当避免的语病。真正对歧义结构开始研究的是赵元任，他的《汉语的歧义问题》（Ambiguity in Chinese）（1959）探讨了歧义的界定、分类、成因、分化以及歧义度等问题，是汉语研究歧义的第一篇重要论文。朱德熙的《论句法结构》（1962），用层次法和变换法分化歧义，"咬死了猎人的狗"与"屋里摆着酒席"成为歧义分析的经典例子；《"的"字结构和判断句》（1978）深入细致地考察了"的"字结构判断句的歧义问题，提出了"歧义指数"这一重要概念。吴葆棠的《现代汉语词组歧义现象初探》（1979）是国内歧义研究的第一篇专题论文，徐仲华的《汉语书面语言歧义现象举例》（1979）列举了九种歧义类型，并引发了争论。朱德熙的《汉语句法里的歧义现象》（1980），提出了分化歧义句式的四个依据，指出用潜在语法关系和词的小类来解释歧义的新路径，奠定了语法歧义研究的基础。

20 世纪 80 年代始，沈开木、马庆株、张斌、黄国营、徐思益、邵敬敏、王维成、石安石、詹继曼、沈家煊等大批语言学家加入了歧义探索的行列，产生了 100 多篇歧义研究的论文，歧义研究走向立体化与多元化。内容上，涉及歧义的界定、分类、成因、格式、指数、分化手段、意义优选等各个方面。理论方法上，八仙过海，各显神通：从句法入手，采用层次、替换、变换等方法分析歧义；从语义入手，用语义指向、语义特征、语义角色、语义结构等理论来分化歧义；从认知入手，用预设与焦点、图形与背景、目的物与参照物等来解释歧义；从语音平面切入，用连停、重音等显性形式来区分同形结构；从语用切入，联系语境考察歧义问题；从信息处理角度介入，探讨计算机语言处理中的歧义分化问题。

邵敬敏的《关于歧义结构的探讨》（1987）与《歧义——语法研究的突破口》（1996），肖国萍的《近二十年来的汉语歧义研究》（1998），尤庆学的《汉语歧义研究综述》（2001）以及于晓日的《近五十年来汉语歧义研究综述》（2004），都对汉语歧义研究成果进行了较为全面地总结与评价。

在半个世纪的歧义研究中，存在着一种明显的倾向与偏颇：研究的对象高度集中在包含动词与形容词的谓词性结构上，名词组合的歧义，虽也常常被人们关注与探讨，但始终处在附属的位置上，成为研究的薄弱环节。名词歧义格式研究的专题论文只有寥寥几篇，如肖国萍的《"名$_1$（＋的）＋名$_2$"格式歧义组合初探》（1996），指出"名$_1$（＋的）＋名$_2$"格式的歧义组合，与名词的语义场变化有关，不同语义的名词产生歧义组合的类型有所不同。徐阳春、钱书新的《"N$_1$＋的＋N$_2$"结构歧义考察》（2004），认为"N$_1$＋的＋N$_2$"是一个谓词隐含结构，如果隐含的是同一意义的谓词，没有歧义，如果隐含的是不同意义的谓词，则有歧义；能激活什么样的谓词取决于 N_1 与 N_2 的语义特征。至于研究名名组合歧义的专著，现在还很难看到。

第二节　名名组合的歧义格式

一　句法结构造成的歧义

句法结构最重要的要素是关系与层次。名词组合有联合、偏正、主谓和同位四种结构关系，改变语法手段而造成的结构转变，前面已有论述。一个组合不改变语法手段，仍然兼有两种结构关系，就会造成歧义。层次反映生成过程的序列差异，体现语言符号在线性化过程中绝对时间顺序与相对时间顺序的关系，表现在口语中就是连停。

（一）结构关系不同

因结构关系不同造成的名名组合歧义，常见的是联合与偏正的重合。"农民工人"这个歧义组合，A 式是联合短语，带上虚词标记是"农民与工人"，简缩为"农工"；B 式指"进城务工的农民"，为偏正短语，简缩为"农民工"或"民工"。例如：

（1）温总理到河南走访慰问 与农民工人公安干警等共度新春（《青岛早报》2004 年 1 月 25 日）

（2）砍伐非法槟榔树 农民工人爆冲突 嘉义县林管处今天（21 日）上午前往大埔乡林班地砍伐非法种植的槟榔树，引发农民不满，四五十名农民前往林班地抗议，一度与砍树的工人爆发冲突。

（gclub. com2006 年 4 月 19 日）

（3）河北表彰十大杰出农民工人 （《工人日报》2005 年 4 月 1 日）

（4）中国的产业工人历来都是以离乡农民为主体构成的。有煤炭工人、钢铁工人、建筑工人，没有"农民工人"。因此，应当逐步取消"农民工"的称谓和身份标签。

（郭树清：《中国经济均衡发展需要解决的

若干特殊问题》，《比较》2004 年总第 15 期）

　　例（1）和（2）采用 A 式结构，例（3）和（4）采用 B 式结构。

　　"博士教授"这个组合，A 式是联合短语，虚词组合为"博士和教授"，指具有最高学位与职称的两类人；B 式指"获得博士学位的教授"，为偏正短语，"博士"与"教授"语义融合后，指称一类人。例如：

（5）董明博士教授｜广西大学谢舜博士教授到我校讲学

（6）博士教授征婚，男性，39 岁，1. 79 米，未婚，有意者请来电咨询。

（7）聊城大学百名博士教授党员参观考察聊城经济社会发展

（8）博士教授名录｜博士教授论坛

　　"博士教授"指称特定个体时，如例（5）和（6）采用 B 式结构。指群体时，例（7）和（8），短语本身依然多义，包含 A、B 两种结构，不过，社会文化的背景知识能帮助人们选择 A 式结构——语用决定了 A 义优选，但最终也不能排斥 B 义。

　　正在定型的偏正式"博士教授"，是从联合式蜕变出来的。换个角度看，意义的无限、流变与结构的有限、凝固这对矛盾，决定了语言是不自足的、具有缺漏性的，西方的一些语言学家甚至认为语言是跛足的，可笑的。看一个达意难的例子：

（9）西方有一个笑话，有一个墓碑上写着：

"此地长眠着一位律师和一个诚实的人。"一个过路人看了以后大发宏论说："这年头不景气，一个墓穴里竟然埋了两个人。"

（倪宝元：《大学修辞》，第 45 页）

连词连接两个名词，表联合关系，如"太阳和月亮"、"金梭与银梭"。而"一位律师和一个诚实的人"，出现在墓志铭里，自然指同一个人，分述其职业与品格；但剥离语境，就可以理解为两个人，过路人的议论或是无意的误解，或是有意的曲解。

联合结构，两个直接成分之间有明显的并立性；偏正结构，两个直接成分之间有明显的修饰性。"博士和教授"与"博士、教授"都是联合，但用虚词标记的并立性最突出。联合短语用来指同一对象时，连词或顿号逐步脱落，衍生出偏正关系来，两种结构，词义中的"属"在组合中有不同的表现形式，"博士教授"变成多义结构。表示同一人的不同方面，有主次之分，可拿"型"做标记，构造偏正短语。偏的部分表特征，正的部分是所指的主体。例如：

（10）学者型教师　专家型护士　教授型作家　教授级医生

"型"与"级"的插入，将偏正关系固定下来，分化了多义结构；同时，增加了一定的比况色彩——比况意义正是消除并立性、确定修饰性的因素。

如果以"博士和教授"做联合的典型，以"博士型教授"做偏正的典型，这样，就可以在"博士"与"教授"组合中，建立一个并立性与修饰性双向渐变连续体（见图6—1）：

并立性			修饰性
a. 博士和教授	b. 博士、（或，）教授	c. 博士教授	d. 博士型教授

图6—1　并立性与修饰性双向渐变连续体

此外，"语法修辞、句法语义"等语言学术语，也可能包含歧义：联合表示 N_1、N_2 内部是分立而并列的、聚合的，具有并立性；偏正表示 N_1

对 N_2 进行限定、分类，具有修饰性。

联合和同位偶尔也同形，产生歧义。内部是否包含同指关系，是区分同位和联合的关键。同位结构的语法手段是语序，偶尔也用顿号；联合结构的标记是"和"类连词，但也可用顿号、逗号隔开。所以同位和联合，在过渡地带可能形成重合，造成歧义。例如：

(11) a. 学校党委书记他的妻子作家成琳（同位，同指一人）

　　　b. 学校党委书记、他的妻子作家成琳（同位，同指一人；联合，分指两人）

　　　c. 学校党委书记和他的妻子作家成琳（联合，分指两人）

b 中，以"学校党委书记、他的妻子"为第一直接成分，形成同位关系；以"学校党委书记"为第一直接成分，形成同位、联合两种关系。

（二）结构层次不同

"咬死了猎人的狗"、"新职工宿舍"与"三个报社的编辑"都是典型多义结构，内部层次不同，反映了生成过程的序列差异。三个成分 X、Y、Z 构成的两层短语，如果两两之间（即 XY、XZ、YZ）都能组合，那么，X＋Y＋Z 是多义短语，表达（X＋Y）＋Z 与 X＋（Y＋Z）两种不同意义。层次不同，有时与句法结构、语义结构的差异同现，"咬死了猎人的狗"，蕴涵偏正与动宾两种句法关系；对于动核而言，"狗"同时兼有施事与受事双重语义角色。口语的停顿不同，是两种语义的显性的形式标记。

1. 三名词组合

如果 X、Y、Z 全是名词，同时 XY、XZ、YZ 都是合格单位，那么，XYZ 就是两层的歧义组合。两层名名组合的歧义，出现的频率不高，难以引起语法学家的重视。但作为一种歧义类型，它是存在的；并且跟"新职工宿舍"、"三个报社的编辑"等典型多义结构没有本质的区别。例如：

网络、心理、医生→网络心理、网络医生、心理医生→网络心理医生

网络、心理、咨询中心→网络心理、网络咨询中心、心理咨询中心→网络心理咨询中心

美女、经济、专家→美女经济、美女专家、经济专家→美女经济专家

唐宋词、名家、论稿→唐宋词名家、唐宋词论稿、名家论稿→唐宋词名家论稿

国际、军事、法庭→国际军事、国际法庭、军事法庭→国际军事法庭

网络心理医生，A式：心理医生在网络行医→在网络上行医的心理医生→网络｜心理医生，采用"方式＋主事"的语义结构，又叫"线上心理医生"。B式：医生治疗网络心理病→治疗网络心理病的医生→网络心理｜医生，采用"受事＋施事"的语义结构。例如：

（12）成立专门的网络研究机构，主要研究各种网络所引起的社会问题及应对措施，并培养网络心理医生，解决因网络沟通而患病的特殊人群。 （光明网《网络对沟通行为的影响》2006 年 3 月 8 日）

（13）网络心理医生王克永　王克永正在组织进行一次大型的中小学生网络使用调查，并且准备在网上开设心理咨询，以期能摸索出行之有效的治疗方法，更大程度地帮助那些沉迷于网络中的青少年。

（中央电视台·互联时代 2003 年 1 月 13 日）

A式语义比B式语义出现的频率高，更常见。上面两例，例（12）采用B式，例（13）采用A、B两式语义，有双关意味。美女经济专家，A式：美女经济｜专家，"研究美女经济的专家"，采用"受事＋施事"的语义结构，与"农业专家、胃病专家"的语义关系相同。例如：

（14）看到了吧，我们的"美女经济专家"们长着一副什么样的下水？在他们看来，要美女们脱光了进入商业活动，竟然只是一个心理问题。

（《南方周末·"美女经济"》2003 年 11 月 20 日）

B 式：美女｜经济专家，"经济专家是美女"，采用"系事＋说明"的
语义结构，与"美女作家、大学生保姆"的语义关系相同。语用上，B 式
比 A 式出现的频率高。再如：

(15)《唐宋词名家论稿》　　　　　　　　　　　　　　　（叶嘉莹）

A 式层次为 X｜YZ，包含降级述谓结构"名家论唐宋词"，"名家"为
施事。B 式层次为 XY｜Z，包含降级述谓结构"论唐宋词的名家"，"名
家"为受事。A 式优选，表达显义；B 式表达潜义。整个组合具有潜性歧
义。

前面谈到的"咖啡色字母休闲长裤、咖啡色蕾丝边裙子、咖啡色兔毛
边小衫"，歧义也是由于结构层次的不确定造成的。

2. 带方标的名词组合

跟三名词组合略有不同，中间成分是方位名词，叫带方位标记的名词
组合，描写为 $X+Y_方+Z$。有两种层次关系（$X+Y_方$）＋Z 与 X＋（$Y_方+$
Z），表达不同意义。时间标记词"前、中、后、上、下"是对表示空间关
系的方位标记的拷贝，因此，方位词也可表时间。

（1）空间关系

空间关系的歧义，讨论得比较多的例子是：

(16) 学校前面的小湖

以"学校"为参照，确定"小湖"的位置。内部有两种切分：

A 式：学校前面的小湖　　　　　　B 式：学校前面的小湖

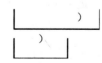

　　"学校"是空间名词，包含确定的空间范围，"小湖"究竟在"学校"里面还是外面，无法确定。A式，"小湖"在"学校"里面；B式，"小湖"在"学校"外面。也就是说，方位词"前面"在空间上有内外之分，分布在边界上的"后面、左边、右边"也都有内外之分，而"中间、里面、外面"则不会造成歧义。"学校"又是机构名词，"小湖"在范围里外的不同，涉及领属问题，因此可以根据切分层次的不同来分化歧义。如果不涉及领属，仅表达纯空间关系，歧义就不能用层次来分化。例如：

（17）教室前面的盆景｜图书馆侧面的宣传栏

　　"教室"与"盆景"、"图书馆"与"宣传栏"的内外关系，难以确定。再插入方位词"里｜外"，如"教室里前面的盆景"、"图书馆外侧面的宣传栏"虽然分化了歧义，然而，这类"非常准确"的话语在一般的交际中是根本不说的。说明空间关系的"里外"，其意义常常隐含在语用或前提中，由语境、常识等语用因子来分化歧义，"里、外"一般不与"前、后、左、右"等连用。
　　"前、后、左、右"表示空间关系，有面形与线形之分。例如：

（18）体育馆前一站

　　参照体育馆来确定公共汽车站的位置，首先，从面形方位（建筑物）看，A站在体育馆的前面，可叫"体育馆前一站"；B站在体育馆的后面，叫"体育馆后一站"。其次，从线形（车行路线）方位看，C站为超过体育馆的前一站，D站为未到体育馆的前一站。如果认知的参照点与空间关系的物理视点重合，即以体育馆为中心（既是参照物，又是物理视点）来考察纯空间方位，那么，体育馆四面的车站，都可叫"体育馆前一站"。
　　空间关系可以抽象，用于无形的事物之间，物理视点变换为心理视点。例如"荣誉面前的沉默"、"事故背后的原因"、"历史上的今天"等等。

（2）时间关系

时间关系与空间关系基本平行，时间标是空间标的抽象与拷贝，例如"晚饭前、手术后、上半夜、下星期"等等。不过，空间方位有面形、线形的区分，一维时间只是线形的。

空间的内外反映在时间上，是时点与时段的关系。例如：

（19）怀孕前三个月

以动作"怀孕"为参照确定时间。内部有两种切分：

"前"可以与动作或数量名短语进行组合："怀孕前"和"前三个月"。它们表达的意义是不同的。A式表示从未孕到怀孕的三个月，"前"说的是某个时点之前；B式表示怀孕后的前面三个月，"前"指某事件起点和终点间一个时段的前面一段。"后"跟"前"相对，也能产生这两种意义。例如：

（20）怀孕后三个月

A式表示怀孕以后的三个月，"后"说的是某个时点之后；B式表示怀孕后的最后三个月，"后"说的是某事件起点和终点之间一个时段的后面一段。这样，（19）B式的意义与（20）A式意义等值，即：怀孕｜前三个月＝怀孕后｜三个月，考试｜前十分钟＝考试后｜十分钟。

上面说的是 VN 组合，隐含着动作持续进行义的事件名词，如"风、雨、雪、地震、晚饭、课堂、会议、舞会、球赛、战争、手术"等等动态（事件）名词，它们与时段短语组合，常常造成歧义。例如：

(21) 战争前一年

A 式：战争前｜一年。B 式：战争｜前一年。结构层次不同，口语中表现为连停的差异；书面语里可以通过助词"的"来调控结构的松紧，从而区分意义。例如，将"战争前一年"的意义分化为"战争的前一年"和"战争前的一年"。

在含"前"的 A 式结构里，"前"已经表明动作或事件尚未发生或开始，因此，第一直接成分（参照物），不管用肯定式还是否定式，意义都等值。例如：怀孕前｜三个月＝没怀孕前三个月，晚饭前｜半小时＝没吃晚饭前半小时。对这种格式而言，否定不改变整个短语的意义，只增加一些羡余信息。

下面以"考试前｜后半小时"为例，左向箭头表示"前"，右向箭头表示"后"，将时间标"前、后"表达的五种时段意义图式如下（见图 6—2）：

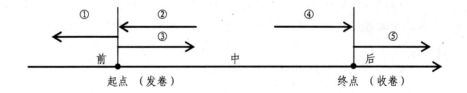

图6—2 "前"与"后"五种时段意义

对于持续一段时间的事件名词，简明的表达是三分：N 前、N 中、N 后。如果要表达得更精细、更准确，情况就复杂起来。图中五段时间含义分别是：

①考试之前的半小时（起点——时点之前的一段）

②考试的前面半小时（过程——时段内的前面一段）

③考试之后的半小时（起点——时点之后一段）

④考试的后面半小时（过程——时段内的后面一段）

⑤考试之后的半小时（终点——时点之后，或者；过程——时段外一段）

五个时段中，②和③方向相反，时值相同。

方位词既可以表示空间，也可以表示时间，如果两者在同一组合中重合，也可能造成多义。例如，前面谈到的"会议间的茶点"、"风雨中的小雨伞"之类。

二　语义结构造成的歧义

同一句法结构背后隐含不同的语义关系，是形成多义的原因之一。"这衣服洗得干净"，动语和补语双向选择后，既可表示动作未然前的可能，又能显示动作已然的状态。"鸡不吃了"、"开刀的是父亲"、"美丽的错误"等经典语例，也都是施事与受事、描写与限定等语义关系不同造成的。依照"降级述谓结构"理论，在名名组合的中间补入动词，大致能将它们的语义关系揭示出来。

（一）典型组合的语义重合

1. 汽车医院

"汽车医院"包含两种语义关系。例如：

（22）"汽车医院"进大山　　　（《人民日报》2000 年 7 月 18 日）

（23）广物汽贸进驻天河车市后，在打造"24 小时汽车医院"、"汽车精品超市"、"汽车美容超市"的同时，在整车销售领域向市场发动新的攻势。　　　　　　　　　　　　　（《南方日报》2005 年 8 月 12 日）

A 式指建在汽车上的医院，降级述谓结构是"医院在汽车上"，"汽

车"表"医院"的处所；B 式指修理汽车的"医院"，降级述谓结构是
"'医院'修理汽车"，"汽车"充当"修理"的与事，"医院"在认知隐喻
中，扩大了范围。

A 式语义，平行的是"轮椅女孩、空中小姐、掌上电脑"，验证形式
是可在组合间插入表空间关系的方位词。表示时空关系的名名组合，只有
部分能删除方标。"马背上的摇篮、驼背上的国度、抽屉里的画报、小河
旁的村庄"等等，一般要保留方标。

B 式语义，平行的是"肿瘤医院、庄稼医院、宠物医院"，N_1 是隐含
动词的与事，验证形式是可以进入"医院为｜给｜替 N_1 看病、治疗"，
"为｜给｜替"显然是介引对象的标记。从认知角度说，"医院给人看病、
治病"跟"汽车维修中心给人保养、修理汽车"有共同的心理图式，形成
隐喻。"医院"在范畴化过程中，词义扩大，成为认知原型。

在稍长的语境里，歧义大多消失，例如"农民汽车医院"、"恩威山里
娃汽车医院"，追加了真正的受事，"汽车医院"选择 A 义。理论上说，
"社区汽车医院"依然存在歧义，从语用角度看，"农民汽车医院"也会随
着汽车的日益普及而很快歧义化。两者形成三名词的歧义组合。

2. 狗医生｜网络医生｜畜生医生

不改变句法结构，名词组合蕴涵几种语义结构，就能表达几种不同的意
义。"狗医生、网络医生、畜生医生"，也都包含两种或两种以上的语义关系。

"狗"与"医生"组合在一起，包含三种语义关系——形成了三个有
趣的"狗医生"。

A 式：医生像狗一样→像狗一样的医生→狗医生；采用"喻事＋像
事"的语义结构，"狗"是喻体，"医生"是本体。例如：

（24）"你这狗医生，还敢狡辩"汉子举刀朝谭主任砍去，谭主任一躲，
刀砍在了肩膀上。

（新浪网《走向堕落·杀医》，2006 年 4 月 16 日）

以狗喻人，在汉文化中带贬义色彩，"狗＋N"成为詈词格式，如"狗男女、狗强盗、狗东西、狗汉奸、狗奴才、狗皇帝、狗秀才、狗局长、狗官"等，甚至还能指让人不满意的事物，如"狗天气、狗地方"。

B式：医生给狗看病→给狗看病的医生→狗医生；采用"受事＋施事"的语义结构，"医生"是施事，"狗"是隐含动词"看病"的受事。例如：

（25）本港一些中、上层家庭，视所饲养的猫狗如同家庭一分子，甚至有年轻夫妇不生育而把猫狗当作儿女，吃好住好，生病看"狗医生"，一些名牌还推出猫狗的时装、饰物，售价不比人用的便宜。

（大公网《猫狗也游行 虐畜恶行要严惩》，2006 年 1 月 9 日）

（26）对于这种"狗保姆"，有市民提出强烈反对，"让人专门伺候一只动物，是对人的侮辱"。但也有市民表示，没有必要大惊小怪，"'狗保姆'就像'狗医生'、饲养员，只是一种职业"。

（《广州日报》2005 年 10 月 8 日）

随着宠物业的日趋兴盛，不但涌现出了"狗床、狗被、狗屋、狗梳、狗剪、狗毛发油"等新词语，而且出现了"狗医生、狗保姆、狗美容师、狗保健师、狗专家"等新职业。同类短语还有"兽医、宠物医生"以及"城市美容师、时装设计师"等。

C式：狗是医生→是医生的狗→狗医生；采用"系事＋说明"语义结构，"狗"是系事，"医生"是说明。例如：

（27）"狗医生"助诊癌症　　　　（《中山日报》2006 年 1 月 11 日）

（28）这"狗医生"啊，可不是骂人的话，而且，也不是医狗的兽医……主要是让狗狗去敬老院、医院、福利院等地方陪伴有需要的人，为他们带去温暖和慰藉。目前狗医生已经在很多国家和地区展开啦，广州是继香港、台湾、成都之后的在中国的第四站。

（《"狗医生"竞争上岗》南方电视台 2006 年 1 月 19 日）

（29）广州首批"狗医生"出诊 用特别方式慰藉人

（《信息时报》2006 年 3 月 14 日）

据报道，狗能抚慰人们的心灵，帮助人类诊断多种疾病。由狗充当人类医生是亚洲动物基金会 1991 年创办的项目，最近几年才开始在国内流行。同类短语还有"狗警察、狗富翁"以及"美女作家、大学生保姆"等。

三个"狗医生"都是偏正短语，但来自不同的语义框架，"狗"与"医生"被指派为不同的语义角色。语义结构是隐性的，寻找它们在表层的形式标记是语法研究的重要任务。"狗医生"的语义关系可以通过插入虚词"的"来进行形式验证，或者说，虚词"的"是检验"狗医生"隐性语义关系的形式标记。要将"狗医生"变成虚词的组合，A 式不能单独插入"的"，而必须在插入"的"的同时带上喻标"一样、一般、似"，如"狗一般的医生"，意义才能对等。B 式可以单独插入"的"——"狗的医生"，与"小王的老师"同类，"狗"是由受事充当的领属定语；"的"字不能用动词替换。C 式也能单独插入"的"——"狗的医生"，与"今晚他的主席"、"姚明的篮球打得好"一样，"狗"不是真正的定语，更不是领属，朱德熙把它叫做准定语；"的"可用动词"是"替换。

A 式沿用了"狗＋N"最早最常用的语义结构。当大陆还在将"狗医生"仅当为骂人话使用时，台港地区出现了 B 式的"狗医生"——非常赚钱的职业；20 世纪 90 年代，随着大陆宠物业的兴起，B 式"狗医生"逐渐被理解并接受。最近两年，C 式"狗医生"成为内地传媒纷纷报道的热点，人们对其含义慢慢熟悉起来。纯粹从语言角度说，"狗医生"的三种语义是一种客观存在，只是 A 义是人们早已经验过的显义；B 与 C 是尚未开发利用的潜义。随着社会的发展与生活情景的变化，新的语用需求出现了，"狗医生"的 B、C 意义先后浮现出来了。词语潜义的显性化过程，生动记录了人类社会生活变迁的历史。

前面细致地分析了"狗医生"的语义结构、形式标记以及潜义在语用需求中显性化等问题。下面简单说说"网络医生"与"畜生医生"的歧义。例如：

(30) 随着互联网的普及，网上医院、网络医生诞生了。

（黑龙江日报报业集团《家庭保健报》2006 年 5 月 18 日）

(31) 近日，三佳超世纪科技发展有限公司在国内首家提出了网络测试（网络医生）的概念，并建立了三佳网络测试中心为广大客户服务。

（东方网《网络也存在健康问题》2001 年 3 月 22 日）

(32) 武钢为关键设备配"网络医生"

（《湖北日报》2001 年 6 月 18 日）

(33) 让那个畜生医生一辈子抬不起头 （新浪网 2005 年 12 月 5 日）

(34) 人们注意到高端五这一回没有流露出衣锦还乡的神情，他十分礼貌地喊了一声"大妈"，说"我学的是兽医"。大妈很失望，恍然大悟，说："原来是畜生医生。" （《人民文学》1998 年第 11 期 53 页）

例（30）中，用"网络医生"的 A 式语义，"网络"充当工具、方式的语义角色，指借助网络为媒介给人看病的医生；例（32）中，用"网络医生"的 B 式语义中，"网络"是隐含动词的受事，网络出了问题，技术人员对其进行维修，这类技术人员被称为网络医生。因拟人手法的介入，"网络医生"也指无生命度的测试系统、网络恢复软件等等。例（31）中，"网络医生"包含了 A、B 两种语义。

"畜生医生"，A 式语义中，畜生是喻事（喻体），名词间有比喻关系，"像畜生一样的医生"，跟"狗医生"一样，是骂人话，如（33）；B 式语义中，畜生指牲畜，充当受事，指给家畜看病的兽医。例（34）主要用 B 义，但也暗含 A 义。

3. 建筑垃圾 ｜ 垃圾产业

据《现代汉语词典》，垃圾：脏土或扔掉的破烂东西。"垃圾"成为一个高频喻体，产生了"无用、没有价值或有负面影响"的喻义。例如：垃圾茶（饭馆免费茶）、垃圾肉、垃圾邮件、垃圾产品、垃圾食品、垃圾信息、垃圾链接、垃圾短信、垃圾文件、垃圾软件、垃圾时间、垃圾美女、垃圾文字、垃圾学校。

"建筑垃圾"有两种语义结构。A 式语义：建筑产生垃圾→建筑产生的垃圾→建筑垃圾；采用"主事＋结果"的语义关系，述谓结构的主事格在偏正短语中，成为领属定语，表示分类，同类短语有"生活垃圾、医疗垃圾、生产垃圾"等。例如：

(35)《城市建筑垃圾管理规定》已于 2005 年 3 月 1 日经第 53 次部常务会议讨论通过，现予发布，自 2005 年 6 月 1 日起施行。

（《中华人民共和国建设部令》第 139 号）

(36) 建筑垃圾阻行人　　　　　（《哈尔滨日报》2006 年 2 月 9 日）

B 式语义：建筑像垃圾→像垃圾一样的建筑→建筑垃圾；采用"像事＋喻事"的语义关系。例如：

(37) 长峰大厦简直就是建筑垃圾，这么好的地方造了这么一个巨无霸，和周边的建筑风格一点也不吻合，远处看，也构不成什么"轮廓线"……　　　　　（《大家源论坛》2005 年 5 月 27 日）

(38) 拿过 800 万元年薪的任志强曾经对现代城提供的生活方式提出严重质疑，他的观点是：从环保角度讲，现代城简直就是建筑垃圾，应该炸掉，因为任何人工创造的高品质生活一定要以高能耗为代价。

（三联《热带也有了思想家——读投诉潘石屹批判现代城》）

含比喻关系的"建筑垃圾"，更常用的语序是"垃圾建筑"，与"垃圾邮件、垃圾食品、垃圾时间"同类。例如：

(39) 我真的担心，我们迎来的是一个规模空前的"垃圾建筑"时代。

（《21 世纪经济报道》2005 年 2 月 23 日）

（40）鲜亮的玻璃幕墙建筑　何时走出"垃圾建筑"的怪圈。

（新华网 2007 年 4 月 24 日）

"垃圾产业"也是多义短语。例如：

（41）说不好听，就只能使"垃圾产业"在中国逐步形成规模性集中，导致产业工人生活的长期贫困化。　（《江南时报》2006 年 5 月 10 日）

（42）建议国家在制定"十五"计划和 2020 年规划时，要把垃圾产业列为重点支持的新兴产业，否则，将会错失机遇。

（《文汇报》2000 年 4 月 19）

A 式的垃圾产业，存在比喻关系，指低层次、缺乏科技含量、将被淘汰的劳动密集型的产业。跟"夕阳产业"意义接近。B 式指围绕固体废物的产生、运输、循环利用和最终处置而进行的各种产业，被认为是新世纪的绿色工程，最有"钱景"的黄金产业或朝阳产业。

此外，"黄金产业、黄金市场、酒店走廊、绿色长城"等组合，都有歧义。

（二）含动名词组合的语义重合

"城市美容师、教师休息室、新闻采访车、激光切割机"等，N₂ 里包含动词，这个动词在短语的语义框架中充当动核，称为"内含动核的名词组合"，简称"含动名词组合"。例如：

（43）教师阅览室　期刊阅览室　电子阅览室　周末阅览室

它们内部语义关系都不同："教师"是"阅览"的施事，"期刊"是受事，"电子"是方式，"周末"是时间；在语义上均受"阅览"管辖。"室"表示"阅览"的处所，因做短语中心而需要后置。传统名名研究，注重做主谓、偏正、联合、同位之类的句法分析，较少涉及名词组合内部复杂的语义关系。要准确理解名名组合的所指内涵，必须细致地分析其背后的语义框架、语义关系、语义角色、语义指向等等，甚至还要揭示句法结构与语义结构之间的对应关系。例如：

（44）绿色阅览室

"绿色阅览室"，在现阶段至少有四种意义：

（甲）阅览室是绿色的（用绿色的本义）　（乙）阅览室是安全的（用绿色的引申义1）

（丙）阅览是安全的＋室（用绿色的引申义1）　（丁）阅览环保内容＋室（用绿色的引申义2）

甲、乙的语义结构相同，"绿色"为"阅览室"的属性，其语义最终指向"室"，短语意义的差别源于"绿色"的本义和引申义。丙、丁也使用了"绿色"不同的引申意义，但它们的语义，指向动词"阅览"而不是"室"：丙中"绿色"表示"阅览"的属性，丁中"绿色"是"阅览"对象的代语。

源于不同语义框架的含动组合，语义角色重合，施受不明，就会造成多义。例如：

（45）来访群众甚至挤到公安、检察、法院三个领导接待室里。

（《人民网》2003 年 6 月 24 日）

（46）会议室的特点是功能突出，能分能合，可依展会实际情况来安排。如可设为领导接待室、贵宾接待室等，也可作为专业的会议场所。

（www. 84t. cn 2005 年 8 月 3 日）

（45）中"领导接待室"与"教师阅览室、校长办公室"同类，N1 是施事；（46）中"领导接待室"与"英雄纪念碑、群众接待日"同类，N_1为受事。来自不同框架的S—VX跟O—VX，意义完全不同，语言形式却一样。随着信访制度与领导接待制度的日益完善，施事型的"N_1接待日/室"出现频率特别高，因而在解码时S—VX优于O—VX。

源于同一语义框架的组合指称时间、处所、工具时，施、受论元互相依存、一隐一现地包含在组合中，孰为图像孰为背景并不影响短语的所指，此时，S—VX与O—VX变成角度不同的近义短语。例如，"领导接待群众的日子"分化出"领导接待日"与"群众接待日"，"领导接待群众的地方"分化出"领导接待室"与"群众接待室"，"明星代言形象的网页"分化出"明星代言网"与"形象代言网"：前后两者的所指相同。

"投资、移民、偷渡"等动词，均有空间位移性质，含有（使）对象从甲地移到乙地的义素，当来源地（起点）与目的地（终点）不明朗或重合时，也能造成多义。"日本的欧洲投资热"是分析得比较多的例子，含动名词组合也包含这种歧义。比较：

（47）上海投资客撤离楼市 外籍人士购房比例大幅度提高

（《东方早报》2005年5月18日）

（48）百亿资本寻出路 上海投资客"潜入"南京

（《南京晨报》2005年9月22日）

"上海投资客"有时指来到上海投资的商人，有时指从上海来的投资商。此外，"美国偷渡客"既指偷渡到美国去的人，也指偷渡到其他国家的美国人；"N（国家）＋移民"中，"N（国家）"可以是出发国，有时也可以是目的国。语用因素、知识背景与经验可以帮助解码人确立语义角色，例如，"温州炒房团"中，"温州"多指来源地；"美国偷渡客"中，"美国"多为目的地。

"语法形式与语法意义的对应关系，传统语法早就注意到了。但它把纷繁复杂的对应关系简单化，在低层次上使它一一对应。"（邵敬敏，

1988）因而产生了"宾语前置"、"主语后置"、"定语后置"等一系列似是而非的观念。研究形式与意义之间"纷繁复杂"的——特别是逆向、错层、分裂、背离的——对应关系，显得尤其重要。"句子的句法平面可分析出句法成分，句子的语义平面可分析出语义成分，句子的语用平面可分析出语用成分"（范晓，1996）。通过句法、语义的切分与比较，可以看出，在结构层次和运动方向上，"爱好文学者"的形式与意义互相平行、吻合，表现为一对一的"同构映射关系"（高明乐，2004）。"文学爱好者"却出现了错层与逆向，形成曲折、隐蔽的对应关系："爱好"在句法上是"者"的词根，在语义上却是"文学"的动核；"文学"句法上是"爱好者"的定语，语义上却是"爱好"的受事。误将"狗美容师"切分成"狗美容｜师"，是因为过于倚重语义，从而忽视了 N_1 为受事的含动名词组合中，句法结构与语义结构交错背离的曲折映射关系。语言中这种曲折隐蔽的对应现象并不少见，"辣辣地做了一碗汤"、"他们喝醉了酒"，句法配对和语义配对之间是分离的、错位的，这正是语义指向理论产生的基础。

（三）在名形过渡带产生的歧义

"英雄"带有明显的性质色彩，叫形态名词或程度名词；"理想"是名词与形容词的兼类词；"快乐"是形容词。"英雄、理想、快乐"充当定语，跟 N_2 组合在一起，都可能产生歧义。我们将这三种情况归为一个小类，称为在名形过渡带产生的歧义。虽然涉及词性问题，但歧义主要在语义结构的差异中产生。

1．A＋N 的歧义

黎锦熙关于主、宾语位置上的动词与形容词转化为名词的"名物化"观念（1924），一直受到批判，朱德熙、卢甲文、马真的《关于动词形容词"名物化"的问题》是批驳"名物化"最重要的论文。然而，名物化似乎是一种客观存在的语言现象。看下面的例子：

（49）人根本上是快乐的追求者，弗洛伊德不必修改自己这一观点，而去说人是被吓坏了的、逃避死亡的动物。

（林和生《反抗死亡·弗洛伊德的性格难题》）

（50）专心于学习，就能陶醉于学习，艰辛便是他人的看法，快乐属于自己的感受。这样我们便是快乐的学习者和快乐的追求者。

（黄德惠《帮助每个学生走向成功》，2004 年 12 月 3 日）

　　"快乐的追求者"这个 A＋N 组合，表层形式一样，但内部的语义结构、语义指向不同，表达两种不同的意义。A 式：追求快乐的人，"快乐"是"追求"的受事，做领属定语，取名词性意义，与"冠军的追求者"平行。B 式：追求者是快乐的，"快乐"是描写性定语，取形容词性意义，跟"快乐的单身汉"平行。例（49）用 A 式意义，例（50）用 B 式意义。

　　形容词表性状，具有程度范畴。在形式标记上，A 式中的形容词做受事，前面不能加程度副词，不取性质义而取对象义，具有"名物化"的味道，可以扩展为"（这种快乐的）追求者"；B 式中的形容词依然表性质，前面能插入程度副词"很、十分、非常、最"等，后面能带"极了、得很"等程度补语，可以扩展为"（十分快乐的）追求者"。同类的歧义组合还有：

（51）完美的追求者　幸福的领路人　丑陋的揭发者

2. （A/N）＋N 的歧义

这类歧义组合的内部结构与 A＋N 一样，形成原因与分化方式也都完全相同。略有不同的是，"快乐"类是形容词，而"理想"类是形容词和名词的兼类词。例如：

（52）理想的追求者　A. 追求理想的人　B. 追求者是理想的

（53）科学的领路人　A. 领路科学的人　B. 领路人是科学的

（54）民主的监督人　A. 监督民主的人　B. 监督人是民主的

3. N＋N 组合的歧义

"英雄"是性质名词，从名词中衍生了表性质的意义，具有程度色彩，能接受程度副词的修饰。例如：

(55) 吴小莉：柯受良是一个很英雄的男人

（南方网 2003 年 12 月 10 日）

(56) 金喜善：成龙平日也很英雄　难忘大哥救命之恩

（《新闻晨报》2005 年 7 月 6 日）

这样，做定语的时候，表领属用名词"英雄"的基本义，是限制性定语；表性质用"英雄"的引申义，是描写性定语。比较：

(57) 和英雄的父亲在一起 这张照片，我（站立者）已经珍藏 27 年了。每当看到这张照片，我的眼前便浮现出董存瑞的父亲董全忠（前左）老人的音容笑貌。　　　　（《辽宁日报》2005 年 10 月 19 日 ）

(58) 常广明的女儿常婧雯："我从小就知道我与其他孩子不一样！因为我有一位英雄的父亲。"

（《南方新闻网》，2006 年 4 月 6 日）

两例中"英雄的父亲"意义不同。仔细辨析，"英雄的父亲"可能包含三种语义结构：

A 式："英雄"指人（董存瑞），做定语，表领属；否定形式"不是｜英雄的父亲"为动宾结构，肯定式"英雄"前不加程度副词；降级述谓结构是"英雄有父亲"，采用"领事＋属事"的语义结构；平行短语是"董存瑞的父亲"。

B 式："英雄"指人（常广明），做准定语，表判断；否定形式"（不是英雄的）父亲"为偏正结构，肯定式"英雄"前不加程度副词；降级述谓结构是"父亲是英雄",采用"系事＋说明"的语义结构;平行结构是"老李的主席"或"大学生保姆"。

C式:"英雄"表性质,做描写定语;否定形式"(不英雄的)父亲"为偏正结构,肯定式"英雄"前能加程度副词,降级述谓结构是"父亲很英雄",采用"主体＋属性"的语义结构;平行短语是"伟大的父亲"。

通过比较不难发现,B、C两式意义接近,说明名词表性质的义项,是从"系事＋说明"的名名语义结构中发展演变出来的。"英雄、伟人、混蛋、流氓、草包、脓包"等性质名词,在定语位置都可能产生歧义。又如:

(59) 流氓的语言 草包的朋友 混蛋的逻辑 恶棍的行径 痞子的嘴脸 艺术家的风度

正因为名名组合中,第一个名词可以充当领有格或说明格,部分名词还可直接表性质,这样,表达中经常出现一些很有趣甚至是不可思议的现象。例如:

(60)《人民文学》1980年9月号有一篇小说《疙瘩妈告状》,这位疙瘩妈有个儿子小名叫疙瘩,所以大家称她疙瘩妈。吕先生写道:"其实,这也是作者的一点幽默,因为这位疙瘩妈不但是疙瘩底妈妈,同时也是一位十分疙瘩底妈妈。"　　　　　　　　(《咬文嚼字》1995年第3期)

(61) 男性的配偶＝女性的配偶　　　　(《咬文嚼字》1995年第3期)

(60)中,作者有意将领属、性状两种意义同时组合在"疙瘩底妈妈"里,属于修辞上的双关。吕叔湘在解说中,用"很"做区别性特征——这正说明,能否加程度副词是区分歧义最有效的形式标记。例(61)作为标题语,乍一看觉得颇为费解。作者玩了一个语言游戏:"男性"和"女性"既可是领属格,也可是说明格。而"配偶"又是二价名词,两种性别与两种语义在交叉线上同义："男性（领有格）的配偶"与"女性（说明格）的配偶"等值。

4. 性质的名物化

形容词、兼类词与名词修饰中心名词产生的歧义，叫"在名形过渡带产生的歧义"。其中，名词通过引申或比喻产生性质意义，这容易理解。性质形容词如何获得表事物的意义，或者说，性质究竟是如何名物化的，似乎不好把握。

（1）性质的程度和量度

性质形容词有程度范畴，能接受程度副词修饰。如"很伟大、十分快乐、高兴极了"。名词有数量范畴，如"五条鱼、三堆草"。形容词的程度范畴与名词的数量范畴之间，是否有内在关系？形容词是否能获得数量范畴？

形容词程度范畴有量级体系，叫程度的高低，表达式主要是添加状语或补语。程度表达都是模糊的，以一般生活常识为背景的。［＋模糊］成为"性质的程度"的一个区别性义素。

性质同样具有量度特征。程度与量度处于互补关系中，形容词一旦与表示量度意义的语言成分组合，就没有了程度特征。表示性质量度的语言成分或格式，叫做性质量标。例如：

度与量。单音节性质形容词的量度，可由量级偏大的一方代替，表现为反义词的不平衡现象，量标是语素"度"与"量"：高度、长度、深度、宽度、厚度、重量。

数量。形容词前后带上数量短语，形容词就量化了，这时，形容词是完整序列的简称。例如：

（62）高3米、3米高｜重5公斤、5公斤重

它们分别可以变换为：

（63）高度（是）3米、3米的高度｜重量（为）5公斤、5公斤的重量

指数。"指数"是性质形容词量化的新手段，当代汉语中，作为性质的量标，"指数"扩张的速度十分快。例如：

（64）专家说：幸福指数与GDP和GNP是相关的，它们之间有一个临界点，只有当GDP和GNP发展到一定程度时，才谈得到幸福指数。

（65）舒适指数是衡量单个人体或一定人群对外界气象环境感受到舒适与否及其程度的指标。

（66）美丽指数是他对脸上十多处美丽点经过仔细的测算而得出的。其中涉及角度（比如眼睛、颊骨和眉毛的倾斜度）和弧度（比如脸颊、嘴唇和下巴的弧度）。

此外，"快乐、炎热、寒冷、漂亮、开心、健康、潇洒、温柔、孤独"等许多形容词，都可跟"指数"组合。性质量标原本只有"度"，随着"指数"的加入，两者在语音上产生分工："度"多与单音节形容词匹配，"指数"则多与双音节词组合。

"快乐天使"与"快乐指数"的表层形式完全一样："快乐"做定语，构成定中短语。但降级述谓结构不同，"快乐"也表现出一系列的差异。比较：

	A．快乐天使	B．快乐指数
插"的"：	快乐的天使	快乐的指数（有歧义）
插程度：	很快乐的天使	快乐的指数很高
插程度：	快乐得很的天使	高得很的快乐指数
插指量：	那个快乐的天使	快乐的那个指数
插数量：	一个快乐的天使	快乐的一个指数
降级述谓：	天使（是）快乐（的）	快乐（有）指数

通过比较，可以看出，形容词做定语同样有描写性和限制性的区分。能进入"N（是）A（的）"格式，可移位到后面去做谓语的性质形容词，充当描写性定语；不能移位到后面去做谓语，能进入"A（有）N"、"因A而N"、"（V）A的N"格式的形容词，取其名物化的意义，做限定性定语。歧义组合能同时进入这两类格式，除了"快乐的追求者"等例子外，又如：

（67）美丽的错误｜神秘的诱惑

其一是描写，"错误是美丽的"，"诱惑是神秘的"；其二，"美丽"是领属（原因），"因美丽造成的错误"，"神秘所具有的诱惑"。

（2）形容词的内涵义与外延义

形容词在语义结构中表性质，如"快乐天使"、"美丽的错误A"、"神秘的诱惑A"、"快乐的追求者A"，使用形容词的内涵意义，具有程度范畴；表示原因、受事、领属等等，如"快乐（的）指数"、"美丽的错误B"、"神秘的诱惑B"、"快乐的追求者B"，使用形容词的外延意义——名物化的意义，不再具有程度范畴。区分形容词的内涵意义与外延意义，也就区分了形容词做定语时的差异：描写性定语和限定性定语。

（3）自指、转指与同形

自指与转指是朱德熙在论述语义提取时创立的两个概念。虽然60年代朱先生批驳了"名物化"观念，但后来，先生也承认"汉语缺乏自指的形式"，因此，先生在"动词、形容词用做名词"这个问题上，前后态度似乎有些矛盾。

从语法手段上说，词语变性有附加、重音（或声调）改变、屈折、零形式等等。下面比较汉语与英语中"动词、形容词用做名词"的差异。

（1）英语里动词、形容词如 work、book 通过附加手段，变成 worker、bookish（书呆子气的），词汇意义发生变化，属转指。这种构词法汉语也有，如"胖、热、盖、创造"，加后缀变成"胖子、热点、盖儿、创造者"，转指主体、工具、施事等；又如，"见、闻、思、感"等动素，前加

"所"后，"所见、所闻、所思、所感"变成名词，转指受事。（2）英语有大量的动词、形容词如 protect、happy 通过附加，变成名词 protection、happiness，词性发生变化，词义基本相同——概括对象的范围大小没起变化，叫自指；汉语缺少这类附加的自指形式。（3）零形式的词性转化英语也不少，如 control、ideal、increase 变成名词的 control、ideal、increase（有时伴有重音移位），叫同形；汉语同形就更丰富，因为汉语的词缀远远少于形态语言。

汉语的同形也有自指和转指之分。"铲、盖、钩"做动词，表动作；做名词，表动作凭依的工具，是同形转指，与附加转指"铲子、盖子、钩子"的所指意义相同。动词"锁"表动作，名词"锁"表工具，也属转指，但没有"锁子"的说法。语音上的"儿化"常常是附加转指的重要手段，"铲、盖、钩"和"锁"都可通过儿化实行附加转指。只有意义比较抽象、不与具体的有形物象相联系的词，才是自指的。例如：

（68）你去说明一下情况。

（69）清代才子郑板桥，在题写"难得糊涂"四个字后，又用心地加了一段说明……

（70）快乐的丑小鸭

（71）拥有快乐和幸福

如果承认，（68）中的"说明"是动词，（69）中的"说明"相当于名词；（70）中的"快乐"是形容词，（71）中的"快乐"相当于名词，那就等于承认了名物化的观点。

英语也有大量同形，但更多的是构词形态；汉语也有部分构词形态，但更普遍的是同形。一方面，同形没有形式标记，最是省力；但另一方面，也带来很大麻烦，增加了区分动词、形容词与它们的名物化自指形式的难度。区分两者，还是要坚持以功能为标准，同时以组合中的语义结构作为参考。汉语词性与句子成分并不是一一对应的，因此，主宾位置上的形容词，并不一定都名物化；反之，定语位上的形容词，也并不一定就不名物化。

名物化是一种客观存在，源自动作、性质的符号语义内指自身，而不外指对象。同形自指最为经济，也造就了区分的困难；这种区分的难度在英汉语言中并无质的分别，只有量的差异；区分动词、形容词与其名物化的自指形式，要以功能为标准。

根据上面的分析，形容词、兼类词与名词修饰中心名词产生的歧义，可以小结为如下的图表。歧义在领属、说明与性质的重合中产生，如果在产生歧义的过渡带（歧义区）外面的两极，加入非歧义序列，就构造了一个名词向形容词漂移的渐变连续统（见图 6—3）：

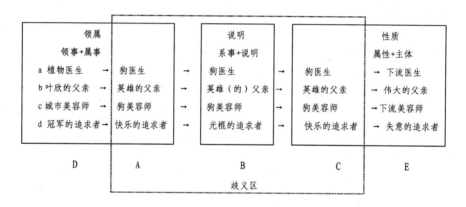

图 6—3　领属、说明与性质重合的歧义区示意图

在图 6—3 中，以 N_2 和语法手段为标准，分成四个小类：a 组——与典型名词（不含动核）的组合，语序组合；b 组——与典型名词组合，虚词组合（含"的"）；c 组——与含动名词的组合，语序组合；d 组——与含动名词的组合，虚词组合（含"的"）。

名词产生性质意义的主要途径有两条：引申与比喻。从"英雄"中产生"具有英雄品质的"的意义是引申，从"狗"中产生的"像狗一样的"意义是比喻。因此，前面分析的"狗医生"和"狗美容师"的三种意义，也可以归入这个模式，对应歧义区的 A、B、C 三种语义结构。

（四）动词隐含与名词组合的歧义

前面用降级述谓结构理论，分析了名名组合的歧义：歧义组合来自不同的语义框架，形成了不同的语义结构，名词被隐含的谓词指派为不同的语义角色。在这里，换一个角度，以谓词隐含作为重心，来看名名组合的歧义。谓词隐含造成的组合歧义，本质上依然属于深层的语义结构层面。

徐阳春、钱书新（2004）认为："N_1＋的＋N_2"产生歧义的最根本的原因在于它是一个谓词隐含结构：深层结构中有谓词，表层结构中谓词被隐去。若"N_1＋的＋N_2"所隐含的谓词意义同一，该结构是单义的；若隐含的谓词意义不同一，则有歧义。他们对"N_1＋的＋N_2"结构产生歧义的条件进行了归纳（见表6—1）：

表 6—1　　　　　　　　"N_1＋的＋N_2"歧义的特定条件

	N_1	N_2	产生的歧义			举例
			领属关系$_1$	领属关系$_2$	属性关系	
领属与属性的重合	［＋人］	［＋从属物］［＋规约性］	某 N_1 之 N_2		像 N_1 那样的 N_2	将军的风范
	［＋人］［＋身份］	［＋人］［＋亲属或互称称谓］	某 N_1 之 N_2		有 N_1 身份的 N_2	局长的儿子
	［＋地区或单位］［＋来源］	［＋人或物］［＋具体］［＋可移动］	属于 N_1 的 N_2		来自 N_1 的 N_2	朝鲜的朋友
	［＋动物］	［＋物品］	属于 N_1 的 N_2		有 N_1 标志的 N_2	熊猫的杯子
领属重合	［＋人］［＋专名］	［＋物品］［＋商品］	N_1 因创作而领有 N_2	N_1 因收藏而领有 N_2		徐悲鸿的画
	［＋人］［＋专名］	［＋人］［＋职位或角色］	N_1 任 N_2 职位或角色	N_1 单位的 N_2		老张的书记

徐阳春、钱书新的研究基本符合语言事实，对两个名词进行义素分析，将歧义形成的条件描写得比较准确、细致，有较高的学术价值。但有几个问题还是值得探讨或商榷。

第一，"N_1＋的＋N_2"语义重合的类型。

假设"N_1＋的＋N_2"隐含着谓词 V，即 N_1＋V＋N_2→N_1＋（V）的＋N_2→N_1＋的＋N_2之间具有推导关系，那么，N_1、N_2 能充当多少种语义角色，"N_1＋的＋N_2"间就有多少种语义结构。"N_1＋的＋N_2"能有多少种重合形式有待深入研究，但至少不会只有"领属与属性的重合"、"领属的重合"这么两类。例如，受事领有与施事领有就不同，"徐悲鸿的画"、"小白兔的书"组合，N_1 可能充当受事。比较：

(71) A 式：徐悲鸿画画→徐悲鸿（画）的画→徐悲鸿的画（施事＋结果）

　　 B 式：(S) 画徐悲鸿→（画）徐悲鸿的画→徐悲鸿的画（受事＋结果）

(72) A 式：小白兔有书→小白兔（有）的书→小白兔的书（领事＋属事）

　　 B 式：书与小白兔有关→（关于）小白兔的书→小白兔的书（受事＋施事）

受事进入定语位，与施事进入定语位常常采用同一形式。"孙中山的传记"，表示"孙中山写的传记"，语义结构是 《《写 传记》孙中山》；表示"写孙中山的传记"，语义结构是《《写传记 孙中山》Aø》。多义原因跟"母亲的回忆"一样，"孙中山"兼施受。

第二，名词短语"老张的书记"等的归类。

徐阳春、钱书新采用张伯江、方梅的观点，将"我的东"、"张三的原告"、"老张的书记"归入领属，值得商榷。先看一组例子：

(73)　Ⅰ　　　　　　　　Ⅱ　　　　　　　　　Ⅲ　　　　　　　　Ⅳ

他是主席	是他的主席	他的主席	今天他的主席
他是首席小提琴	是他的首席小提琴	他的首席小提琴	这场音乐会他的首席小提琴
他做庄	做他的庄	他的庄	这一局（牌）他的庄
虚竹出任掌门人	*出任虚竹的掌门人	虚竹的掌门人	逍遥派虚竹的掌门人
梅兰芳演苏三	*演梅兰芳的苏三	梅兰芳的苏三	这出戏梅兰芳的苏三

　　它们跟领属的性质不一样：其一，领属隐含的原型动词是"有"类动词；"我的东"（东道主）、"张三的原告"、"老张的书记"等组合，隐含的原型动词是表示关系的"是"类动词，又叫系词，或者是"做、担任、出任、扮演、饰演"等。其二，领属关系的偏正短语，不能单独做谓语；而"我的东"、"张三的原告"、"老张的书记"等常常做谓语，如Ⅳ组。其三，领属关系的偏正短语，不能组成同位短语，而"我的东"、"张三的原告"、"老张的书记"对应"东道主我"、"原告张三"、"书记老张"以及"张三原告"、"老张书记"等同位短语。"调用一个词项的意义可以触发知识网中相关的语义节点，这就是语义的扩散性激活。"（袁毓林1994）"我的东"、"张三的原告"、"老张的书记"这类结构，直接成分之间存在同一关系，隐含的动词很容易激活，能构成广义的判断句。

　　第三，最后谈谈谓词隐含的条件问题。

　　设施事"她"和受事"衣服"已确定，受它们彼此的语义选择与制约，{{Vø衣服}她}隐含的能激活的动词是"有、穿、买、卖、洗、做、缝、补、熨、烫"等。于是，"她的衣服"，既表示 a. 她领有的衣服（"她"，定语，领属），也表示 b. 她 V 衣服（"她"，准定语，施事）；"洗得干净"也多义（状态与可能重合），于是，"她的衣服洗得干净"有四种意义。

　　在 Vø 集合中，动词"有"表领属，具有跟其他动词明显不同的特点，是"高层次的格式意义"（袁毓林 1995：245），记做 Va，除非特殊句子，一般都需将"有"删除，不说"她有的衣服"，而说"她的衣服"，即"S

〔Va〕的 O→S 的 O"是最基本的语义删除式。

〔Vø〕中其他动词,记做 Vb,功能上与"有"形成对立,它们必须跟 "S 的 O"共现,不能删除,但可以移位,居"S 的 O"的前中后均可,叫 移位式。"她洗衣服洗得干净"的变换式"她的衣服洗得干净"(比方说, 她是开洗衣店的),"她的衣服"始终需要与"洗"共现,"她"是施事转 换而来的准定语(周日安,2005)。又如"姚明的篮球打得好"(=姚明打 篮球打得好),姚明不是篮球的领有者,是深层的施事在表层被塞在定语 位置上。

语义和句法是性质不同的两个层面,语义是无形的、非时间流的,有 包容性;句法是一维的,线性的,有排他性。切分层次和语法关系的多样 只是结构的套用或摇摆,本身并不相容。"没有下棋的人",要么是动宾关 系,要么是偏正关系,在一维时间流上"二者不可得兼"而"必居其一", 说它是动宾就排除了偏正,是偏正就排除了动宾。但在动宾、偏正的背 后,都蕴涵着〔〔下 棋〕人〕这个语义结构,可见,多种语义关系可以在 同一形式中分层重叠、融合。"他写的文章","的"的插入固然引入了限 定意义,但并不排除"他、写、文章"三者之间的施动受关系,只是限定 意义来到了台前,施受关系退居到幕后(隐层)。"母亲的回忆",作为偏 正短语,不能同时兼容主谓和动宾,因为形式是线性的,而语义上,限定 与中心、施事与动作、动作与受事却是兼容的。正是这个原因,朱德熙先 生要建立分析隐性句法关系的潜主语、潜宾语、准定语这些概念。

在深层向表层转换——或说"把语义平面上的单位映现(mapping) 为句法平面上的单位"(吴为章,1993:171)——的过程中,语义角色与 句法成分并不只有唯一的对应关系,只要整个语义在形式化、句法化、线 性化过程中得到有效的控制、保存和传达,语义角色以什么成分出现在何 种位置则是灵活的,多样的,可选择的。施事、受事等经常占据主语位、 宾语位,同样也可以出现在定语位。

第三节　名名组合的显义与潜义

一　语言的潜义

（一）潜义研究

王希杰（1996：212—244）在研究了潜字、潜词、潜句、潜义、潜格式的基础上，建立了显性与潜性这组概念。他认为，显义是在观察、运用之前已经客观存在着的意义；潜义是一个词语或句子本身包含的但尚未开发利用的意义。潜义被开发、使用的过程，叫潜义的显性化。

冯志伟（2001）认为，在自然语言的歧义研究中，把具体的歧义词组或歧义句子概括为某种抽象的歧义格式的时候，这些格式中包含的歧义只是一种潜在的歧义。他以汉语科技术语作为研究素材，探讨了汉语科技术语中的潜在歧义问题，明确提出了的"潜性歧义论"（Potential Ambiguity Theory，简称 PA 论）。

（二）词汇潜义与语法潜义

改变直接成分的所指内涵（词汇义），从而挖掘与开发整个组合的潜义，叫词汇潜义。例如，将博士的太太叫"博士后"，或将博士的儿女叫"博士后"，这两种意义是"博士后"的词汇潜义。又如：

（1）头疼——职工给一把手娇宠的女性的绰号，意为头头疼爱；偏头疼——二把手的娇宠，以防混淆。——此等盛世病语，有声有色。

（邓康延《现代汉语，了得》，《南风窗》1999 年 11 期）

（2）《美女走光图》就是那幅《落日海滩》，改成这标题，王艺百思不得其解……观众看了也觉不解，这怎么叫《美女走光图》呢？

好友范泉充当解说员，他娓娓动听地解说道："作者拍这幅照片前，海滩上曾是美女如云，但他没有带相机，等他匆匆把相机拿来时，美女都 '走光'了，就只剩下这美丽的落日海滩，所以这幅作品就叫《美女走光图》！"

（《换一种说法》，《故事会》2005 年 4 月下半月）

另类的"头疼"和"偏头疼"、"美女走光"，都在使用词语的词汇潜义。

不改变直接成分的所指内涵（词汇义），而是改变成分之间的句法结构或语义结构的关系（语法意义），从而挖掘与开发出整个组合的潜义，叫语法潜义。

语法潜义就是语法单位里的句法结构和语义结构已经包含但尚未开发利用的语法意义，源自语法变异。语法变异有两层含义：一是系统内部平衡被打破，新要素或新关系的出现——实质就是语法的缓慢发展；二是在具体交际中，临时改变语言单位的句法或语义结构，从而改变其意义——这类变异是大量存在的。（周日安，2003）例如：

（3）目字加两点，不作贝字猜；贝字减两点，不作目字猜。（打两字）
（4）中国捷克日本，南京重庆成都。

例（3）是王安石的谜语，一直被奉为经典。按照常规，一、三句是主谓结构，谜语无解。别解为联合结构，谜底就呼之欲出——目字、加字和两点，合成"贺"；贝字、欠字和两点，合成"资"。例（4）是联语，恰好相反，将原来的联合结构别解为主谓结构后，令人拍案叫绝。这类语法变异，不产生新要素，只是系统内部的结构转换，属言语范围，主要表现在语法单位、语法关系和结构层次的变异上。

结构层次变异，是为了追求特别的表达效果或对应特殊语境，而改变语言内部直接成分与间接成分的关系，有意将常规语言做不同层次的理解，挖掘词语显义背后的潜义，以达到创新的目的。

"凡显必有潜"（王希杰，1996），显义是观察运用语言以前就已经存在的意义，它相对稳定，是整个社会的共同财富，不以个人意志为转移。潜义是词句本身蕴涵着的，还没有被开发利用的意义。语法意义也分布在显和潜两个层面，语法潜义对应潜性的句法结构或语义结构。

（三）研究语法潜义的方法——演绎法

传统语言学以经验的语言现象为研究对象，收集大量语例，做成卡片，进行分类、分析和综合，最后上升为一般规律。即从一系列具体的语言事实中概括出一般原理——主要采用归纳法。研究者所收集的语言实例，数量不管多大，都难与语言事实的海洋相比，因此，归纳法总是不完全的，归纳理论的解释力总是有限的；而且无法深入到潜语言领域，只能跟在语言事实的后面，缺少预测性、前瞻性等科学的品格。直到本世纪初，结构主义语言学兴起，这一状况才得以改变。从结构主义的鼻祖、现代语言学奠基人斐迪南·德·索绪尔（Ferdinand De Saussure）开始，语言研究逐渐向演绎分析的方向发展了。随后，西方一系列开创语言学流派的代表人物，如布龙菲尔德（Bloomfield）、乔姆斯基（Chomsky）、叶尔姆斯列夫（L. Hjelmslev）等，都努力将演绎应用于自己的语言理论和实践中。

在我国，全面系统、严肃认真地介绍索绪尔语言学说的第一人，一代宗师方光焘先生，极力主张在语言研究中使用演绎方法。方光焘（1962）说：

有些一般的方法，必须结合实例来讲。例如研究语法，大多采用归纳法；但是，也可以在已经得到一些大前提的情况下，进行演绎，求出一些理论。所以演绎法也可以用。这种演绎法，在二十世纪的语言学中，运用得是比较多的。比如最近一期《语言学资料》所介绍的布龙菲尔德的方法就是用的演绎法。

王希杰继承了方师的学术传统，并在其研究中努力实践着、探索着，他的《比喻的深层结构和表层结构》（1987）、《修辞学的理想和现实》

（1991）和《演绎的双关模式》（1993）等论文，都是用假设演绎法研究汉语的典范；在此基础上，他建立了显—潜这组对立的概念，包括显词与潜词、显句与潜句、显义与潜义、显性修辞学与潜性修辞学等等，扩大了语言研究的范围。

从有限的经验事实出发，运用理论思维，提出假设，建立一些模式，或排出类似元素周期表那样的表格来，然后用显性、经验的事实去验证它，在理论上作出合乎逻辑的解释——这种方法，由一般原理（或假设）推出关于特殊情况下的结论，叫演绎法。

对于语言研究，归纳法永远有着十分重要的意义，是演绎法所无法替代的。况且，归纳和演绎，作为两种推理方法，多数时候是紧密结合在一起的。不过，一味单纯地使用归纳法，人们容易于不自觉中受思维定势的束缚。归纳法以显语言现象为对象，亦即以民族语言已有的规范和已然的契约为对象；演绎法则更多地指向潜语言现象，指向语言的变异、创新和发展。演绎法比较全面，容易激活求异思维，容易帮助发现问题和语言例外，容易促使人们运用理性的思维去探索潜语言现象，这些，对于语言研究者都是特别重要的。例如，前面谈到过，主谓式"月亮"，指卫星，是语法显义；偏正式的"月亮"，表示"很亮"，则是该词的语法潜义。语言如大海中的冰山，隐伏在底座尚未被个体或民族经验的潜语言现象大量存在着，且数目远远大于显语言现象。语言发展演变的过程，就是潜语言现象经个体发掘创造再为集体、民族的契约所承认所包容的过程。潜性语言现象因为尚未成为经验的语言事实，在现实语言中观察不到，因此，研究潜语言现象不能采用归纳法，而必须采用演绎法。

二　名词组合的潜义

语义研究有内部构成和外部功能两端。传统研究多视词语为整体备用单位，注重其外部功能，例如，"咸鸭蛋"，"用盐浸制过的咸的鸭蛋"是词汇义；名词，常做句子的主宾语，是语法义。换个角度，从内部构成看，语义由词汇义和语法义两个层面构成，语法意义包括句法结构与语义结构两部分。依然以"咸鸭蛋"为例，看词语的语义生成：

(5) 有一个人赴宴，看见席上有板鸭，恍然大悟，说："以前我不知道咸鸭蛋是哪儿来的，现在知道了，原来是咸鸭生的。"

（吕叔相《歧义的形成和消除》）

"咸"、"鸭"、"蛋"的语素义保持不变，"咸鸭蛋"却具有显性与潜性两种意义。在两种意义的生成过程中，显性与潜性几乎在每个要素上都形成对立。比较如表6—2所示：

表6—2　　　　　　　　　　　"咸鸭蛋"的显性与潜性

要　素	显　性	潜　性
备用单位	咸、鸭蛋	咸鸭（笑话中指腌制过板鸭）、蛋
句法关系	AN偏正：（咸）鸭蛋	NN偏正：（咸鸭）蛋
结构层次	咸｜鸭蛋	咸鸭｜蛋
表层意义类型	性质——描写性定语	领属——限制性定语
降级述谓结构	鸭蛋‖是咸的	咸鸭子‖生蛋
语义结构	属性＋主体	施事＋结果
意义	用盐浸制过的咸的鸭蛋	咸鸭子生的蛋
语言环境	常规语境	非常规语境（笑话）

"咸鸭蛋"一词，显性语法结构后隐藏着潜性的语法结构，包括潜在的备用单位、句法关系、结构层次、意义类型、述谓结构、语义结构等要素。语法潜义总是为显义掩盖、遏制和压抑着，需个体运用超常思维进行发掘，创造特别的语境让它凸显出来。

"象鼻山"、"牛头山"的显性语义结构是"喻事＋像事"，"人山、人流"是"像事＋喻事"。将语义关系交叉置换，"象鼻山"、"牛头山"就是象鼻、牛头十分多（堆积如山）的意思，"人山、人流"指人形一样的山或河，这就是词语潜在结构所包含的潜义。"蛇岛"，繁殖着很多蛇的岛是显义，提取蛇的样子来描摹岛的形状，而"弯弯曲曲细又长的岛"，是潜义；"一所学校最漂亮的女孩"是"校花"的显义，"作为学校标志的花"是"校花"的潜义。苏东坡被贬黄州的戏作《猪肉颂》，成就了一道佳肴的美名"东坡肉"，后又有"东坡肘子"传世。"东坡肉"源自"苏东坡制作的猪肉"，采用"施事＋受事"结构，意义引申后，"东坡"与"肉"在表层变成相关关系。《西游记》中"唐僧肉"，实指唐僧身上的肉，是"领事＋属事"结构。相互置换后，领属关系的"东坡肉"和相关关系的"唐僧肉"均产生潜义。负责培养博士是高校里令人羡慕的资格，"博士生导师"这个组合，降级述谓结构是"师—导—博士"，是"受事＋施事"关系，同构的还有"硕士导师"。如果用"说明＋系事"格式来置换，"取得博士学位的导师"与"取得硕士学位的导师"，就是其潜义。

三 潜义的解码与修辞

（一）格式类推

语言符号是音义结合体，音义关系是经过整个民族共同约定的，跟民族的语言、民俗、历史、文化、心理等有着千丝万缕的内在联系。尽管从发生学角度看，潜义显性化——新意义的出现常常源于个体的创造，但是，个体创造要以共时的语言体系为基础，而不能漠视规则、随意拼凑；新的音义关系能否存活、发展与定型，仍需通过语言系统的筛选与检验。

语法潜义既然是句法和语义结构已经包含的意义，那么，语法潜义不是创造出来的，而只是经由个体发现的。准确的表达是，某个体发掘了潜义，创造了一种新用法。

发掘潜义最重要的方法是演绎。比如，要考察某个名词组合是否包含潜义，先要排出 $N_1 + N_2$ 句法结构和语义结构的各种可能性——"语言的元素周期表"，然后将考察对象一一填入"周期表"中，再用语言事实和理论进行检验，删除显性意义的格式以及明显违背语法、逻辑或常识的格式，剩下的就可能是潜义格式。

发掘潜义最简洁最有效的路径是格式的类推与置换。将外形相同的语言单位，在两种最为邻近的显性结构之间进行交换——即格式的类推与置换。例如："问题小说"的显性格式是"小说揭露问题"（受事＋施事）；"问题少年"的显性格式是"少年有问题"（领事＋属事）。因为两者外形构造相同，它们的两种语义结构是最邻近的，将两种结构交叉置换，如图6—4所示：

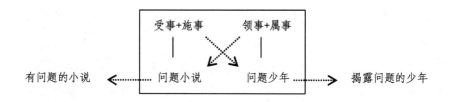

图 6—4　语法格式的类推与置换

图中实线表示显性格式，虚线箭头表示格式类推与置换以及各自输出的潜义。将"问题＋N"的名词组合输入到这两种格式中去检查，至少能发现三种类型：

甲类：问题少年　问题孩子　问题局长　问题先生　问题女人　问题导演（N_2 是人）

乙类：问题小说　问题散文　问题电视　问题电影　问题报告　问题发言（N_2 是精神产品）

丙类：问题大米　问题奶粉　问题建筑　问题邮箱　问题肌肤　问题头发（N_2 是物质产品或器官等）

甲、乙两类组合有潜义，丙类没有潜义。关键的区分在于，N_2 是否具有充当施事的能力。

　　通过比较与分析，可以看出，用演绎、类推来发掘潜义，是建立在"同类组合具有大致相同的句法和语义结构"这个假设上的，本质上就是语言系统性与生成性的反映，目的是要建立一个相互影响相互依赖的语义网络系统。

（二）意义的语用频率

　　一个结构体包含潜义，就必然会跟显义在一起形成歧义，这就是冯志伟所说的"潜性歧义"。潜性歧义和一般歧义在构造、类型、成因、分化等诸多方面基本上是一致的，它们的差异体现在语用层面上——是否已被发现、开发与利用。潜义显性化过程，也就是潜性歧义向一般歧义转化的过程。

　　根据义项的使用频率，词典能给多义词的几个义项进行排序（当然还要考虑历史的演变）。以此类推，一个组合有几个显性意义，这些显性意义也可根据出现的频率进行排序；一个组合有几个潜性意义，这些潜性意义也有顺序问题。自然，潜性意义排在显性意义之后。这种依据频率排出的序列，为解码的优先原则提供支持。一个歧义组合，其中的一个意义是主要的，高频的，其他意义则是次要的。例如，博士教授：并列＞偏正；网络医生：方式＞受事；建筑垃圾：施事＞像事；理想的追求者：受事＞性质。这样，就可以建立一个多义选择的层级系统。

（三）潜义与修辞

　　词汇义和语法结构完全相同，歧义也还可能存在，如"鸡不吃了"，结构主义不能彻底解决歧义问题，于是，乔姆斯基在句法研究中导入语义。语法义的核心指符号与符号之间的并列、修饰、陈述、支配、补充等最基本最抽象的意义；同时也包含施事和受事、工具和对象、性质和状态、程度与结果等句子成分的意义类型。只有联系语义结构、语义角色，才能给"鸡不吃了"等显性歧义和"鸟岛"等潜性歧义一个合理的解释。给歧义分类的标准很多，在这里，我们更关心的是语法层面（句法结构和语义结构）造成的变异和歧义，特别是与非常规语境相连的语法潜义。用演绎法从理论上推导，有多少类语法要素，就可能有多少种语法潜义。只是有些语法潜义不为本语言系统兼容，被永远地抑制着；有些语法潜义虽被兼容，但因为暂无语用需要，无特殊的交际环境让它浮现出来。

语法修辞，指从语法系统出发所进行的修辞，而不是将语法和修辞平行地结合。语法变异的利用和语法潜义的挖掘，既是一种潜语法现象，又是一种潜修辞现象，观察角度不同而已，总之是一种潜语法修辞现象。语法稳固，变化缓慢，它是保证交际能正常进行的基础，不宜随心所欲加以改造。语法变异，实用文体中少，文学作品中相对多些，而谜语、无情对、相声、笑话、调侃、脑筋急转弯等语言游戏中就十分常见。语言游戏不以传递实用信息为目的；语境短或自由宽松；语体风格跨度大，可以从历时角度出发，将古汉语和现代汉语打通，语素、词、短语可以自由流转——所有这些，为变异提供广阔的自由空间。所以，"语言文字游戏是一种走到了极端的修辞活动。它最大限度地发挥了人们的修辞天才，最大限度地发挥了语言和文字的表达功能，最大限度地挖掘出语言和文字的一切的潜在表达功能，它是修辞技巧的实验室"（王希杰，1996：133）。当然，在具体的修辞活动中，语音修辞、词汇修辞和语法修辞常常融合在一起，协同作用。语法变异常伴有语音、词汇义的变异。

第七章

名名组合的语义结构
对句法的影响与制约

第一节　定语语义对句法结构的影响

　　名名组合的语义结构对句法的影响，体现了语义的决定性作用。句法结构始终是为语义表达服务的，尽管它有强制性以及反作用力。定语语义对句法结构的影响，表现在语义的自足性原则上。包含定中短语的句法结构，如名词谓语句、同位短语等，有时，定语成为结构不可或缺的语义成分，没有定语，整个结构的语义便不能自足。

　　传统语法认为定语、状语和补语是句子枝叶，删除后不影响句型；结构主义认为，定中结构属"向心结构"，poor John 和中心 John 的语法功能一致。汉语语法学家在对句子进行句法分析时，特别强调"扩展不影响句型"，"定语在确定句型中是没有地位的"，因而，定语对句法结构的语义自足性起决定作用的一面，一直受到忽视。

　　邵敬敏（1997）认为："'语义自足性原则'，即在同一个句法结构中，词语的组合必须在语义上得到自足。换言之，如果语义上不能自足，那么，即使在形式上两者是可以组合的，但实际上还是不能接受的。"例如：

（1）他上海人。→*他人。

（2）这位朋友黄头发。→*这位朋友头发。

（3）海上一片雾气。→*海上雾气。

去掉定语，句子便不能成立。因为作为句子，"他人"等形式的语义是不完足的，"这是典型的语义对句法结构制约的情况"。

刘顺（2001）探讨了影响名词谓语句自足的语言形式，认为通过删除或添加，可以认定"影响名词谓语句自足的语言形式"；名词谓语句类型不同、语用价值不同，影响其自足的语言形式也不同。他提出了"句子的自足"概念，指句子形式自由，意义完整，能够单独传达信息，完成交际任务；并试图沿着陆俭明（1988）、沈家煊（1995）的线路，用名词的有界和无界理论，来分析造成句子是否自足的原因。"窗前一朵玫瑰花"中，"一朵"必不可少，因为"数量词能使无界概念变成有界概念"。

从语义自足这个角度看，定语语义对句法结构的制约和影响，范围究竟有多大？语义自足与否，是否有客观的检验手段，内部是否也有一定的层次，等等问题，都值得进一步的探讨。我们的研究，限定在名名组合范围内，因此，考察重点是"他浙江人"，删除定语后，"他人"为什么不再是句子，而变成了偏正式词，也就是说，定语为什么成了名谓句语义自足的一种语言形式？我们拟结合语义场理论，揭示造成主谓结构、同位结构语义自足与否的深层原因。

一　主谓结构中的定中谓语

作为人称代词，"他"已经包含义素［＋人］，"人"对于"他"而言，不具备陈述能力。即便加入判断词，"他是人"也因信息不足而几乎没有使用价值，有点像说"中国是国家"、"北京城是城市"，尽管也是将个体划入集合的归类，但述语没有输出足量的新信息。也许还不能否定"他是人"的句子地位，毕竟形式上它是合格的，但将陈述句"他｜你｜我是人"输入到北京大学 CCL 语料库，搜寻结果为零，至少可以断定它们不是合格的语用句。必须通过否定、假设、加强语气、骈偶化、添加定语、添加状语等手段，追加其他信息，才能真正使用起来。在 CCL 里输入"他是人＄0（。｜？｜，｜！）"，找到 7 个句子：

(4) 他是人！

(5) 他的确不是东西，他是人。

(6) 而他是人，所以必须有一个志同道合的秀子，使他完整，保持身心的平衡。

(7) 因为他是人，上官金虹也是人，人都有相同的悲哀和痛苦。

(8) 他是人，不是一只小动物，我不能关起他来呀……

(9) 理由是他是人，他是有情绪的。

(10) 只看得见两个中国女人，一个算不得人的小孩子——至少船公司没当他是人，没要他父母为他补买船票。

例（4）"他是人！"句末附带了强烈的感情色彩，"是"本身除了表判断外，还有强调、辩白的意味，语气等语用因素，对句子的语义起补足作用。其他 6 例，"他是人"都不单用。

肯定和否定的不对称，人们研究得比较深广。但它们在语义自足性方面表现出来的不对称，就少有人涉及。肯定式"他是人"，因语义的自足性不充分，单用频率极低；而否定式"他不是人"，语义自足性就充分得多，"不是人"甚至变成了一句常用的骂人话：

(11) 在中国人的骂詈之语中，骂人"不是人"，是"禽兽"，应该说是至辱之词。

（《北京日报》2006 年 6 月 26 日）

否定式"他不是人"包含着"他是非人"或"他是禽兽"、"他是畜生"的意义，谓语输出的信息比肯定式要丰富得多。甚至，疑问式，特别是带上语气状语时，也比肯定式的语义丰富些，如"他是人吗?""他还是人吗?"

使名谓句语义自足最简便的手段是追加定语，增加泛指概念"人"的内涵。哪怕仅增加一个音节，如复合词"好人、坏人、小人、恶人"或"诗人、报人、商人、媒人"等，定语X对"X人"充当谓语起着十分重要的作用。

主谓型 N_1+N_2，N_2 要有陈述功能，能对 N_1 进行说明。具备陈述能力的单个名词，数量有限，包括：英雄、混蛋、草包、懦夫等性质名词；工人、作家、教师、军人等职业名词；教授、主席、处长、将军等表示职称、职务、官阶、军衔的名词；国庆、星期三、冠军、上铺等表示节日、星期、名次、次序的有序名词。前三类有生名词，都能进入"……的人"的释义格式，与"X人"相对应，整个词义中，修饰义非常突出，例如，英雄：才能、勇武超凡的人；混蛋：不明事理的人。后两类构成顺序义场，任何一词（图像）进入句子，在与同场词（背景）的对比中凸显出发展、变化、推移的语义，能进入"NP 了"格式，因而具备陈述功能。

"他是人"几乎不单用，"他人"就更不能成为句子，只是个复合词。在判断句"A 是 B"中，如果 A 是个体名词，B 是 A 经过多次归类后的上位概念，那么，这类"A 是 B"虽然成句，但使用价值特别低。例如在下面这个多层语义场中（见图 7—1）：

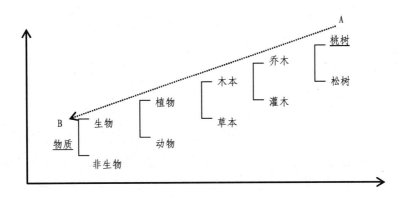

图 7—1　多层套叠的语义网络

纵向是要素和要素的聚合关系，如"桃树"和"松树"并列；横向是下位和上位的类属关系，如"桃树"属于"乔木"、"乔木"属于"木本"等，即：

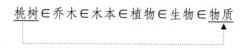

（12）桃树是物质。

由"桃树"到"物质"，中间隔有多个层级，每跨一个层次，外延都要扩大一次，内涵却要削减一次，"桃树是物质"虽也输出有效信息，但层次太低，反映人类最基本的不言而喻的知识，从语用角度看，其语义自足性也是不充分的。纯粹从句义自足性是否充分看，可建立如下序列：

（13）桃树是物质＜桃树是生物＜桃树是植物＜桃树是木本＜桃树是乔木

从左到右，语义自足性逐层递加，直至成为自由的句子。再如：

（14）钢笔是物质。

下定义方法是：被定义的概念＝种差＋属。属概念下其他种概念之间的差异叫种差。据《现代汉语词典》，【钢笔】笔头用金属制成的笔。其中，"钢笔"是被定义概念，"笔"是属概念，定语"笔头用金属制成的"叫种差，显示"钢笔"跟"毛笔、铅笔"的差异。如果将"钢笔"解释为"钢笔是一种……的物质"，种差异常繁杂，而删除种差，单说"钢笔是物质"，语义大而无当，在交际中几乎不使用。

严格的定义，要求属概念在种差的限定下，获得与被定义概念同样大的外延。如"钢笔"和"笔头用金属制成的笔"，外延一致。从外延上说：A＝X＋B（A∈B）。逻辑归类，将个体概念归入集合概念中，在语言里是一种判断。如"鲁迅是浙江人"。外延上说：A∈X＋B（A∈B）。

可以从两个角度来考察种差 X：其一，在语言系统中，从符号与符号的逻辑关系看，X 亘跨的层级越多，内涵越丰富，则 A 和 B 的外延差距越大，如"钢笔"和"物质"；反之，X 亘跨的层级越少，内涵越简单，则 A 和 B 的外延差距越小，如"钢笔"和"笔"。其二，在言语表达中，X 是调节 A 和 B 外延差距的言语变量：X 内涵越丰富，A 和 B 的外延差越能被缩小，"A 是 X B"表达的意义就越具体，当 X＝A－B 时，外延差为零，即前后外延相同，A 和 XB 的意义也相当，叫下定义；反之，X 的内涵越简单，A 和 B 的外延差越大，"A 是 X B"表达的意义越抽象，当 X＝0时，"A 是 B"的意义最抽象。总之，语言符号间的 X 越大，而言语表达中的 X 越简单乃至为零，就越容易出现语义不自足的现象。

"他人"缺少调节外延的 X，无法将独特的具体的那个"他"，从集合体"人"中分离出来，语义不自足，因而不成句。"他混蛋"，能成句，表面看似乎也缺少 X，实际上，X 是存在的，只是未出现在句法层面（定语），而渗透到了词汇层面，"混蛋"是"人"的子集，具有了将"他"从"人"中分离出来逻辑支撑力。

二　同位结构中的定中成分

跟定中短语充当句子谓语的情形一样，定中短语充当同位短语的直接成分，定语有时也是语义自足的决定成分，不可或缺。例如：

(15) a. 鲁迅浙江人。→ 浙江人鲁迅

　　 b. *鲁迅人。→*人鲁迅

(16) a. 阿不旦渔村→渔村阿不旦

b. 阿不旦村 → *村阿不旦

"鲁迅浙江人"是名谓句,删除定语,"鲁迅人"就不成句;"浙江人鲁迅"是同位结构,删除定语,"人鲁迅"同样不能组合。"渔村阿不旦"是同位短语,"村阿不旦"就不成话。又如,常说"特区深圳",不说"地区香港、国家日本、省广东、市佛山",因为前一个名词的语义太抽象,影响组合的语义自足。追加修饰成分,变成"经济发达的地区香港、被海洋包围的国家日本、旅游大省广东、产业强市佛山",就是非常自由的同位短语了。定语的有无,决定着组合能否成立。

同位短语的两个直接成分,语义所指相同,因而其外延也需大致相等。各种充当 x 的定语,能缩小 A 和 B 的外延差,直至两者大抵相等。例如:

(17) 电磁炉是一种新式炊具。

(18)* 电磁炉是这种新式炊具。

(19) 一种新式炊具叫电磁炉。

(20) 这种新式炊具叫电磁炉。

上面的主谓句,(18)不能成立。删除谓词,N_1 与 N_2 逆序,能组合成三种同位短语:

(21) 一种新式炊具电磁炉

(22) 这种新式炊具电磁炉

(23) 电磁炉这种新式炊具

(24)* 电磁炉一种新式炊具

(24)不能成立。(23)能成立,但限制严格,缩小外延差的定语"这种",必不可少;删除后,"电磁炉新式炊具"与"电磁炉炊具",语义均不自足。(21) 和 (22) 不同，"一种""这种"对第一直接成分的限制并不严格，不是同位结构语义自足的必有成分；删除后，"新式炊具电磁炉"与"炊具电磁炉"都还是同位短语。可见，在同位短语里，"专名＋通名"的限制比较严，"通名＋专名"要自由得多。代词"这"和"那"有指别的功能，指，指代，指称；别，区别，分别——将某个具体要素从集合中分离出来的依据。比较：

(25) 小张是混蛋。

(26) 小张混蛋。

(27) 小张这（那）混蛋。

(28) 混蛋小张。

"混蛋小张"属"通名＋专名"同位短语；"小张这混蛋"属"专名＋通名"同位短语。代词"这""那"对通名的修饰，一方面在调节两者的外延差，另一方面，排除"混蛋"的述谓性，从而与主谓结构 (26) 相区分。

定语的有无，有时还能影响与制约动宾结构、存现句、介宾短语的语义自足性，例如，"反映了（群众的）建议"、"墙上（三幅）画"、"在（上级的）领导下"等，删除定语，语义就难以自足，整个结构马上散架。因与本文关系不很密切，这里就不探讨了。

第二节　定中语义关系对句法结构的影响与制约

一　领事定语与属性定语的语义差异

（一）领事定语与属性定语

1. 关于领属定语与属性定语

现阶段，语法学家普遍认为，定中结构的名名组合，定语分为领属定语和属性定语两类。作为术语，"领属定语"出现得早些。1942 年，吕叔湘就使用变换式"N_1 有 N_2"，作为判别"N_1 的 N_2"是否为领属结构的形式标准；丁声树等（1952）的《现代汉语语法讲话》，称为"领属性的修饰语"；赵元任（1968）的《汉语口语语法》，叫"领格修饰语"。20 世纪七八十年代，吕叔湘、朱德熙都在使用"领属"概念，给定语进行分类，术语"领属性定语"、"领属定语"逐渐普及，并固定下来，一直沿用至今。

"属性定语"的出现并获得与领属对举的地位，是近二三十年的事情。黄国营（1982）、孔令达（1994）、李宇明（1996）都谈到属性定语的问题。袁毓林（1995）将名词定语分为领属和属性两类，对汉语名词定语的研究起到很大的推动作用。文贞惠（1999）运用"语义—语用"标准，也将"N_1（的）N_2"分为领有关系和属性关系两类，探讨了它们的下位小类。刘永耕（1999）从有指和无指、关系命题与性质命题等方面，讨论了领属定语和属性定语的区别，论证了名词定语分为领属和属性两类的合理性。

区分领属和属性有哪些形式标志呢？文贞惠（1999）认为，采用变换式"N_1 有（拥有、占有、具有）N_2"可以确定领属关系，沿用了吕叔湘的方法。陆俭明（2001a）给出了两个检测领属关系的句法框架：N_2＋V＋的＋是＋N_1 或者 V＋ N_2＋的＋是＋N_1。徐阳春（2006）的鉴别方式是发问，能用"什么"提问的，是属性关系；能用"谁的＋ N_2"或"哪＋量词＋ N_1＋的＋ N_2"提问的，是领属关系。

2. 术语"领属定语"

领属定语，又叫领属性定语，吕叔湘、朱德熙都曾使用这个术语，高更生等（1992）解释为：表示中心语事物的归属的定语。蒲璜（2005）认为，所谓领属是事物和事物之间的领有、隶属等关系的总称，反映在句法平面上就是定语对中心语所表示的事物加以限制和分类。显然，领属定语采用的"语义类型＋成分名称"的命名方式。

分析句子成分的意义类型，是试图将语义和句法结合起来的一种方法。"台上坐着主席团"，语法学家见仁见智地进行着不同的分析，产生了施事做主语、受事做宾语的意义派和主语在谓语前、宾语在动语后的结构派。从形式入手判定"主席团"是宾语，意义类型是施事，表面看，"施事宾语"整合了句法和语义，似乎解决了主宾语问题；其实，"在句法分析中引入语义角色定义的概念，显然并没有解决汉语主宾语问题"（张伯江，2002），只是将矛盾转移到动词身上（周日安，2005）。而"施事主语、受事主语、施事宾语、受事宾语"等"语义＋成分"式术语，却保留下来了。

"定语＋中心语"是句法结构名称，简称"定中"；"领事（owner）＋属事（belonging）"，又叫"领有＋隶属"，是语义结构名称，简称"领属"。显然，表示领有与隶属关系的短语，定语应该称为"领有定语"或"领事定语"，而不好定名为"领属定语"，正如"施事主语"或"受事宾语"不能定名为"施受主语"、"施受宾语"一样。领属关系包含着复杂的次类，其中，"领有关系是比较原型的领属关系"（张敏，1998），因此，我们将领属关系的一方，叫做"领事"，是跟"属事"相匹配的语义格。

3. 限制性定语、描写性定语与领事定语、属性定语的关系

传统语言研究，将定语分为限制性定语与描写性定语两大类。限制性定语从数量、时间、处所、归属、范围、用途、质料、内容等方面说明中心语，主要作用是给事物分类或划定范围，使语言表达更加准确、严密。描写性定语从性质、状态等方面对中心语加以形容、描写，主要作用是使语言表达更加生动、形象。

除专名前的定语（如"可爱的中国、富饶的珠江"）是纯描写外，描写性定语其实也是一种缩小中心语外延的限制，区分两种定语，只能依赖语境，看定语的限制与描写孰重孰轻，再作判断。这样，对有些定语的归属，难免产生分歧。

区分限制性定语与描写性定语，有时也可解释歧义。如"聪明的上海人"，形容词"聪明的"做描写性定语，意义来自"上海人是聪明的"，包

含整个"上海人",即不限制"上海人"的范围,为纯描写;做限定性定语,意为"上海的聪明人",不包含整个"上海人",即限制与缩小了"上海人"的范围。

限制性定语、描写性定语与领有定语、属性定语究竟是什么关系?我们认为,这两组对立统一的术语,在层级与侧重点上是有区别的。其一,限制性定语、描写性定语是对整个定语的分类。定语的构成非常复杂,名词、形容词、区别词、代词、动词、数词、量词以及绝大部分短语,都能充当定语,将所有定语一分为二,就是限制性定语、描写性定语。领有定语、属性定语是对名词定语的分类。其二,限制性定语、描写性定语,侧重于 N_1 修饰 N_2 时的表达功能,使语言更加准确、严密,或更加生动、形象。领有定语、属性定语,命名为"领有"或"属性",侧重于 N_1 修饰 N_2 时所组配的语义关系,强调耦合成分 N_1 的语义角色。它们之间的关系大致为图 7—2 所示:

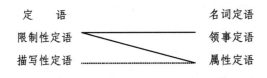

图 7—2　定语类型的关系

名词定语主要是限制性定语,用实线表示;只有少数的属性定语,最典型的是"喻事＋像事",如"樱桃嘴、杨柳腰、垃圾时间、朝阳产业"中的喻体定语,是描写性的,用虚线表示。

(二) 领事定语与属性定语的"属"

名词、动词、形容词是最主要的三类实词。名词表实体,具有空间性;形容词表性质,具有程度性;动词表动作,具有时间性。这是原型意义上的整体概括,实际上,三者之间具备互相影响和渗透的关系。

从词汇角度说,名词的释义模式可以概括为:$N＝Det＋n$。名词与释义语的内涵和外延完全对等,叫"下定义",表述为"定义＝种差＋属",

它是最严格、最标准的释义方式。例如：

【间谍】被敌方或外国派遣、收买，从事刺探军事情报、国家机密或进行颠覆活动的人。

【软件】计算机进行计算、判断、处理信息的程序系统或设备。

被解释的名词记作 N，释义语的中心叫"属"，本身也是名词，记作 n。n 是上位概念，N 是下位概念，n 包含着 N，构成类属关系，记为 $N \in n$。定语表"种差"，表示聚合中不同 N 互相区别的特征或性质，功能相当于形容词，记作 Det。名名组合的含义，是两个名词的词汇义在句法义上的融合。描写为：

$N_1 = Det_1 + n_1$，$N_2 = Det_2 + n_2$

$N_1 + N_2 = (Det_1 + n_1) + (Det_2 + n_2) = [(Det_1 + n_1) + Det_2] + n_2$

同属偏正的句法关系，因内部语义关系不同，组合的最终含义形成差异。比较：

间谍的软件：（被敌方或外国派遣、收买，从事刺探军事情报、国家机密或进行颠覆活动的）人所使用的（计算机进行计算、判断、处理信息的）程序系统或设备。

间谍软件：（用来刺探军事情报、国家机密或进行颠覆活动的）（计算机进行计算、判断、处理信息的）程序系统或设备。

显然，"间谍的软件"与"间谍软件"的词义融合方式不同，前者 N_1 保留了的种差和属，以完整的词义进入组合，属于关系解释；后者提取 N_1 里的某些语义特征进入组合，舍弃了属，有时还要舍弃一些其他特征，属于特征影射。

在 $N_1 + N_2$ 组合中，保留名词词义 Det + n 中的属，意味着沿用名词的典型功能，保持事物的空间性；删除属，仅提取 Det 的部分语义，意味着使用名词的非典型功能，具有向形容词、区别词漂移的特征。于是，人们将"间谍的软件"中的定语，叫领事定语，把"间谍软件"中的定语，叫属性定语。

领属关系指偏正结构中的领有与隶属关系，领有者与隶属者均应为事物，在组合中充任语义中心，因而"属"不能删除，也不能被弱化。属性定语起修饰作用，其"属"或者被删除，或者被弱化。例如：

(1) 乔先竹不想碰上她，老太太的车轱辘话，会耽误了孩子的饭。

（毕淑敏《生生不已》）

三个名词"老太太"、"车轱辘"与"话"，构成了两种定语。"车轱辘话"内部为比喻关系，"车轱辘"的属被删除，只取"循环往复、没完没了"的特征意义，充当属性定语；"老太太"是"车轱辘话"的领有者，保留了属，充当领有定语。

定语名词的属被删除，最典型的是喻体居前的组合。例如"樱桃嘴"，取"樱桃"的［＋红艳］［＋小巧］［＋圆润］等特征，舍弃了其他物理属性，删除了"属"（水果）。"同类不喻"，本体和喻体的属，并不相同，需要强制性地删除喻体的属。

如果两个名词的属相同，在属性定语中，相同的属合而为一，也可理解为定语的属被删除。例如：

【博士】获得最高学位的人。
【教授】高等学校中具有最高职称的人。
【农民】在农村从事农业生产的劳动者。
【工人】个人不占有生产资料、依靠工资为生的劳动者。

两两组合后，形成偏正组合：

博士教授：高等学校中获得最高学位与最高职称的人。

农民工人：以前在农村从事农业生产、现在不占有生产资料、依靠工资为生的劳动者。

联合标记是"和"，如"博士和教授"、"农民和工人"，两个名词的语法地位平等，具有并立性，N_1 的属要保留。反之，N_1 的属被删除，与 N_2 共用一个属，组合的并立性在前移中降级，让位给修饰性（见图7—3）：

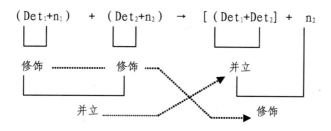

图7—3　并立性与修饰性的转换

不是所有的属性定语，"属"一定都被删除。有时它依然保存着，但明显被弱化。例如：

【玻璃】一种质地硬而透明的物体。

【颜色】物体发射、反射或透过的光波通过视觉所产生的印象。

【茶几】放茶具用的家具。

玻璃的颜色：质地硬而透明的物体，反射或透过的光波通过视觉所产生的印象。

玻璃茶几：用质地硬而透明的物体制造的、放茶具用的家具。

表领属，如"玻璃的颜色"中，"玻璃"的词义完整；表属性，如"玻璃茶几"中，只取"玻璃"的材料义，"玻璃"（的属）在释义中，处于介词结构之中，明显被弱化。两者的降级述谓结构也不同：

> 玻璃的颜色←玻璃具有的颜色←玻璃有颜色
>
> 玻璃茶几←用玻璃制造的茶几←用玻璃制造茶几

领属关系，没有名词性的语义标记，常使用助词"的"；表属性的 N_1，常常伴有名词性成分，如色、形、型、状、材、质、料、性、式、样、属、科、级等，充当语义桥。例如：

（2）树形图　咖啡色西装　饼状统计图　学者型作家　玻璃质的谎言

N_1 表领有，与中心名词 N_2 的关系松散，可以插入其他修饰成分；N_1 表属性，与 N_2 关系紧密、固定，难以插入其他修饰成分。这导致了两者在句法层面的差异。

（三）领事定语与属性定语的范围

1. 领事定语的范围

领事定语是建立在领属语义关系上的、中心语的配对成分，表示事物的领有者。领属关系指结构成分之间的领有与隶属的关系。"王同志的钱包丢了"，"王同志"与"钱包"为直接组合，有领属关系，"王同志"是领事定语。"她态度比较端正"，"她"与"态度"是间接成分，也有领属关系，但"她"不是定语，而是大主语。"中国的朋友"含领属关系，"中国"是领事定语；删除"的"，领属关系消失，"中国"就不再是领事定语。

领属范畴，内部关系复杂、异质特征明显。沈阳（1995）认为，"给领属范畴的词语表现形式下一个严格定义是很困难的"，他列举了大量的领属 NP，分成狭义与广义两类。"狭义领属 NP"的"领"和"属"之间是必然的，有时还具有唯一关系，如"衣服（的价格）真贵＝衣服真贵"，有时表现为非唯一关系，如"他（的）父亲死了≠他死了"。"广义领属

NP"的"领"和"属"不具有必然的关系，是临时的领属关系，如"岳父的存款"（"岳父"不一定有"存款"）。

领属组合隐含的核心谓词是"有"，包括双音节的"领有、占有、拥有、具有、存有"。变换式"N_1 有（拥有、占有、具有）（A）N_2"可以作为鉴定领属关系的形式标志，N_1 ＋ N_2 能进入这个格式，N_1 就是领事定语。例如：

(3) 单车—有—链条（单车的链条）　狐狸—有—尾巴（狐狸的尾巴）
　　　事故—有—原因（事故的原因）　树叶—有—颜色（树叶的颜色）

2. 属性定语的范围

属性定语是建立在属性与主体语义关系上的、中心语的配对成分，表示事物的属性，包括特征、颜色、形状、型号、材质、性能、式样、属科、级别等等。

比喻组合分为明喻组合和借喻组合两类。明喻组合，大多没有领属关系，N_1 是典型的属性定语。例如：

(4) 嘴—像—樱桃（樱桃嘴）　　　　地段—如—黄金（黄金地段）
　　　时间—像—垃圾（垃圾时间）　产业—像—朝阳（朝阳产业）

这类组合属于特征影射，提取 N_1 的语义特征映射在 N_2 上。取 N_1 与 N_2 的共有特征，舍 N_1 中不同于 N_2 的相异点，所取的特征近似于形容词的性质，例如：

(5) 红色的裙子→红裙子 ≡ 玫瑰色的裙子→玫瑰裙（≡表示平行）

定语"玫瑰"取得"红"的含义，相当于是描写性定语。这类组合的频率特别高，描写人体特征的就有：

(6) 柳叶眉　杨柳腰　茄子脸　苦瓜脸　水桶腰　刀子嘴　豆腐心　蒲扇脚　罗圈腿

定中之间一般不能单独地插入"的"，而要在插"的"的同时带上喻标，从而与领属相区分。

借喻组合跟明喻组合不同，内部包含领属关系，语序与明喻组合恰好相反，喻体居后，本体在前。借喻组合不带"的"，N_1 依然是属性定语；带上"的"，N_1 却是领事定语。例如：

(7) 历史—像—长河（历史的长河）　思想—像—野马（思想的野马）

更多的借喻组合，本体常常是语言中难以言说的空符号（记做 φ）。从事件性比喻中抽取本体事件和喻体事件中的两个名词进行重组，用喻体替代空符号中心语。例如：

(8) 交通瓶颈←交通的瓶颈←"交通有 φ"如"瓶子有狭小的瓶颈"

(9) 精神红包←精神的红包←"在精神方面奖励 φ"如"在物质方面奖励红包"

借喻组合包含着两层语义的融合：（N_1 的 φ）＋（φ 像 N_2）→N_1N_2。N_2 只在词汇意义上替代了 φ，而不改变"N_1 的 φ"中"领事＋属事"的语义关系，即这类 N_1＋N_2 依然是偏正关系，而非"正偏结构"。"浪花、人海、火舌、雨丝"等复合词内部，也蕴涵有领属关系（事物为领事，状态为属事），不构成"正偏式"。

"系事＋说明"组合中，"系事"指具有一定身份、职位、属性的主体，"说明"表示身份、职位、属性。联系谓词包括"是、成为、算做、当成"等。例如：

（10）农民—当—工人（农民工人）　大学生—当—保姆（大学生保姆）

师兄—是—掌门（掌门师兄）　太太—是—市长（市长太太）

这类组合，依然是偏正关系，不是同位短语。N_1 表属性，修饰 N_2。如果能够同时构成领属关系，则加不加"的"成为区分两者的标记。例如，"大学生的保姆"、"市长的太太"，领属关系就非常明显。

"工具＋受事"组合中的"苍蝇拍子"（用拍子打苍蝇）、"铁板牛肉"（用铁板烧牛肉），"材料＋受事"组合中的"羊毛背心"（用羊毛编织背心）、"剁椒鱼头"（用剁椒蒸鱼头），包含结果格的"钢铁工人"、"瓜皮花朵"，包含原因格的"啤酒肚腩"、"病毒感冒"，包含目的格的"蓝天工程"、"利益冲突"等等，内部没有领属关系，N_1 是属性定语。

准定语是领事定语还是属性定语，存在争议。我们认为，准定语与中心语之间没有领属关系，应归入属性定语。准定语是朱德熙先生提出的概念，"张三的原告，李四的被告"、"他的篮球打得好"、"我来帮你的忙"，定语由"的"字结构充任，不表示领属，叫准定语。朱德熙的准定语概念有两方面值得注意。其一，他认为准定语并不只是 NP，而是 NP 与"的"构成的"的"字短语；其二，他举的例子说明准定语至少有三种来源。

第一类，张三的原告，李四的被告。结构助词"的"可用某个动词替代，句子意义基本不变，也就是说，用动词替换"的"后形成的句子，是它的变换式。例如：

（11）（那场官司）张三的原告，李四的被告 → 张三是原告，李四是被告

"的"可用判断动词"是"或者跟判断动词比较接近的"做、担任、出任、扮演、饰演"等来取代，但不能用"有"类动词替代，内部没有领属关系，N_1 是属性定语。

第二类，姚明的篮球打得好。结构助词"的"可用句中动词替代，变换成连谓句，意义基本不变；甚至也能变换为主谓谓语句。例如：

（12）姚明的篮球打得好 → 姚明打篮球打得好｜姚明篮球打得好｜篮球姚明打得好

对于简单句"人吃饭"，助词"的"的提取功能表现为：（1）提取主语：吃饭的人。（2）提取宾语：人吃的饭。（3）提取主语或宾语：吃的（如"吃的吃，唱的唱"，"买点吃的"）。（4）提取主谓结构：人吃饭的（时候）。（5）提取谓语：人的吃饭。"的"字提取谓语显然不如提取主宾语那样自然、顺畅。提取谓语，在主谓之间插入"的"，以前一直解释为"取消句子成句资格"，这当然不错，但实质还是将谓语变换成中心语，将陈述形式转化为指称形式。陈述形式指称化的难易程度或说出现频率，与其结构类型有关系："主事＋V_1"、"受事＋V_2"和"施事＋V_2"（V_1 指一价，V_2 指二价）都比较容易指称化，使用频率高。例如：

（13）a. 弗兰克的死　危机的出现　父亲的下岗　少年的出走　夫妻的生离死别

　　　 b. 书籍的出版　经济的发展　城市的建设　债务的清理　暴乱的挑起与平息

　　　 c. 大家的选择　公司的投入　法律的保护　姚明的复出　检察院的介入

相比而言，"施事＋动宾（V_2O）"难以指称化，"人的吃饭"、"她的洗衣服"、"姚明的打篮球"、"法律的保护私有财产"、"检察院的介入案件"，都很少能出现，动宾短语的指称化非常困难。为此产生了三种补偿形式：（1）陈述替代，用主谓结构直接代替动宾的指称形式，例如"她洗衣服洗得干净"、"姚明打篮球打得好"。（2）准定语，施事和受事构造成句法上的定中短语，但不存在领属关系，如"她的（洗）衣服洗得干净"、"姚明的（打）篮球打得好"。（3）介引，通过介词，将受事引入定语的位置上，如"法律对私有财产的保护"、"检察院对案件的介入"。

准定语作为动宾短语难以指称化的一种补偿形式，其条件是，动词必须是二价，与准定语施事和中心语受事能构成完整的语义框架。"她的衣服有个洞"、"她的衣服掉了颗扣子"之类的句子，"她"与"衣服"是领属关系，不是准定语。施事充当的准定语 N_1，不是领事定语，而是属性定语。

第三类，我来帮你的忙。动宾结构的递归性最弱，绝大部分动宾式词语都不能再带宾语；但动宾结构在意念上还可以有受事。要让（V+O）意念上的受事获得表层的句法位置，有四种办法：（1）双宾语，如"帮我忙"。（2）介引，如"给我帮忙"。（3）准定语，如"帮我的忙"。（4）使动（兼语），如"使/让他出了丑"。四种表达，准定语是最自由。例如：

（14）生气→*生气他→生他的气

　　　吃亏→*吃亏你→吃你的亏

　　　告状→*告状他→告他的状

　　　扯后腿→*扯后腿我→扯我的后腿

　　　摸老虎屁股→*摸老虎屁股他→摸他的老虎屁股

"生他的气"、"吃你的亏"、"告他的状"等，实际都是两层动宾的被抑制形式"生气他"、"吃亏你"、"告状他"的补偿（周日安，2005），句法上形成了定中结构，语义上没有领属关系，由受事充当的 N_1 是属性定语。

领属组合的表层语序为"领事＋属事"，包含领属关系；为了表达不同含义，在表层采用逆序，就演变成了非领属组合。比较：

（15）狐狸—有—尾巴（狐狸的尾巴）　事故—有—原因（事故的原因）

(16) 儿童—有—残疾（残疾儿童）　少年—有—问题（问题少年）

"狐狸的尾巴"、"事故的原因"明显是领属组合，而"残疾儿童"、"问题少年"凸显了"儿童"与"少年"的特征，则为属性组合。

（四）两类定语的语义特征

蔺璜（2005）比较了两种名词定语互相对立的语义特征：（1）领有定语能受数量等的修饰，具有空间义；属性定语不能受数量等的修饰，具有性质义。（2）领有定语具有指称话语中某个实体的功能，体现了名词的有指义；属性定语不具有指称话语中某个实体的功能，体现了名词的无指义。（3）外延是概念所指对象的范围，内涵是概念所反映事物本质属性的总和。领有定语显现名词的外延义，属性定语显现名词的内涵义。总之，名词充当领有定语时，显现空间义、有指义、外延义；充当属性定语时，显现性质义、无指义、内涵义。

蔺璜的总结还是很有价值的。只是其中的"性质义"的理解，要注意两点：其一，这里的"性质义"，范围比较宽泛，包括性质、颜色、形状、质料、构造等等内涵；其二，这里的"性质义"，不同于形容词表达的性质义。形容词表达的性质意义，具有程度范畴，能接受程度副词的修饰，且可以出现在名词后面做谓语。属性定语的性质义，由名词来表达，没有程度范畴，也暂时没有了数量范畴。

在蔺璜研究的基础上，我们认为，还可从三方面比较两种定语的差异：（4）领有定语，N_1 的词义以及其"属"，在组合中得到完整的保留，不存在义素脱落现象；属性定语 N_1 的"属"及其部分语义特征，在组合中被删除或弱化，整个组合要凸显 N_2 的属。两种定语代表着 Wisniewski 双重加工理论中的典型，即名名组合概念具有关系解释和属性解释双重性。（5）从定中句法结构背后隐藏的语义结构看，领有定语来自"领有＋隶属"的语义结构，属性定语来自"属性＋主体"的语义结构。（6）从配价角度看，领有定语充当 N_2 的名元，属性定语不充当 N_2 的名元。袁毓林（1994）认为，在名核结构中，联系一个名元的名词为一价名词，联系两个名元的名词为二价名词；一价名词主要包括亲属称谓名词、隶属于整体的一个部件的名词、表示事物属性的名词等三类。刘顺（2003：132—136）认为，二价名词包括情感态度类、意见看法类、作用效果类、方针政策类四种。不管 N_2 是一价还是二价，领有定语都是其名元。

二 两类语义关系对句法结构的影响与制约

"领事＋属事"和"属性＋主体"两类语义关系对句法结构的影响与制约，可以从句法显现形式、语法手段、中心隐含、否定形式等方面来进行探讨。

（一）两类语义关系的句法显现形式

"领事＋属事"的语义连接强度大，双向互选的空间小，匹配度高，结构反而松散，可以间隔较长的距离，句法表现形式丰富、多样，常常插入"的"；"属性＋主体"的语义连接强度小，双向互选的空间大，匹配度低，结构反而紧密，要求互相比邻，句法显现形式要单调得多，常常不加"的"。

1. 领属关系的句法显现

具有领属关系的两个名词（含代词），可直接组合成名名短语，使领属表现为显性的语义关系；也可分布在间接成分上，使领属表现为隐性的语义关系。在这里，以刘顺（2003：126－132）"名元在句子中显现情况"为参照，探讨具有领属关系的前后名词（有时可能还带上修饰成分）在句法上的种种表现。为了突出显性或隐性的领属语义，将领有名词加着重号（有时含"的"），所属名词加下线。

① 定中短语（N_1＋的＋N_2），直接组合

在定中短语里，领事 N_1 为定语，属事 N_2 为中心。这是领属关系的原型格式。例如：

（17）王冕的父亲死了。

(18) 病人瘦骨嶙峋的<u>手指</u>抠住医生，传达出毅力。

（毕淑敏《预约死亡》）

两层领属关系的组合，有两种递归形式：定语递归和中心递归，为了简洁，常常删除前一个"的"。例如：

(19) 小张父亲的<u>日记</u>保留下来了。　　（←小张的父亲＋父亲的日记）
(20) 那本书王教授的<u>序言</u>写得很精彩。

（←那本书的序言＋王教授的序言）

"王教授那本书的序言"与"那本书王教授的序言"意义不同，来自两种不同的递归形式。

② 定中短语（N₂＋…＋的＋N₁），间接组合

在定中短语里，属事 N₂ 与其他成分结合，处于领事 N₁ 的前面，充当定语。这是领属关系的逆序格式。例如：

(21) 一张三条腿的<u>桌子</u>只要十元钱，哪里找。（毕淑敏《预约死亡》）
(22) 她喜欢上了她的同桌，一个<u>样子</u>憨憨头发黑密的男孩子。

③ 主谓短语（N₁＋Det＋N₂），间接组合
在名词谓语句里，属事 N₂ 与其他成分组成定心结构，处于领事 N₁ 后，充当谓语。定语对属事的描写，通过领属关系转移到领事上。例如：

(23) 那个插红柳棍儿的跛子，光溜溜的<u>脑袋</u>，黑瘦瘦的<u>脸颊</u>。
(24) 那只钢笔，<u>金帽</u>、<u>红杆</u>。

④ 大小主语（N₁＋N₂＋VP），间接组合

N₁ 充当主谓谓语句的大主语，N₂ 是小主语，两者虽然紧邻，却没有直接的句法关系，其领属关系是隐性的。例如：

（25）22 号候选大熊猫性格温和。

（26）山里人本来就胆子小。

主谓结构充当谓语，有时前面还可受部分副词修饰。例（23）中，状语［本来］和［就］修饰"胆子小"。

⑤ 方位状语中的主名词和主语（N₁＋方位，N₂＋VP），间接组合

N₂ 出现在充当状语的方位短语中，N₁ 充当主语，也是领属关系的逆序格式。例如：

（27）骨子里我永远是一个中国人，有一套中国的神经系统。

（毕淑敏《预约死亡》）

（28）灵魂深处，夫妻俩感受到了巨大的恐惧。

⑥ 主语和宾语（N₁＋VP＋N₂），间接组合

N₁ 充当主语，N₂ 充当宾语，主、宾语间有隐性的领属关系。这类句子的典型谓词是表领属或存在的"有"。例如：

（29）老张有三个女儿。→ 老张的三个女儿

（30）单车有两个轮子。→ 单车的两个轮子

"有"是表领属的原型谓词，将"有"换为"的"，就变成偏正结构。领事做主语，属事做宾语的"领主属宾句"，谓词成分非常自由，用属事的动作、结果或状态来描写领事。例如：

(31) 王冕死了<u>父亲</u>。→ 王冕的父亲死了。

(32) 老李掉了两颗<u>门牙</u>。→ 老李的两颗门牙掉了。

(33) 这把琴断了一根<u>弦</u>。→ 这把琴的一根弦断了。

(34) 会上主任喊哑了<u>嗓子</u>。→ 会上主任的嗓子喊哑了。

(35) 大伙儿笑疼了<u>肚皮</u>。→ 大伙儿的肚皮笑疼了。

领属关系可以在动作中发生变化：获得或消除。动作前不具备领属关系的句子，就不能变换为领属主谓句。例如：

(36) 老张买了三本书。→ *老张的三本书买了。

(37) 老李得了一套房。→ *老李的一套房得了。

(38) 老张卖了三本<u>书</u>。→ 老张的三本书卖了。

(39) 老李没了一套<u>房</u>。→ 老李的一套房没了。

动作完成后，(36) 和 (37) 的主、宾语才产生了领属关系，(38) 和 (39) 的主、宾语才解除了领属关系。

"N₁＋VP＋N₂" 还常常表示主体人，对身体器官发出的自主性动作。例如：

(40) 我挥一挥<u>手</u>，作别西天的云彩。

(41) 你轻轻地抬抬<u>腿</u>，就能过去。

属事还可出现在介词宾语的位置，是领主属宾句的变式。例如：

(42) 嫂子把<u>钱包</u>弄丢了。→ 嫂子的钱包弄丢了。

(43) 小妹把<u>眼睛</u>哭肿了。→ 小妹的眼睛哭肿了。

⑦ 主语与状语中的小主语，(N₁＋ [N₂＋VP] ＋VP)，间接组合

N₁ 充当全句的主语，N₂ 充当状语中的小主语，两者之间有隐性的领属关系。例如：

（44）父亲脾气暴躁地扇了他两记耳光。
（45）整个建筑墙面洁白地耸立在眼前。

⑧ 主语与补语中的小主语，（N₁＋VP₁＋〈得＋N₂＋VP₂〉），间接组合

N₁ 充当全句的主语，N₂ 充当补语中的小主语，两者间有隐性的领属关系。例如：

（46）那段时间护士们常常忙得脚不沾地的。
（47）湖边的小树长得枝繁叶茂。

⑨ 主语与补语中的小宾语，（N₁＋VP₁＋〈得＋VP₂＋N₂〉），间接组合

N₁ 充当全句的主语，N₂ 充当补语中的小主语，两者间有隐性的领属关系。例如：

（48）大伙儿笑得合不拢嘴了。
（49）家具破旧得都脱了油漆。

⑩ 连谓句主语与补语中的小主语，（N₁＋VP₁＋＜得＋N₂＋VP₂），间接组合

整个句子是动宾和动补构造的连谓句，N₁ 充当全句的主语，N₂ 充当后面补语的小主语，两者间有隐性的领属关系。例如：

（50）小姑娘被吓得连魂都丢了。

（51）家具破旧得油漆都脱了。

⑪"被"字句中的主语与宾语，（N₁＋被＋（N）＋VP＋N₂），间接组合

"被"字句中，N₁是全句的主语，N₂充当宾语，两者间有隐性的领属关系。例如：

（52）玉玑子被左冷禅的利剑卸下了一只胳膊。
（53）小车被撞坏了尾灯。

属事可以前移，充当主语，原来的主语做定语，领属关系表现为直接组合，如"玉玑子的一只胳膊被左冷禅的利剑卸下了"。

⑫不同的分句甚至句子里（S1，S2），间接组合

（54）看这半老太太的模样，家里一定不宽裕，手头不会太大方。

（毕淑敏《预约死亡》）

（55）不是掉了封面，就是缺了扉页，有时书中精彩的部分不知什么原因被人撕去。

具有领属关系的两个名词，几乎可以出现在任何一种句法位置上，非常灵活、自由，这说明领属语义关系，与表层句法结构具有十分强大的融合能力。

2. 属性与主体关系的句法显现

与领属相比较，属性与主体关系的两个名词，在句法层面的组合能力就要弱很多，组合类型也单调得多。属性名词和主体名词最主要句法位置是定中，直接组合成名名短语；也可分布在句子的少数几种间接成分上，表现为隐性的语义关系，但属性名词跟主体名词的连接强度弱，对主体名词的依附性很强，离开主体名词，常常要带上助词"的"，构成"的"字

短语。下面探讨属性关系的前后名词在句法里的表现。为了突出显性和隐性的语义关系，将属性名词加着重号（有时含"的"），主体名词加下线。

① 定中短语（N₁＋N₂），直接组合

在定中短语里，属性 N₁ 为定语，主体 N₂ 为中心。这是属性与主体关系的原型句法格式。例如：

(56) 玻璃杯子被打碎了。

(57) 他的著作和他的行径似乎跟他那山羊胡子是不可分割的。

② 主语和宾语（N₂＋VP＋N₁＋的），间接组合

N₂ 充当主谓句的主语，N₁ 带"的"充当宾语，主、宾语间有隐性的属性与本体关系。N₁ 带"的"充当宾语，与区别词带"的"非常接近。例如：

(58) 这些家具都是红木的。

(59) 西装他一直以来就最喜欢毛料的。

③ 大小主语（N₁＋N₂＋VP），间接组合

N₁ 充当主谓谓语句的大主语，N₂ 与"的"构成的"的"字结构充当小主语，两者有时紧邻，有时还可插入"还是"等词语，没有直接的句法关系，因而其属性与本体关系是隐性的。例如：

(60) 餐桌上的杯子，玻璃的、陶瓷的、金属的都有。

(61) 书法，草体的比楷体的艺术空间要大得多。

属性与主体的语义关系，在句法层面的表现简单得多，属性定语必须带"的"才能获得其他位置；如果不能带"的"，不能生成"的"字短语，则只有定语这个唯一的位置。

（二）两类定语的语法手段

在语法手段上，"领有＋属性"关系常用"的"连接两者，"属性＋主体"关系多不用"的"，仅凭语序为连接手段。说明在结构上，领有定语和中心的关系较为松散，常常组合成临时短语；属性定语和中心的关系较为紧密，部分成为固定短语，包含特定的含义。比较：

（62）牛的脾气｜牛脾气　马的尾巴｜马尾巴　海的蓝色｜海蓝色
北京的大学｜北京大学｜大学生的保姆｜大学生保姆　朝鲜的朋友｜朝鲜朋友

徐阳春（2006：120）认为："'N_1 的 N_2'内部关系有的是领属关系，有的是属性关系，有的同时兼有这两种关系而出现歧义；而'N_1N_2'内部只有属性关系，因而没有歧义。"说"'N_1 的 N_2'内部有领属和属性两类关系"，基本反映了汉语的实际情况；说"'N_1N_2'内部只有属性关系"，值得商榷。基于以下三个原因，我们认为，有无助词"的"，只能是区分领事与属性的参考标准。

首先，领事定语有时也可采用语序手段，如"唐僧肉、桌子腿"；属性定语也可采用虚词手段，如"木头的房子、毛料的西服、金色的秋天"。《西游记》中，"唐僧肉"显然就指"唐僧的肉"，"唐僧"是有指的、定指的、专指的，充当领事；"东坡肉"里，"东坡"才是无指的，才是属性定语。

其次，领属的递归，即两层领属的组合，常常要删除一个"的"，但并不改变领属关系，例如"他［的］父亲的草鞋、女儿［的］裙子的颜色、商场［的］员工的储物箱"。至于"我党、我国、我军"等，领属关系十分清晰，从代词"我"中，难以提取出属性来。

再次，"N_1N_2"内部也可能包含领事和属性两类关系。"单车链条、沙发垫子、电脑硬盘、汽车发动机"等，普遍被认为是属性与主体的关系，但无论如何也不能否定其中包含的整体与部分的领属语义，只是领属义处于更深的底层。"单车链条断了"，当"单车"定指时，人们一方面认为

"单车"与"链条"有领属关系；另一方面认为连停关系是"单车∥链条断了"，归入主谓谓语句，而不看成"单车链条断了"。其实，在活生生、毛茸茸的原生态话语中，这样的句子并不少见：

（63）走在半道上，<u>单车链条</u>［就］断了。

（64）都快到了，<u>汽车发动机</u>［又］出问题了。

（65）还不到二十天，<u>沙发垫子</u>［就］［已经］脏死了。

显然，句子里的 N_1 都是定指的，而并不是类化、泛化后执行给 N_2 进行分类的功能，换言之，N_1 与 N_2 是领属关系；状语的插入，也难以再将它们确定为主谓谓语句。可见，"沙发垫子"等组合，N_1 表个体，是定指的，为领事定语；N_1 表类别（类化、泛化），是无指的，为属性定语。"语义的决定性"并不意味着语义是决定句法形式的唯一因素，在名名组合的句法形式中，"的"字的隐现，不全由语义关系决定，语用（特别是节律）也起非常重要的控制与调节作用。

再说说带"的"的属性定语。孤立地看，"玻璃窗户"与"玻璃的窗户"、"木头房子"与"木头的房子"，意义上似乎并无明显区别，于是，人们认为，此时语序和虚词两种语法手段构造的短语平行，是否带"的"不影响意义：

（66）玻璃窗户＝玻璃的窗户　木头房子＝木头的房子

但一旦加入量词短语、形容词、名词、区别词等修饰成分，虽然属性与主体关系并不改变，但 N_1 空间意义的差异就立即凸显出来。比较：

（67）（这种）玻璃窗户≠（这种玻璃的）窗户　（那种）木头房子≠（那种木头的）房子　（蓝色）玻璃窗户≠（蓝色玻璃的）窗户　（大）木头房子≠（大木头的）房子

修饰成分出现在不带"的"定中前,只修饰整个 N_1+N_2,不修饰 N_1;出现在带"的"定中前,既可以修饰 N_1,有时也修饰整个 N_1+N_2。

带"的"的属性定语,与不带"的"的属性定语,其差异是客观存在的,但语法学家们似乎都在回避这个问题。我们觉得,"玻璃窗户、木头房子"与"玻璃的窗户、木头的房子",都表示"材料+结果",同为属性定语。带"的"的属性定语,即使获得了空间性、变成有指成分、能接受其他成分的修饰,但始终不能成为 N_2 的配价成分(名元),它与 N_2 的关系不是必然的、稳定的依存,这样能将它与领事定语区分开来。反之,领属关系"N_1 的 N_2"是配价组合,N_2 至少是一价名词;属性与主体的"N_1 的 N_2"是非价组合,N_2 的价在组合范围内,根本就无法确定。

有时,同一名词既可表属性,又可充当"属事",靠其所处的位置来确定语义角色,语序反过来影响与制约语义关系。例如:

(68) a. 红色的番茄 | 红色番茄 → 那种红色番茄、那种红色的番茄、红色的那种番茄

b. 番茄的红色 | 番茄红 → 那种番茄红、那种番茄的红色、番茄的那种红色

a 式加不加"的","红色"都表属性;在组合内部,都无法确定"番茄"的价;但加"的"的属性定语能接受"那种"的修饰。b 式里,加"的",是领属关系,在组合内部就能确定"红色"是一价名词,"番茄"是"红色"的配价成分,"番茄"与"红色"都能接受"那种"的修饰;不加"的",是属性与主体关系,常说成"番茄红","番茄"是属性定语,不单独接受"那种"的修饰。

关于定中型名名组合的语法手段,我们认为:领属是配价组合,不考虑语用(如节律),一定能带"的";考虑语用,也可不带"的"。属性加主体是非价组合,常常不带"的";带"的",N_1 重新获得空间性,但始终

不是 N_2 的名元。

（三）两类组合中心隐含的比较

依赖语境，在不影响表意明确的情况下，定中短语有时可直接由定语或它构成的"的"字短语来替代，叫定语替代定中短语，简称定语替代，实质是定中短语的中心隐含。

1. 定语替代定中短语

定语替代，包括两种情形：保留结构助词，即用"的"字短语替代，描写为"Det.＋的＋N→Det.＋的"；删除结构助词，用名词、形容词、数量短语直接替代，描写为"Det.＋的＋N→Det."。

① 定语替代现象普遍

汉语里，由定语或"的"字结构替代定中短语的现象，非常普遍。例如：

（69）井冈山有千万根毛竹→井冈山的毛竹有千万根

（70）这些都是淫秽的光盘→这些光盘都是淫秽的

（71）西式的自助餐比较贵→自助餐西式的比较贵

（72）卖菜的人都起得很早→卖菜的都起得很早

（73）房子的价格真不便宜→房子真不便宜

此外，方位短语、主谓短语、偏正短语等其他单位充当的定语，也能替代整个定中结构。

② 定语替代定中短语的解释

关于"的"字结构替代"X 的 N"的问题，有省略说、名词化标记说、饰词标记说、语境说等不同的解释（徐阳春，2006）。我们想将它置于更大的范围即"中心隐含"里来考察：

一是，定语替代定中短语，"的"字短语占据很大的比重，但数量短语、名词以及部分形容词充当的定语，可以不带"的"字，直接替代定中短语。

二是，定语替代定中短语，"的"字短语替代的是整个定中语义，中心有时在上下文出现，表现为移位，有时没有出现，表现为空位。

三是，定语替代定中短语，很容易看成是"中心语"省略，但理解为"中心语隐含"更合理些，即在中心语位置上隐含了一个空语类（空位、零形式），留下一个语迹 t（trace）。

省略指可以出现的句法成分被删除，是能补出的，因为结构中本来就有它的位置，主要由语用因素造成。隐含是指句法成分以零形式出现，成分的语法意义甚至词义依然具备，但语言形式为空符号；隐含常常由结构、语义等因素造成，隐含成分不一定都能补出，甚至补出后句子反而不合格。关于定语替代，朱德熙（1966）认为，"在许多情况下，用省略来解释十分牵强，甚至完全讲不通"，如下面的三个例子：

（74）酱油和醋一样打五分钱的（　）。

（75）操纵这台机器的（　）不是人而是一架电子计算机。

（76）他笑他的（　），与你什么相干？

三例的括号里，难以补入中心语，因而不能认为是省略。前面两例，中心虽不能补出，但被隐含着，如可解码成"五分钱的酱油"、"五分钱的醋"、"操纵这台机器的电子计算机"。"酱油"、"醋"、"电子计算机"在句子里已经出现，于是在括号处留下语迹 t，这些中心的语义被隐含着，在表层受其他因素的制约，结构上不能补入，也无须补入。例（76）是个特别的句子，细细分析，"他的"是假定语，与来自施事的"V＋N＋的＋O"结构（周日安，2005）同类。汉语不以形态为主要语法手段，没有形式标记的主宾语和定语能互相易位：一方面，从定语位提取的形容词、名词、"的"字短语、数量短语等能做主宾语；另一方面，主宾语也常进入定语位，例如"母亲‖回忆"和"回忆｜母亲"能变换成同形的"（母亲的）回忆"。

四是，定语替代，除了"的"字短语外，数量短语、部分形容词与名词充当定语，不带"的"能直接替代定中，显然与"的"字短语不同。数量短语充当定语，大多不带"的"，表数量；少数加"的"，反而用来表示分类。例如：

（77）捕了五斤鱼→鱼捕了五斤

这是条五斤的鱼→这条鱼是五斤的

形容词定语替代定中，如"遏制腐败、铲除邪恶、追求快乐"等，腐败＝腐败现象，邪恶＝邪恶势力，快乐＝快乐的生活与感觉。在动宾组合 V＋（A＋N）中，受 V、A 词义影响与制约，A 与 N 的联系越单一，即 N 的选择范围越小、越明确，A 替代 AN 的可能性越大。至于名词定语取代定中的情况，则是我们分析的重点。

2. 名词定语替代称定中短语

① "N_1 的"短语

对"的"字短语的生成条件，语法学家们也进行了深入的研究，陆俭明（1983）讨论了"X 的"所指称的范围和条件，黄杏林（1990）在陆文基础上讨论了"X 的 N"不能转换成"X 的"的几种情况。袁毓林（1995a）从句法、语义和语用三方面给出了三条规则：（1）在"X＋的＋Y"中，如果 Y 是从 X 中提取出来的从属成分，那么，"X＋的"可以代称 Y；（2）在"X＋的＋Y"中，如果"X＋的"是 Y 的区别性定语，那么，"X＋的"可以代称 Y；（3）在具体的语境中，如果"X＋的"能明确地指示 Y，那么，"X＋的"可以代称 Y。

这里，我们想着力探讨 N_1 与 N_2 的语义关系，对"N_1 的"是否能替代"N_1（的）N_2"的制约与影响。袁毓林所谓区别性定语，究竟范围有多大，难以确定。定语分为领有性定语和属性定语，领有性定语，大多数时候，可以构成"的"字短语。例如：

（78）老师的（车）｜图书馆的（书）｜爸爸的（草鞋）｜老杨的（儿子）｜松树的（叶子）｜巴金的（小说）｜衣服的（价格）

有人认为，"他的父亲"不能用"他的"代称，因而称谓领属有时不能构成"的"字短语。我们觉得，"他的父亲"不能简说"他的"，是因为用"他的"代称长辈有不尊重的意味，属语用制约"的"字短语生成的例子。改成"他的儿子"就能代称。例如：

(79) 你的儿子读高中了，我的才读小学，他的呢，才刚出来。

属性定语部分能用"的"字短语替代，前提为，必须是能带"的"的属性短语。例如：

(80) 木头房子→木头的｜玻璃窗户→玻璃的｜羊毛背心→羊毛的｜草体书法→草体的｜地下溶洞→地下的｜月表岩石→月表的｜四月桃花→四月的

如果定要在名名定中组合的复杂语义关系中，挑出最难生成"的"字短语的一种来，那就非比喻关系莫属了。"思想的野马、心灵的鸡汤、精神的家园、道德的酵母"等组合，是构造在领属基础上的空符号的形象替代，难以用"的"字结构来代替。喻体居前的组合，大部分是不能单独插入"的"的，而要在插入"的"的同时，带上"一样、一般、似、般"等喻标，目的就是要与强大的领属关系相区分。例如：

(81) 樱桃嘴→樱桃一样的嘴｜樱桃一样大小的嘴｜樱桃般的嘴｜樱桃似的嘴→*樱桃的嘴

垃圾时间→垃圾一样的时间｜垃圾般的时间｜垃圾似的时间→*垃圾的时间

铁纪→*铁纪律→铁一样的纪律｜铁一般的纪律｜铁似的纪律→铁的纪律

因此，"樱桃的"难以代替"樱桃嘴"，"垃圾的"难以代替"垃圾时间"。即使能加"的"字的组合，如"铁的纪律"，也不能用"铁的"代称。

N_1 为受事、结果格的组合，如"钢铁工人、文章编辑、苍蝇拍子、鲫鱼诱饵"，以及使用频率非常高的含动组合"语文教师、文学（的）爱好者、麻烦（的）制造者、形象（的）代言人、历史（的）见证人、广告（的）投资商"等等，不管加不加"的"，也都难用"N_1 的"代替。此外，"系事＋说明"组合如"天才少年、美女作家"，"范围＋事件"组合如"足球流氓、语言天赋"，"原因＋事件"组合如"啤酒肚腩、病毒感冒"，等等，即使插入"的"字，也并不容易形成"的"字短语。

② N_1（的）$N_2 \rightarrow N_1$

有些表领属关系的 N_1＋的＋N_2，中心语隐含，删除"的"，用 N_1 直接取代整个组合，句子依然成立，意义变化也很小。用"的"字短语取代，句子反而不能成立，例如：

（82）这件衬衫的价格很贵。＝ 这件衬衫很贵。≠* 这件衬衫的很贵。

（83）这件衬衫的颜色太艳了。＝ 这件衬衫太艳了。≠* 这件衬衫的太艳了。

（84）这件衬衫的款式很新潮。＝ 这件衬衫很新潮。≠* 这件衬衫的很新潮。

删除"的"，用 N_1 替代定中，存在两方面条件：其一，N_2 是 N_1 的固有属性，具有不可分离性。N_1 领有 N_2，N_2 隶属于 N_1，句中的"的"可删除，变换成主谓谓语结构；况且 N_2 与 N_1 不可分割，谓语对 N_2 的陈述可转移或传导到 N_1。其二，"价格、颜色、款式"等主语，与充当谓语的形容词之间，具有比较单一、明确的关系，从谓语语义里可以推导出隐含着的中心语的所指。再如：

（85）四岁的时候，贝克的眼睛瞎了。＝ 四岁的时候，贝克瞎了。

(86) 林雪飞发现自己的耳朵聋了。＝林雪飞发现自己聋了。

(87) 冬天里，树叶的颜色都黄了。＝冬天里，树叶都黄了。

(88) 莱阳梨的口感特别脆。＝莱阳梨特别脆。

谓词"瞎"、"聋"已包含"眼睛"、"耳朵"的语义特征，直接陈述定语，语义依然指向隐含的中心。"颜色"与"黄"、"口感"与"脆"之间的关联也十分明显，后者很容易激活前者。在表义明确的情况下，这些中心的词形可以删除，以零形式隐含。

如果中心与谓语在意义匹配上，并不是单一对应关系时，中心删除与否，句子表达的意义就不对等。例如：

(89) 学校的面积很大。∈ 学校很大。

　　学校的规模很大。∈ 学校很大。

(90) 马爵士的脾气很古怪。∈ 马爵士很古怪。

　　马爵士的行为很古怪。∈ 马爵士很古怪。

"大"指向"面积"与"规模"，所以"学校很大"的意义范围更大一些；"古怪"指向"脾气"与"行为"，隐含中心后，"马爵士很古怪"的意义也更概括些。或者说，隐含中心的句子表达的意义，居几个未隐中心句的上位，两者之间具有类属关系。但不同的 N_2 与 VP 相连的强度并不相同，使用频率最高、意义联想最快的"N_1 的 N_2 VP"，是凸显度高的优选项。面积具体可感，规模比较抽象，"大"与"面积"的联系，比与"规模"的联系更密切、更常用，所以"学校的面积很大"是"学校很大"的凸显意义。

有时，虽然 N_2 依然是 N_1 的固有属性，但谓词变了，中心也不能被删除。例如：

(91) 衣服的价格增加了30%。≠ 衣服增加了30%。

（92）图书的种类增加了两成。≠ 图书增加了两成。

因为 N_2 虽然是 N_1 的固有属性，但跟谓词匹配后，中心隐含与否，产生了两种不同的意义，变成了两个可以分割或区别的事件。如果将（91）的谓词改为明显包含"价格"特征的谓词"涨"，则中心又可隐含：

（93）衣服的价格涨了 30％。＝ 衣服涨了 30％。

可见，决定中心可否隐含的因素，不只是名词之间的语义关系，还包括名词和谓词间的语义关系。与生成"的"字短语的条件一致，"中心能否隐含，主要看在具体的语境中，N_1 能不能明确地指示 N_2"。也就是说，要看从句子其他成分中提取出来的语义特征，能否聚成或激活 N_2 的语义。N_2 能被隐含，就意味着其他成分的语义碎片可以聚成、激活 N_2。

如果 N_1 与 N_2 之间虽有领属关系，但名词所指的两个实体可自由分离，那么，定语和中心的性状或动作也同样可以分割，不能互相转移或传递。例如：

（94）老周的孩子上高中了。≠ 老周上高中了。
（95）老张的女儿很骄傲。≠ 老张很骄傲。

有时，受句子其他成分语义双向选择原则的影响与制约，中心隐含，句子不能成立。这可能是语义不能组配，也可能是新句子的语义不能自足。例如：

（96）报社的三位记者来了。＝ 报社的记者来了三位。≠ * 报社来了三位。
（97）衣服的两粒扣子掉了。＝ 衣服的扣子掉了两粒。≠ * 衣服掉了两粒。

隐含中心后，主宾语在意义上不能匹配，句子也难成立。再如：

（98）小李的腰很不舒服。∈ 小李很不舒服。

（99）小李的牙很疼。∈ ? 小李很疼。

两句在结构上完全平行，隐含中心后，前一句非常自然，后一句却总嫌不足。因为"疼"以人的整体为陈述对象，语义过于抽象，单独成句，违背了语义的自足性原则。

总之，在谓语提供足够的语义支撑下，定语名词有时能替代定中短语。一般而言，如果 N_1 与 N_2 是"主体＋属性"的领属关系，中心隐含与否，句子的语义常常等价，如"衣服的价格很贵＝衣服很贵"；如果是"整体＋部分"的领属关系，中心隐含与否，两句的语义大多形成蕴涵关系，如"小李的腰很不舒服∈小李很不舒服"，只有当谓词提供的语义特征特别丰足时，两句的语义有可等价，如"贝克的眼睛瞎了＝贝克瞎了"。

表示事物属性的名词，总是依存于实体，处于中心语 N_2 位置上，与实体名词 N_1 构成领属关系。据刘顺（2003：126）的归纳，中心语位置上的属性名词主要有：

脾气	性格	弹性	红色	绿色	味道	气质	志气	深度	神色
缺陷	缺点	优点	毒性	短处	高潮	怒火	规模	个性	共性
浓度	高度	格式	景色	格局	棕色	命运	劲头	良心	质量
实质	威风	气氛	尊严						

定语名词替代定中短语，只能发生在领属关系中。属性定语，即使在带"的"的定中短语中，最多也只能用"的"字短语替代，而不能用属性定语替代。例如：

（100）毛料的西装比较贵。＝毛料的比较贵。≠毛料比较贵。

（101）玻璃的器皿很漂亮。＝玻璃的很漂亮。≠玻璃很漂亮。

（102）数码的相机很方便。＝数码的很方便。≠数码很方便。

然而，在日趋求简的当代汉语中，属性定语不能替代定中短语的规律，正在被打破。最典型的例子是"笔记本电脑"，在大语境（包含情景）中，常常用属性定语"笔记本"替代，甚至各种各样的笔记本电脑，还可简称为"本本"，例如：

（103）垃圾笔记本流入北京城 网上成批卖

（《京华时报》2007 年 2 月 8 日）

（104）多款本本诱惑你 （《青岛财经日报》2005 年 7 月 29 日）

不过，将"笔记本电脑"称为"笔记本"或"本本"，带有词汇层面的简称性质，跟句法层面的中心隐含，性质上依然有差别。

（四）两类组合的否定形式

1. 句子否定点的语义指向

否定词所指向的对象叫否定点。句子中，定语修饰中心，随着定语的逐层递加，否定点总是向外推移的，或者说，否定点指向最近的一个定语。例如：

（105）他喜欢电影→他喜欢恐怖电影→他喜欢琼斯的恐怖电影

（106）他不喜欢电影→他不喜欢恐怖电影→他不喜欢琼斯的恐怖电影

例（105）是一组肯定句，（106）是一组否定句。三个句子，否定点依次指向"电影"（中心）、"恐怖"（定语 1）和"琼斯的"（定语 2）。"他不喜欢电影"蕴涵"他不喜欢恐怖电影"，"他不喜欢恐怖电影"却不能蕴涵"他不喜欢电影"，说明"他不喜欢恐怖电影"中否定点只指向定语

"恐怖"。"电影"→"恐怖"→"琼斯的",否定点始终指向距离最近的一个名词性成分,表现出由右向左游移状态。

2. 两类名名组合的否定

(1)"不是"既能否定领事与属事的组合,也能否定属性与主体的组合;既可否定定语,也可否定中心。"不是"的否定具有平行性,属句法层面的否定。例如:

(107)这不是爸爸的手机,而是妈妈的手机。| 这不是爸爸的手机,而是爸爸的剃须刀。

(108)这不是军事基地,而是教学基地。| 这不是军事基地,而是军事学校。

(2)"非"作为否定前缀,一般只否定属性与主体的组合,这种否定在结构与语义上具有错合关系,形式上"非"附加在整个组合上,语义上"非"只否定定语名词,其语法辖域跟语义辖域分裂,属词法层面的否定。例如:

(109)军事基地→非军事基地　线性科学→非线性科学　条件反射→非条件反射

(110)爸爸的手机→*非爸爸的手机　衣服的价格→*非衣服的价格经理的秘书→*非经理的秘书

领属组合常接受"不是"的否定,一般不接受"非"的否定("非党员的权利","非"否定"党员");属性与主体组合既可接受"不是"的否定,也可接受"非"的否定。

综合上面内容,可将两类关系与两类定语的在语义、句法方面的差异,归纳成表格(见表7—1):

表 7—1　　　　　　　　　　　**领事定语与属性定语的比较**

	比较项目	领事定语	属性定语
语义	空间与性质	空间义	性质义
	指称义	有指义	无指义
	内涵与外延	外延义	内涵义
	N_1 的属	保留	删除或弱化
	语义关系	领事＋属事（关系解释）	属性＋主体（特征映射）
	是否为名元	充当 N_2 的名元	不充当 N_2 的名元
句法	句法表现	丰富多样	相对简单
	是否带"的"	常带"的"	常不带"的"
	"量"范畴	具有	常不具有
	其他词修饰	能接受	常不接受
	否定形式	"不是"	"不是"、"非-"

三　属性定语和区别词

（一）关于区别词

区别词是只出现在名词或助词"的"前面、表示事物属性、有分类作用的词。它的语法特征表现为：其一，直接修饰名词做定语；多数能带"的"构成"的"字短语。例如"西式服装、微型电脑、良性肿瘤、野生植物"以及"副的、木制的、一流的、AB 型的"。其二，不能做谓语、主语、宾语；组成"的"字短语才能做主语或宾语。做定语是区别词、形容词、名词的共同功能；但形容词还可做谓语等，名词还可做主宾语，区别词不可以。其三，区别词没有程度与数量范畴。形容词具有程度范畴，能接受程度副词的修饰，如"很高、非常漂亮、十分平常"；区别词表属性，没有程度范畴，不能接受程度副词的修饰，不说"很新式、非常大型、十分慢性"。名词有数量范畴，能接受数量短语的修饰，如"一个人、三斤米、五块瓷砖"；区别词表属性，没有数量范畴，不接受数量短语的修饰。

区别词是 60 年代由朱德熙提出来的，1965 年吕叔湘等将它归入形容词，命名为"非谓形容词"。做谓语是形容词主要功能，区别词不能充当谓语，与形容词的主要功能相对立，不好硬塞在形容词里边，因此，80 年代开始，人们重新将它剥离出来，成为单独的词类。

（二）语义桥与区别语素

1. 语义桥

前面已经谈到，假设名名组合 N_1+N_2 是 N_1+X+N_2 的折叠形式，X 就是连接名词的语义桥。黏式语义桥 X 与 N_1 结合后修饰 N_2，表示 N_2 的形状、式样、色彩、材质、等级、型号、类别以及来源、制造、用途、领有等等内涵。

2. 区别语素

区别语素是经常与其他词或语素结合后，构成区别词的语素，包括自由语素和黏着语素。事物所包含的形状、式样、色彩、材质、等级、型号、类别以及来源、制造、用途、领有等等信息，统称为属性，语义桥 X 包括体词性的"形、状、体、式、样、色、材、性、质、料、等、级、型、号、类、科"以及谓词性的"来、源、制、造、用、生、产、营、有"，与 N_1 结合后修饰 N_2。一旦 N_1 与 X 结合紧密、凝固成词，一部分 N_1X 是专做定语的区别词；一部分可以充当主语或宾语，是名词。因此，区别语素与黏式语义桥 X 很大部分是重合的。下面将区别语素构造区别词的情况归纳成表格（见表7—2）：

表7—2　　　　　　　　　　　**区别语素和区别词**

语法性质	区别语素	区别词					
名词素	式	西式	美式	日式	广式	新式	立式　柏拉图式
	样	花样	别样				
	色	彩色					
	性	阴性	阳性	急性	慢性	良性	恶性　硬性
	质	木质	纸质	玻璃质			
	等	高等	一等	上等	下等		
	级	初级	县级	省市级	国家级	教父级	重量级
	型	大型	中型	小型	微型	重型	新型　AB型
	号	初号	大号	中号	小号	加大号	
	码	均码	大码	中码	小码	加大码	
	类	一类	二类	大类	特类		

续　表

语法性质	区别语素	区别词
动词素	用	公用　私用　农用　家用　军用　学生用
	制	木制　竹制　藤制　玻璃制
	造	人造　日本造　德国造　汉口造　佛山造
	生	孪生　野生　原生　次生
	产	水产　土产　国产　日产　美国产
	营	国营　私营　民营
	来	外来　舶来
	源	自源　他源　内源　外源
	有	私有　国有　公有

（三）区别词、名词与属性定语

"属性"指事物所具有的性质、特点，如运动是物质的属性。狭义的属性定语，是由名词或区别词充当的，表示事物属性的定语。名词充当的属性定语，描写或说明中心名词所指事物的形状、式样、色彩、材质、类别以及来源、用途、功能等等性质、特征，从而进行分类；大多不加"的"，暂时丧失其空间性，不受数量短语的修饰，与区别词非常接近。

以形容词（性状）、名词（事物）为两极，来比较定语的差异。设定语分别为"红、新式、玻璃、女儿"，中心名词为"杯子"，组成四种定中结构：

（109）a. 红杯子　b. 新式杯子　c. 玻璃杯子　d. 女儿的杯子

它们的差异表现为：

a. 形容词定语表性状："红"有程度范畴，还可充当谓语，可说"很红的杯子"或"杯子很红"；无数量范畴，不接受数量短语的修饰。区别词和名词定语没有程度范畴，不可充当谓语。

b. 区别词定语表属性："新式"既无程度范畴，也无数量范畴，只能固定在定语位置上；名词定语，名词还可充当主语、宾语，有数量范畴。

c. 名词定语表属性：与区别词接近，无程度范畴，N_1 的"属"被删除或弱化而凸显其属性，空间性、数量范畴临时消失。

d. 名词定语表领有：无程度范畴，N_1 的"属"、空间性、数量范畴均被完整地保留，保留名词的原型功能，表示人或事物。

通过比较可以看出：四类定语构成一个"由性状到事物"的完整系列，图 7—4 所示为：

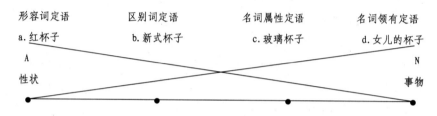

图7—4　定语的性状性与事物性比较

形容词定语表性质或状态，一旦出现在数量短语后面，就变成代称形式，相当于名词，例如"四少、七贤、八怪"。名词的领事定语表事物，具有数量范畴，没有程度性，一旦出现在程度副词后，它丧失了空间性，凸显内涵中的一些性质，如"很学生、非常郊区、十分堂·吉诃德"。区别词定语和名词的属性定语则介乎两者之间。它们一起构成两个逆向的连续体。

第三节　名名组合的量词选择

名词、动词、形容词是人类语言最主要的三类实词。原型名词表事物，占据着一定的空间，具有空间性，产生了数范畴，有界和无界表现为可数名词与不可数名词的对立。原型动词表动作，在时间上展开，具有时间性，产生了时范畴，有界和无界表现为持续动词与非持续动词的对立。

原型形容词表性状，可相伴空间事物，也可依附时间动作，具有程度的差异，产生了程度范畴，有界和无界表现为性质形容词与状态形容词的对立。

量词并不只是单纯给事物计量，同时也是一种语法手段，是事物空间性的外在标志。"普遍的语言调查发现，'数'范畴和量词是互补的。凡是有'数'的语言一般不需要量词，凡是有量词的语言一般不需要'数'。无论'数'还是量词，都是为了区分概念上有界事物和无界事物的一种语法手段。"（沈家煊，1995）英语名词分为可数与不可数，建立了数范畴（［±数］）。不可数名词不能计数，只能计量；可数名词通过附加（加－s）和屈折（如 foot－feet，goose－geese）等手段区分单、复数。water 与 book 不同，water 内部同质、可伸缩、不可重复，为无界名词，只能计量，如说 a little of water；book 内部异质、可重复、不可伸缩，为有界名词，能计数，如说 a book 与 two books，词尾－s 除了表示复数外，更主要的功能是充当有界名词的外化标记。语法手段上，英语采用内部形态表示数范畴，区分有界和无界，因而量词很少，显得微不足道；汉语采用外部词汇手段——名词与量词的双向选择来区分有界和无界，在组合互选中，表达不同的语法意义，例如，是否具有适用的个体量词，是区分可数与不可数的标准（朱德熙，1982），又如"一只鹅"与"四只鹅"，靠数词区分单、复数，"一只鹅"与"一群鹅"则依靠量词的差异。汉语量词特别丰富，除了能表达不同的形象美外，还隐藏着对事物数量以及空间性的判断，是一种隐含着语法意义的词汇手段。正因如此，词与词的组合能力，如果一定要比附形态，那是一种广义的形态，它是划分汉语词类的主要标准（方光焘，1939）。汉语确定名词的主要标准，就是看能否接受数量短语以及副词（如"不"）的修饰；给名词分次类的形式标准，也是看其与不同类型的量词进行组合的能力。

邵敬敏的《量词的语义分析及其名词的双向选择》，是依据语义双向选择原则，分析汉语量名组合的典范，它建立在"量＋名"的语言事实上。而名名组合 $N_1＋N_2$ 对量词的选择，即扩展形式"量＋$N_1＋N_2$"，情况起了变化，出现了一些比较特殊的语言现象。本节想结合名词的有界与无界理论，在邵文基础上，探讨名名组合的量词选择问题。

$N_1 + N_2$ 组合的四种语法关系里，主谓是离心结构，整体上不受数量修饰；同位是并立、修饰和陈述交融的关系，也很难接受同一数量短语的修饰。

联合是并列结构，如果两个名词同类，与之匹配的量词也相同，可接受同一数量短语的修饰，表示总数，如"三十位专家和学者"、"十五个奥运会冠军和亚军"；这种表达有时也会产生多义，"四个男人与女人"意义就不明确，"四个男人与一个女人"则不含歧义。名词同类，匹配的常规量词不同，可以采用分述方法，如"五张桌子和五把椅子"；如果可能，也可采用统称的方法，如"五套桌子和椅子"。数词、量词和名词都不同，只有采用分述，表意才能清晰。

最复杂、占主体地位的是偏正组合的量词选择。一般而言，出现在偏正组合前的数量定语，对应不同的层次结构，有三种语义指向：（1）后指 N_1，语义上，数量与 N_1 匹配，与 N_2 相斥，量词展示 N_1 的空间性；结构上，数量与 N_1 组成定中短语，再修饰 N_2，属定语的狭义递归。如"两把菜刀的故事"，"三个女人的命运"。（2）后指 N_2，语义上，数量与 N_1 相斥，与 N_2 匹配，量词展示 N_2 的空间性；结构上，N_1 与 N_2 组成定中短语，再接受数量修饰，属中心语的狭义递归。如"一间木头房子"，"三套语言学丛书"。（3）双指 N_1 和 N_2，即前两种情况的重合，量词跟两个名词都能组配，如"两个桃子的故事"，"三个报社的记者"，具有两种切分形式，形成多义。以上三种情况，均为语言的常态。然而，在名名组合的量词选择中，还存在以下一些值得关注的非常态组合。

一　结构与语义的错合

所谓结构与语义的错合，指数量短语在结构和语义上，所修饰、限定的对象不同而形成交错、分裂的配位关系。例如，"（三个）机器人"，"三个"结构上修饰"机器人"，语义上也指向"（机器）人"，句法和语义的配位是统一的、协调的，属于上文的第二种情况。然而，据我们掌握的语料显示，"三台机器人"也是高频组合，显然，结构上"三台"修饰"机器人"，为多层定语；语义上只跟"机器"匹配，而与"人"相斥。这是一种句法和语义交错配位的特殊情形，为凸显语义而牺牲形式。可见，偏正式名名组合，在接受数量短语修饰时，常以中心名词为依据，选择量词；但有时也会以定语名词为依据，选择量词。

在修辞组合中，因 N_1+N_2 间具有了比喻、比拟等关系，N_1 的参与，改变了 N_2 的所指，影响量词的选择。例如：

（1）一位警察｜* 一位电子警察　一位先生｜一位足球先生｜* 一位香肠先生

二　语义融为整体后的量词选择

数量与名名组合的三种常态搭配，一般要求 N_1+N_2 的语义终值并未改变，N_1+N_2 所指对象最终还是 N_2，N_1 只增加修饰性内涵，缩小 N_2 的范围，从而对 N_2 进行分类——即 N_1+N_2 的语义值涵盖在 N_2 范围内。如果 N_1+N_2 经过了融合，形成了一个不能绝然分开整体意义，语义终值已经改变，不能被 N_2 所涵盖，其量词的选择就既不能仅以 N_1 为依据，也不能单拿 N_2 作标准，而要根据 N_1+N_2 的所指来考量。例如：

（2）（板桥市）三处交通瓶颈（解决方案出炉）

"交通瓶颈"既不指"交通"，也不指真正的"瓶颈"，而是产生了比喻义：影响、制约交通的狭小节点。根据这个比喻义，选取"处"做量词，就比较恰当，反映的是个平面空间上的问题。"交通瓶颈"这类借喻组合的语义构造是：（N₁ 的 φ）＋（φ 像 N₂）→N₁＋N₂。其中，N₁ 是领事（owner），φ 既是属事（belonging）又是像事（tenor），N₂ 是喻事（vehicle）。据沈家煊（2006a，2007b）的"糅合与截搭"理论推断，在 S′₁ 和 S′₂ 排成的方阵格局中，N₂ 与 φ 处在竖向的相同位置，对角线上的 N₁ 与 N₂ 相连——借喻组合是通过"对角糅合"形成的（见图 7—5）：

图 7—5　"交通瓶颈"的对角糅合

又如"社会垃圾"、"社会渣滓"，常用来指人，比喻对社会无用或危害社会的人，带强烈的贬义色彩和集合意味，因而不能用个体量词"一位""一个"修饰，最相匹配的是群体量词如"一群"。"社会垃圾"、"社会渣滓"使用频率极高，使"垃圾"、"渣滓"直接产生了比喻义项，因此可以说"一群垃圾"或"一群渣滓"，量词"群"反过来选定了"垃圾"、"渣滓"的比喻义，排斥了其本义。

"人"是典型的有界名词，用个体量词"个"来计数，用群体量词"群"来表示集合多量；"垃圾"与"渣滓"是典型的无界名词，没有相匹配的个体量词，只有计量量词"堆"。物质名词常常是不可数的，一般不能使用表有界名词的集合量的量词。比较：

群：马　牛　羊　人　蚊子　学生　娃娃　匪徒　强盗　废物　笨蛋　草包
堆：草　泥　雪　屎　牛粪　干草　水泥　沙子　垃圾　木料　渣子　破烂

"群"用于有界名词的集合，"堆"用于无界名词的集合。"堆"也可用于有界名词的集合，带上一定的形象质感以及夸张色彩，如说"一堆西瓜"，但"群"不能用于无界名词的集合。至于"一群渣滓"和"一群垃圾"的说法，也经历了"对角糅合"的过程，中介是隐含的比喻"人如渣滓｜垃圾"（见图7—6）：

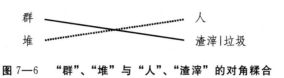

图7—6　"群"、"堆"与"人"、"渣滓"的对角糅合

除了借喻组合，改变了语义终值的另一种组合以拟人为中介——用表人的名词称物，构成拟人式组合。例如：

（3）11月9日下午，记者来到了霍城县国营良种繁育场4队，找到了张雪冰的家，可是，一把铁将军拦住了记者。

（《伊犁日报》1998年5月15）

例（3）中，"铁将军"既不指"铁"，也不指"将军"，而指"锁"，因而选择了量词"把"。

用指人的名词称呼物，古已有之，如铜镜、毛笔、笔砚、男阴，分别叫寿光先生、楮先生、润色先生、角先生；"管城子、朱太尉、孔方兄、铁将军、横行将军、横行介士、横行君子、长鸣都尉、藏锋都尉、风标公子、纺织娘娘"等等，也都称物。

当代汉语中，用博士称物已十分常见。博士，指学位的最高一级或拥有博士学位的人。广东美的集团的饮水机，有"健康博士、轻松博士、清凉博士、太空博士、数码博士、艺术博士、节能博士、新鲜博士"等系列品牌，江苏春兰集团的空调叫"静博士"。美国的龟蜡（Turtle Wax）公司，在中国开设的小车护理连锁店都称"龟博士"，随汽车市场的扩大，龟博士一词赫然进入了国内的一些主要城市，且大有扩张之势。此外，"专家"、"保姆"等词也经常被物化：

（4）平板专家　IE修复专家　屏幕录像专家　反间谍专家

路德眼保姆　瑞星升级保姆　网站保姆　汽车保姆　电脑保姆

语义上，词语组合是词义互相影响、制约、碰撞、选择、分割、融合的有机过程——叫语义运动，义素脱落、义素中和与义素同化是语义运动的几种方式。博士物化，义素"＋〔人〕"也自动脱落，而保留和强化了博士一词的义核——"最高级的、最好的、最专业"等。语用上，词义演变是社会的交际和语用需要推动的。

拟人组合，大多情况下不需要数量的修饰。如果需要数量的限制，应根据实际所指来选择量词。

三　中心隐含后的超常搭配

结构上，定语是偏，中心语是正；但语义上，定语往往更重要，有些定语在降级述谓结构里，本身就是个述语：在某些句法结构中，定语有时直接替代中心，促成中心语隐含，使语言更简洁经济。例如，动宾式词"举重、选美、抗非、扫黄、打黑、除恶、救险"等，以属性取代了事物本身。

依次类推，名名组合中，定语名词有时也可替代中心名词，但要保留与中心名词相匹配的量词，否则就不能明确表义。例如"电脑"与"笔记本"，它们适配的量词分别是"台"与"个"：

（5）一台电脑｜一个笔记本

名名组合后，"笔记本"只表"电脑"的形状、式样或造型，本身不再指称客观物理世界的某个特定对象，已经不具备空间性了；"电脑"才保持了名词的空间性，所以多用量词"台"而较少用量词"个"：

（6）一台笔记本电脑｜？一个笔记本电脑

用定语替代中心语，让"电脑"隐含起来，就肯定只能选用量词"台"。比较：

(7) 一台笔记本 | ＊一个笔记本

因为"一台"与"笔记本"原来都是定语，互为间接成分，因中心隐含后而转为直接成分，"台"与"笔记本"的突兀、不匹配正好能输出解码指令：实指"电脑"而不是"笔记本"。而"一个笔记本"就只能指"笔记本"了。

与"台"组配，最恰当名词除了"晚会、戏"外，常见的就是"机器"（"机"）、"电脑"、"车"、"冰箱"、"空调"、"热水器"等工业产品。以"电脑"为例，能出现在其前面的 N_1 有很多，如品牌、型号、颜色、质料、功用、形状……等等，于是，"一台＋N_1＋（电脑）"的种类也就不少：

(8) 一台笔记本 | 一台苹果 | 一台586 | 一台双核 | 一台液晶

(9) 只需550元，纯平即可换一台液晶

多层定语是逐层追加在中心语上的，对中心而言，几个定语并不在同一层次上，因此，切分其结构，"层次分析好像剥笋似的，要一层一层地剥离，不能好几层一起剥离，否则就搞不清里边的关系"（邵敬敏等，2001）。将几个不同层次上的定语视为第一直接成分，将中心名词视为第二直接成分，就会违反短语的切分结构、功能和意义的三个原则。例如：

(10) a.（中国）（最大的）（一座）（工业）城市

　　　 b.（中国最大的一座工业）城市

四个定语是递加上去的，a 式切分符合三原则，是正确的；b 式切分违反了三原则，是错误的，导致了"中国最大的一座工业"这类"不成话"片断的出现。然而，语言永远是辩证的、异质的，依赖语境，这类跨语义段的"不成话"的片断，却常常出现在言语实际中。例如：

(11) 高尔夫女子个人｜110M 栏男子个人
(12) 多乐士金装全效

例（11）这类组合，常出现在体坛快讯上，如央视 2006 年的亚运快讯栏目；例（12）是央视的一则墙面漆广告，流传范围非常广。它们均来自多层定语。"高尔夫女子个人（项目）"、"多乐士金装全效（墙面漆）"这类组合，只取凝聚着信息焦点的定语，将聚合要素组合化，形成直接组合。如果承认这些组合的合法性，那只能将它们归入联合结构，因为找不到更好的结构类型来包容它们，尽管它们跟联合短语有明显的差异：中心成分虽然未出现，但在特定语境中，作为编码与解码双方共知的内容，被隐含着。

四 量词位置上"大"与"小"

"数＋大＋名"是汉人非常心仪的格式，从一到十，所有数词都能进入这种格式，如"三大战役"、"七大奇迹"、"九大行星"。"小"也有这种用法，如"四小龙"、"四小名旦"等，只是频率要低得多。

这类组合，能将隐含的量词补出来："三次大战役"、"七个大奇迹"、"九颗大行星"。数量短语和"大"所充当的定语，为间接成分。"大"的词义空灵，可指规模、体积、数量、重要性……等等。其结构层次是"三｜大战役"、"七｜大奇迹"、"九｜大行星"，但受汉语四字格节律的同化，常常读成"三大｜战役"、"七大｜奇迹"、"九大｜行星"。形容词"大"被推入到量词的位置，词汇意义进一步泛化，染上量词的某些性质；

语音上具有衬音的意味；"大"实质并非量词，却执行着量词的部分功能，与后面的名词组合变得非常自由。

　　"三剑客"、"六君子"、"七部委"等短语，跟英语表达比较接近，在古汉语里是一种常态组合，现代汉语比较少用，与词语双音化倾向相背离。现代汉语常常插入量词，说成"三位剑客"、"六位君子"、"七个部委"等。插入量词，要考虑与名词匹配的问题，不如直接用"大"来得方便，尽管"大"在术语型组合中依然残存着"重大、重要"的词义，但在口语中，"大"的词义在泛化中被磨损得差不多了。

参考资料

［1］陈道明：《概念映射的"双域"模式和"多空间"模式》，《外语教学》
2001 年第 1 期。

［2］陈建民：《现代汉语里的名词谓语句》，《语文杂志》（香港）1980 年第
5 期。

［3］陈满华：《关于体词谓语句》，见《汉语研究与应用（第一辑)》，中国
社会科学出版社 2003 年版。

［4］陈 平：《论现代汉语时间系统的三元结构》，《中国语文》1988 年第 6
期。

［5］陈晓静、李英垣：《英汉有灵句和无灵句言语方法对比研究》，《湖州
师范学院学报》2000 年第 2 期。

［6］陈一民：《歧义源之关系源》，《湘潭大学学报》2005 年第 3 期。

［7］程书秋：《附加性联合短语初探》，《哈尔滨学院学报》2005 年第 6 期。

［8］储泽祥：《名词及其相关结构研究》（47－60），湖南人民出版社 2000
年版。

［9］储泽祥：《汉语联合短语研究》，湖南大学出版社 2002 年版。

［10］邓思颖：《汉语时间谓语句的限制条件》，《中国语文》2002 年第 3
期。

[11] 邓云华：《英汉联合短语的类型研究》，《外语教学》2005 年第 1 期。

[12] 邓云华、储泽祥：《英汉联合短语的共性研究》，《外语与外语教学》2005 年第 2 期。

[13] 丁声树等：《现代汉语语法讲话》，商务印书馆 1961 年版。

[14] 丁雪欢：《指人名词充当主语的名词谓语句》，《汕头大学学报》1994 年第 1 期。

[15] 杜瑞银：《"定名谓语"存在句》，《汉语学习》1982 年第 4 期。

[16] 方光焘：《体系与方法》（1922），载《方光焘语言学论文集》，江苏教育出版社 1986 年版。

[17] 方光焘：《语法论稿》（陆学海、方华整理），江苏教育出版社 1990 年版。

[18] 范 晓：《三个平面的语法观》，北京语言文化大学出版社 1996 年版。

[19] 范 晓：《论名核结构》，载《语言问题再认识——张斌先生从教五十周年暨八十周年华诞》，上海教育出版社 2001 年版。

[20] 冯嘉成：《浅谈现代汉语中具有描写意义的名词性谓语句》，《四川师范学院学报》1997 年第 3 期。

[21] 冯 凭：《谈名词充当谓语》，《汉语学习》1986 年第 3 期。

[22] 冯志伟：《计算语言学基础》，商务印书馆 2001 年版。

[23] 高更生、谭德姿、王立廷：《现代汉语知识大词典》，山东教育出版社 1992 年版。

[24] 高明乐：《题元角色的句法实现》，中国社会科学出版社 2004 年版。

[25] 高名凯：《关于汉语的词类分别》，《中国语文》1953 年 10 月号。

[26] 顾 阳：《论元结构理论介绍》，《国外语言学》1994 年第 1 期。

[27] 郭 锐：《表述功能的转化和"的"字的作用》，《当代语言学》2000 年第 1 期。

[28] 韩陈其：《试论"名·名"结构的内部修饰义》，《中国语文通讯》1982 年第 4 期。

[29] 韩陈其：《再论"名·名"结构的内部修饰义》，《徐州师范学院学

报》1984 年第 1 期。

[30] 韩陈其：《三论"名·名"结构的内部修饰义》，《汉语学习》1986 年第 1 期。

[31] 韩陈其：《四论"名·名"结构的内部修饰义》，《徐州师范学院学报》1987 年第 1 期。

[32] 韩陈其：《五论"名·名"结构的内部修饰义》，《徐州师范学院学报》1992 年第 1 期。

[33] 胡爱萍、吴 静：《英汉语中 N＋N 复合名词的图式解读》，《语言教学与研究》2006 年第 2 期。

[34] 胡明扬 ：《词类问题考察》，北京语言学院出版社 1996 年版。

[35] 胡明扬：《基本句式和变式》，《汉语学习》2000 年第 2 期。

[36] 胡 附、文 炼：《谈词的分类》，《中国语文》1954 年 2—3 月号。

[37] 胡裕树、范 晓：《论语法研究的三个平面》，《新疆师范大学学报》1985 年第 2 期。

[38] 胡 附、文 炼：《句子分析漫谈》，《中国语文》1982 年第 3 期。

[39] 胡 附、文 炼：《汉语语法研究》，商务印书馆 1989 年版。

[40] 黄国营：《"的"字的句法、语义功能》，《语言研究》1982 年第 1 期。

[41] 黄杏林：《"的"字词组和定中词组的关系浅说》，《山东师大学报》1990 年第 1 期。

[42] 季永兴、熊文华：《论聚合短语的性质及汉语短语的分类》，《湖北大学学报》1993 年第 3 期。

[43] 孔令达：《"名1＋名2"结构中名2省略的语义规则》，载《九十年代语法思考》，北京语言学院出版社 1994 年版。

[44] 黎锦熙、刘世儒：《汉语语法教材》，商务印书馆 1957—1962 年版。

[45] 黎锦熙：《比较文法》(1933)，中华书局 1986 年版。

[46] 李晋荃：《试谈非时地名词充当状语》，《苏州大学学报》1983 年第 2 期。

[47] 李立成：《自指的"的"字短语》，《语言教学与研究》1999 年第 2 期。

［48］李临定：《现代汉语句型》，商务印书馆 1986 年版。

［49］李绍群：《现代汉语"名 1＋（的）＋名 2"定中结构研究》，博士学位论文，福建师范大学，2005 年。

［50］李宇明：《领属关系与双宾分析》，《语言教学与研究》1996 年第 3 期。

［51］李宇明：《汉语量范畴研究》，华中师范大学出版社 2000 年版。

［52］廖秋忠：《现代汉语并列名词类成分的顺序》，《中国语文》1992 年第 3 期。

［53］刘街生：《现代汉语同位组构研究》，华中师范大学出版社 2004 年版。

［54］刘宁生：《汉语怎样表达物体的空间关系》，《中国语文》1994 年第 3 期。

［55］刘宁生：《汉语偏正结构的认知基础及其在语序类型学上的意义》，《中国语文》1995 年第 2 期。

［56］刘永耕：《试论名词性定语的指称特点和分类——兼及同位短语的指称问题》，《福建师范大学学报》1999 年第 3 期。

［57］刘正光：《关于 N＋N 概念合成名词的认知研究》，《外语与外语教学》2003 年第 11 期。

［58］刘正光、刘润清：《N＋N 概念合成名词的认知发生机制》，《外国语》2004 年第 1 期。

［59］刘烨、傅小兰、孙宇浩：《中文新异组合概念的解释及影响因素》，《心理学报》2004 年第 3 期。

［60］刘烨、傅小兰：《概念组合的理论模型》，《心理科学进展》2005 年第 1 期。

［61］刘烨、傅小兰：《特征类型在组合概念范畴效应中的作用》，《心理学报》2005 年第 4 期。

［62］刘宇红、王志霞：《现实表征、心理表征、语言表征》，《湘潭大学学报》2005 年第 1 期。

［63］刘顺：《影响名词谓语自足的语言形式》，《汉语学习》2001 年第 5 期。

［64］刘 顺：《现代汉语名词的多视角研究》，学林出版社 2003 年版。

［65］凌远征、嘉 谟：《"的"字的分化》，《语言教学与研究》1991 年第 3 期。

［66］陆丙甫：《从语义、语用看语法形式的实质》，《中国语文》1998 年第 4 期。

［67］陆丙甫：《从"的"的分布看它的基本功能和派生功能》，《世界汉语教学》2003 年第 1 期。

［68］陆俭明：《"的"字结构与"所"字结构》，载《语法研究和探索 (1)》，北京大学出版社 1983 年版。

［69］陆俭明：《现代汉语中数量词的作用》，载《语法研究和探索 (4)》，北京大学出版社 1988 年版。

［70］陆俭明：《关于句法处理中所要考虑的语义问题》，《语言研究》2001 年第 1 期。

［71］吕叔湘：《中国文法要略》(1942)，商务印书馆 1982 年版。

［72］吕叔湘：《汉语语法分析问题》，商务印书馆 1979 年版。

［73］吕叔湘：《现代汉语八百词》，商务印书馆 1980 年版。

［74］吕叔湘、饶长溶：《论非谓形容词》，《中国语文》1981 年第 2 期。

［75］马建忠：《马氏文通》(1898)，商务印书馆 1983 年版。

［76］马庆株：《自主动词和非自主动词》，《中国语言学报》1988 年第 3 期。

［77］马庆株：《顺序义对体词语法功能的影响》，《中国语言学报》1991 年第 4 期。

［78］马庆株：《结构、语义、表达研究琐议》，《中国语文》1998 年第 3 期。

［79］马学良、史有为：《说"哪儿上的"及其"的"》，《语言研究》1982 年第 1 期。

［80］马 真、陆俭明：《"名词＋动词"词语串浅析》，《中国语文》1996 年第 3 期。

[81] 邵敬敏：《从语序的三个平面看定语的移位》，《华东师范大学学报》1987 年第 4 期。

[82] 邵敬敏：《量词的语义分析及其与名词的双向选择》，《中国语文》1994 年第 3 期。

[83] 邵敬敏：《"双音节 V＋N"结构的配价分析》，载《现代汉语配价语法研究》，北京大学出版社 1995 年版。

[84] 邵敬敏：《动量词的语义分析及其与动词的选择关系》，《中国语文》1996 年第 2 期。

[85] 邵敬敏：《"语义价""句法向"及其相互关系》，《汉语学习》1996 年第 4 期。

[86] 邵敬敏：《论汉语语法的语义双向选择性原则》，《中国语言学报》1997 年第 8 期。

[87] 邵敬敏、刘焱：《论名词的动态性及其鉴测方法》，载《汉语语法研究的新拓展（二）》，浙江教育出版社 2002 年版。

[88] 邵敬敏：《关于新世纪汉语语法的几点思考》，《语言科学》2003 年第 4 期。

[89] 邵敬敏：《"语义语法"说略》，《暨南学报》2004 年第 1 期。

[90] 邵敬敏、吴立红：《"副＋名"组合与语义指向新品种》，《语言教学与研究》2005 年第 6 期。

[91] 沈家煊：《"有界"和"无界"》，《中国语文》1995 年第 5 期。

[92] 沈家煊：《不对称和标记论》，江西教育出版社 1999 年版。

[93] 沈家煊：《"糅合"和"截搭"》，《世界汉语教学》2007 年第 4 期。

[94] 沈阳：《领属范畴及领属性名词短语的句法作用》，《北京大学学报》1995 年第 5 期。

[95] 施春宏：《名词的描述语义特征与副名组合的可能性》，《中国语文》2001 年第 3 期。

[96] 施春宏：《试析名词的语义结构》，《世界汉语教学》2002 年第 4 期。

[97] 石安石：《蕴含、预设和寓义》，载马庆株主编《语法研究入门》，商

务印书馆 2000 年版。

[98] 石定栩：《体词谓语句的结构与意义》，载《汉语语法研究的新拓展》，浙江教育出版社 2002 年版。

[99] 宋春阳：《现代汉语"名＋名"逻辑语义研究》，学林出版社 2005 年版。

[100] 宋玉柱：《关于时间助词"的"和"来着"》，《中国语文》1981 年第 4 期。

[101] 宋玉柱：《定心谓语存在句》，《语言教学与研究》1982 第 3 期。

[102] 宋玉柱：《从"定心谓语存在句"看存在句的结构分析》，《汉语学习》1984 年第 1 期。

[103] 王艾录：《语义谓语》，《山西大学学报》1988 年第 3 期。

[104] 王 惠：《现代汉语名词的子类划分及定量研究》，载《国际现代汉语语法研究国际会议论文集》，山东教育出版社 1998 年版。

[105] 王 惠：《现代汉语名词词义组合分析》，北京大学出版社 2004 年版。

[106] 王 珏：《现代汉语名词研究》，华东师范大学出版社 2001 年版。

[107] 王 珏：《生命度概说》，《华东师范大学学报》2003 年第 1 期。

[108] 王 珏：《汉语生命范畴初论》，华东师范大学出版社 2004 年版。

[109] 王 力：《中国现代语法》(1943)，商务印书馆 1985 年版。

[110] 王 力：《中国语法理论》(1944)，山东教育出版社 1984 年版。

[111] 王 力：《汉语史稿》，中华书局 1980 年版。

[112] 王 军：《论汉语 N＋N 结构里中心词的位置》，《语言教学与研究》2005 年第 6 期。

[113] 王希杰：《略论语音、语义、语法、语用之间的互相制约性》，《赣南师范学院学报》1994 年第 1 期。

[114] 王希杰：《的—的—的!》，载《语林漫步》，上海教育出版社 1993 年版。

[115] 王希杰：《修辞学通论》，南京大学出版社 1996 年版。

[116] 王希杰：《略说汉语、汉语修辞和汉文化》，载王希杰《汉语修辞和

汉文化论集》，河海大学出版社 1996 年版。

[117] 王一民：《两解的"狗美容师"》，《语言文字应用》1994 第 1 期。

[118] 文贞惠：《表属性范畴的"N₁（的）N₂"结构的语义分析》，《世界汉语教学》1998 年第 1 期。

[119] 文贞惠：《"N₁（的）N₂"偏正结构中 N₁ 与 N₂ 之间语义关系的鉴定》，《语文研究》1999 年第 3 期。

[120] 吴葆棠：《现代汉语词组歧义现象初探》，《延边大学学报》1979 年第 1 期。

[121] 吴为章：《动词的"向"札记》，《中国语文》1998 年第 3 期。

[122] 吴振国：《现代汉语中的粘合式联合结构》，《语言研究》2004 年第 1 期。

[123] 吴正基：《体词谓语句研究说略》，《上海大学学报》2003 年第 2 期。

[124] 肖国萍：《"名 1（＋的）＋名 2"格式歧义组合初探》，《福建师范大学学报》1996 年第 2 期。

[125] 邢福义：《论定名结构充当分句》，《中国语文》1979 年第 1 期。

[126] 邢福义：《说"NP 了"句式》，《语文研究》1984 年第 3 期。

[127] 项开喜：《体词谓语句的功能透视》，《汉语学习》2001 年第 1 期。

[128] 徐建华：《领属与非领属性 Rd 结构的语义类型》，《汉语学习》1999 年第 3 期。

[129] 徐通锵：《字和汉语语义句法的基本结构原理》，《语言文字应用》2001 年第 3 期。

[130] 徐阳春：《谈"之"、"的"互补》，《语言教学与研究》2002 年第 4 期。

[131] 徐阳春：《"的"字隐现的制约因素》，《修辞学习》2003 年第 2 期。

[132] 徐阳春、钱书新：《试论"的"字语用功能的同一性》，《世界汉语教学》2004 年第 1 期。

[133] 徐阳春、钱书新：《"N₁＋的＋N₂"结构歧义考察》，《汉语学习》2004 年第 5 期。

[134] 徐阳春：《虚词"的"及其相关问题研究》，中国社会科学出版社 2006 年版。

[135] 徐仲华：《汉语书面语言歧义现象举例》，《中国语文》1979 年第 5 期。

[136] 叶长荫：《体词谓语句》，载《汉语论文集》，黑龙江人民出版社 1987 年版。

[137] 尹世超：《标题语法》，商务印书馆 2001 年版。

[138] 尹庸斌：《汉语词类的定量研究》，《中国语文》1986 年第 6 期。

[139] 于 江、刘 扬、俞士汶：《中文概念词典规格说明》，《汉语语言与计算学报》2003 年第 2 期。

[140] 喻家楼、胡开宝：《析汉英中有灵、无灵和动态、静态句》，《外国语》1997 年第 5 期。

[141] 俞士汶、朱学锋、王惠、张芸芸：《现代汉语语法信息词典详解》，清华大学出版社 1998 年版。

[142] 袁毓林：《汉语二价名词研究》，《中国社会科学》1992 年第 3 期。

[143] 袁毓林：《一价名词的性质研究》，《中国语文》1994 年第 4 期。

[144] 袁毓林：《谓词隐含及其后果》，《中国语文》1995 年第 4 期。

[145] 袁毓林：《词类范畴的家族相似性》，《中国社会科学》1995 年第 5 期。

[146] 袁毓林：《定语顺序的认知解释及其理论蕴涵》，《中国社会科学》1999 年第 2 期。

[147] 袁毓林：《从焦点理论看句尾"的"的句法语义功能》，《中国语文》2003 年第 1 期。

[148] 张伯江：《词类活用的功能解释》，《中国语文》1994 年第 5 期。

[149] 张伯江、方 梅：《汉语功能语法研究》，江西教育出版社 1996 年版。

[150] 张 敏：《认知语言学与汉语名词短语》，中国社会科学出版社 1998 年版。

[151] 赵 军、黄昌宁：《汉语基本名词短语分析模型》，《计算机学报》

1999 年第 2 期。

[152] 赵元任：《北京口语语法》（李荣编译），开明书店 1952 年版。

[153] 赵元任：《中国话的文法》（1980），载刘梦溪主编《中国现代学术经典·赵元任卷》，河北教育出版社 1996 年版。

[154] 赵元任：《汉语的歧义问题》（1959）（Ambiguity in Chinese 石安石译），载《语言学论丛（十五）》，商务印书馆 1988 年版。

[155] 周国光、张林林：《现代汉语语法理论与方法》，广东高等教育出版社 2003 年版。

[156] 周日安：《体词谓语句的分类》，《赣南师院学报》1994 年第 1 期。

[157] 周日安：《语法变异、语法潜义与语法修辞》，《湘潭大学学报》2001 年第 3 期。

[158] 周日安：《表达的矛盾与矛盾的表达》，《佛山科技学院学报》2001 年第 3 期。

[159] 周日安：《数字"零"的缀化倾向》，《西北师大学报》2003 年第 3 期。

[160] 周日安：《单音节外来词初探》，《汉语学习》2004 年第 2 期。

[161] 周日安：《"可怜可俐"现象解读》，《中国语研究》（东京白帝社）2004 年第 46 号。

[162] 周日安：《"V＋N＋的＋O"结构分析》，《佛山科技学院学报》2005 年第 2 期。

[163] 周日安：《"XY 中国"及其语义解释》，《语言文字应用》2006 年第 3 期。

[164] 周日安：《含动名词组合的语义分析》，《湘潭大学学报》2006 年第 6 期。

[165] 周日安：《指别式同位句的谓词隐含》，《中国语研究》（东京白帝社）2006 年第 48 号。

[166] 周日安：《三个有趣的狗医生》，《语文建设》2006 年第 8 期。

[167] 周日安：《粉丝、铁丝和钢丝》，《修辞学习》2006 年第 6 期。

［168］周日安：《美英式原型标记"一门"的类化和泛化》，《外国语》
2007 年第 4 期。

［169］周日安：《从种差量看"语义自足性原则"》，《中国语研究》（东京
白帝社）2007 年第 49 号。

［170］周日安：《名词定语的意义运动："属"的保留与删除》，《天中学
刊》2007 年第 4 期。

［171］周日安：《借喻组合：空符号的形象替代》，《佛山科技学院学报》
2007 年第 5 期。

［172］周日安：《诗意的"杯子红"》，《现代语文》（语言研究版）2009 年
第 9 期。

［173］朱德熙：《说"的"》，《中国语文》（1—2）1961 年。

［174］朱德熙：《句法结构》，1962 年《中国语文》8—9 月号。

［175］朱德熙：《"的"字结构和判断句》（上、下），《中国语文》1978 年
第 1—2 期。

［176］朱德熙：《汉语句法里的歧义现象》，《中国语文》1980 年第 2 期。

［177］朱德熙：《语法讲义》，商务印书馆 1982 年版。

［178］朱德熙：《自指和转指：汉语名词化标记"的、者、之、所"的语
法功能和语义功能》，《方言》1983 年第 1 期。

［179］朱 彦：《汉语复合词语义构词法研究》，北京大学出版社 2004 年版。

［180］祝克懿：《繁丰语言风格的要素——联合短语》，《修辞学习》1999
年第 5 期。

［181］Lenonard Bloomfield, 1933 Language, New York；汉译本《语言
论》据 London，1995 年版，袁家骅、赵世开、甘世福译，商务印
书馆 1980 年版。

［182］Downing, Pamela A. 1977 On the Creation and Use of English
Compounds. Language，53：810—842.

［183］Gagné C. L. 2002 Lexical and Relational Influences on the Process-
ing of Novel Compounds. Brain and Language，81：pp. 723—735.

［184］ Gagné C. L. & Shoben E. J. 1997 Influence of Thematic Relations on the Comprehension of Modifier —noun Combinations. Journal of Experim ental Psychology: Learning, Memory, and Cognition, 23: pp. 71—87.

［185］ Langacker, Ronald W. 1987 Foundations of Cognitive Grammar, Volume I: Theoretical Prerequisites. Standford: Stanford University Press.

［186］ Levi, Judith N. 1978 The Syntax and Semantics of Complex Nominals. New York: Academic Press.

［187］ Murphy, G. L. 1990 Noun Phrase Interpretation and Conceptual Combination. Journal of Memory and Language, 29: pp. 259—288.

［188］ Murphy, G. L. 2002 Conceptual Combination: The Big Book of Concepts. Cambridge, MA: MIT Press.

［189］ Svorou, S. 1994. The grammar of Space. Amsterdam: John Benjamins.

［190］ Warren B. 1978 Semantic Patterns of Noun—Noun Compounds. Göteborg Swenden: Acta Universitatis Gothoburgensis.

［191］ Winiewsky, E. J. 1996 Construal and Similarity in Conceptual Combination. Journal of Memory and Language, 35: pp. 434—453.

［192］ Winiewsky, E. J. 1997a Conceptual Combination: Possibilities and Esthetics. In T. B. Ward et al. (eds.) Creative Thought: An Investigation of Conceptual Structures and Process. Washington, D. C. : APA Books.

［193］ Winiewsky, E. J. 1997b When Concepts Combine. Psychological Bulletin & Review, 4: pp. 167—183.

［194］ Winiewsky, E. J. &Love, B. C. 1998 Relations Versus Properties in Conceptual Combination. Journal of Memory and Language, 38: pp. 177 — 202.

[195] Barker, K. Szpakowicz, S.: Semi—automatic recognition of noun modifier relationships. In: Proceedings of COLING — ACL' 98, Montreal, Canada (1998) pp. 96—102.

后　记

　　《名名组合的句法语义研究》在"语义语法"的学术背景下产生，试图将语义语法的基本理论与句子语义研究的成果，引入名名组合的研究中来。

　　该书重点研究名名组合的句法语义。在描写了名名组合的各种语义关系后，提出"语义桥"概念。认为名名组合中间的语言变量 X，是将两个名词组合起来的语义桥梁。X 的函变形式控制着 N_1+X+N_2 的外延，$X=0$，N_1+N_2 的外延达到峰值。由 N_1+X+N_2 到 N_1+N_2，X 的零形化受语音、语法、语义、语用等诸多因素制约，具有选择性，零形化过程体现了语言发展的动态。提出"语义折叠"概念。认为复杂指称变陈述，是语义由点而线的展示过程，叫语义展开；陈述变指称，是语义由线而点的折叠过程，叫语义折叠。语义折叠就是陈述降级后塞入一个更大陈述中充当指称的语义运动形式，将陈述的线型信息转换为点状信息，跟句子成分的提取紧密相连。陈述经过折叠后变指称，语表依然是线性的，但输出的语义却是点状的，如乐曲和声，有去时间化、凝固化、模糊化特征。陈述变指称，动核徙入中心是条普遍规律。主谓是陈述的原型结构，动宾是陈述的边缘结构，定中是指称的原型结构，它们各自的语序，在陈述或指称的内部层次中同样具有优选性。提出黏着语素的辖域问题。认为强化生成能力与组合能力，是派生词、复合词中黏着语素的辖域趋短的原动力。结合语义场理论，分析名词词义的"属"融入组合中的表现，探讨"语义不自足"的深层原因。依据"语义决定性原则"，解释同形组合分属四种不同结构的原因：偏正——"的"——修饰性；联合——"和"——并立性；主谓——"［是］"——判断性；同位——"［这］"——修饰、并立、判断交融的糅合性。

名词是实词里的第一大类，名名组合涉及的问题纷繁复杂，"剪不断、理还乱"，难以驾驭。限于学力与精力，该书研究方法还比较单一，特别是或缺了数学上的定量分析。分析语言现象有时细致有余，抽象概括稍显不足。总之，书稿挂一漏万，不足之处自不待言，矛盾、缺漏、悖谬也定然不少，恳请专家学者和广大读者批评指正。

该书在博士论文的基础上修改而成，感谢授业恩师邵敬敏教授，从论文的写作到书稿的出版，先生都倾注了大量心血，并在炎炎夏日，欣然作序。先生品性高洁、豁达自信、胸襟宽广、才思敏捷、学识渊博，我为自己能成为他的弟子而倍感荣幸。感谢佛山科学技术学院文学院李克和院长，来佛山工作15年，他一直关心我的教学与科研，给与我很多帮助。从他身上，我学会了许多做人的道理。感谢香港爱国华侨冼为坚先生，书稿出版得到了他提供的学术基金的资助。

周日安

2009 年 10 月于佛山